Kleine Bibliothek 31

Politik Wissenschaft Zukunft

prv

Eugen Rau

Koexistenz und Revolution
Zur Dialektik sozialistischer Aktion

Pahl-Rugenstein

Lektorat: Jürgen Hartmann.
Umschlag: Dmitrij Werschbizkij.
Gesamtherstellung: Franz W. Wesel, Baden-Baden.
ISBN 3-7609-0077-1

Inhalt

Vorwort

Kein Vorgang der Geschichte des 20. Jahrhunderts hat eine so vielfältige Auslegung in der nichtsozialistischen Ökonomie und Geschichtsschreibung gefunden wie die Russische Oktoberrevolution 1917 und die Schaffung der Sozialordnung der Sowjetgesellschaft.

Spärlich jedoch sind die Versuche, sozialistische Politik und Ökonomie aus ihren *eigenen* Voraussetzungen zu verstehen, ohne Fixierung auf zivilisationsfeindlich-barbarisch erscheinende Züge des von der Umwelt isolierten und gestörten und deswegen zwangsläufig verkürzt durchgeführten sozialistischen Industrieaufbaus. Sozialgeschichtlich und methodisch unstatthafte Voraussetzungen gegenüber dem Untersuchungsobjekt schließen immer wirkliche Erkenntnis aus, eben indem das Ergebnis dem Charakter der mehr emotionalen als rationalen Voraussetzungen entspricht, fortschrittlicher Veränderung und Realität verabsolutierte Form der kapitalistischen Gesellschaft und Schein gegenüberstehen. „Die Wissenschaft muß sich aber von diesem Scheine befreien, und sie kann dies nur dadurch, daß sie sich gegen ihn wendet. Denn sie kann ein Wissen, welches nicht wahrhaft ist, weder als eine gemeine Ansicht der Dinge nur verwerfen und versichern, daß sie eine ganz andere Erkenntnis und jenes Wissen für sie gar nichts ist noch sich auf die Ahnung eines besseren in ihm selbst berufen ... das unwahre Wissen beruft sich ebenso darauf, daß es *ist* und *versichert*, daß ihm die Wissenschaft nichts ist.“[1]

Beim politischen Begriff der Koexistenz von Sozialimus und Kapitalismus wird mit der ambivalenten Annahme, es handle sich hier lediglich um eine Taktik der Übervorteilung, der Blick verstellt auf die Dimension der *Friedenssicherung* zwischen sozialistischen und kapitalistischen *Staaten*, die sich nicht erst

[1] G. W. Hegel, Phänomenologie des Geistes, Einleitung, Werke Bd. 3, Frankfurt 1970, S. 71.

aus echten, oder wie unterstellt vermeintlichen weltpolitischen, Notwendigkeiten der Gegenwart ergibt, sondern von Beginn der sozialistischen Macht an bestand. Da aber das Verhältnis von Unterdrückten und Unterdrückern durch Revolution und Gegenrevolution bestimmt bleibt, kann zwischenstaatliche friedliche Koexistenz nicht das Ende *innerstaatlicher* Klassenkämpfe und der internationalen sozialistischen Solidarität bedeuten.
Die nachfolgende Untersuchung versteht sich als Beitrag zur realistischen Einschätzung der Grundsätzlichkeit der Politik der friedlichen Koexistenz.

Teil 1

Die sozialistische Erkämpfung der internationalen Koexistenz nach 1917

I. Die Plattform der friedlichen Koexistenz auf dem internationalen Prinzip des Friedens

1. Die Koexistenz auf der Grundlage demokratischer Prinzipien und Normen des Völkerrechts

Der Mehrheit der *Völker* der Welt geht es in der zweiten Hälfte des 20. Jahrhunderts immer dringender darum, ihre *Staaten* nach der Einstellung zu einer fortschrittlichen, auf friedliche Zusammenarbeit ausgerichteten Politik zu beurteilen, unabhängig vom sozialen und politischen Aufbau der einzelnen Staaten.

Das Bewußtsein eines noch nie dagewesenen, friedlich oder kriegerisch anwendbaren technischen Fortschritts erzwingt als Tatsache der sozialen Entwicklung eine Änderung jener Prinzipien und Normen des *historisch* entstandenen Völkerrechts, die einer fortschrittlichen Entwicklung der Gesellschaft im Wege stehen. Die ‚realistische' Politik der Stärke gegenüber einer ‚aggressiven' Sowjetunion als der führenden Macht der sozialistischen Staatengemeinschaft, die Selbsttäuschung, daß „westliche demokratische Regierungen keine aggressiven oder imperialistischen Pläne haben",[1] beruht auf der Ableitung ‚reiner' Rechtsnormen aus einer ‚Rechtsidee' oder ‚objektiven Vernunft' und der Verteidigung eines vom menschlichen Willen unabhängig gehaltenen Naturrechts,[2] auf ungenügender Einschätzung des Klassencharakters bestimmter Bereiche des ‚alten' Völkerrechts wie des Rechts überhaupt.

Kann es denn stimmen, daß die ‚Strategie' der ‚friedlichen Koexistenz' „zum wirkungsvollsten Wiegenlied" wird, „um die Empfindsamkeit abzustumpfen und die Wachsamkeit der Nicht-

[1] L. B. Pearson, Diplomacy in the Nuclear Age, Cambridge, Mass., 1959, S. 53.
[2] Vgl. D. B. Lewin, Die moderne bürgerliche Völkerrechtslehre, Hauptrichtungen und Charakter, Berlin (DDR) 1961, S. 30 ff.

kommunisten zu dämpfen", daß sie „ein äußerst vorteilhafter ‚Slogan'" ist, „um letztere zu veranlassen, sich in politischen Akten und ökonomischem Beistand zugunsten der UdSSR und deren strategische Linie [der Weltrevolution], die dem permanenten Konflikt zugrunde liegt, zu übernehmen"? Ist tatsächlich die ‚Koexistenz' „in dem riesigen kolonialistischen Imperium, unzutreffenderweise als ‚Union' definiert und fälschlicherweise ‚sowjetisch' genannt ... ungefähr etwas wie die Beziehung zwischen einer neuen Art von ‚Herrenvolk' und ‚Untermenschen' ..."?, so daß der Begriff ‚friedliche Koexistenz' „genau eine dieser doppelwertigen Formulierungen des kommunistischen Jargons" ist, getragen durch „eine gewaltige Propaganda von einem Ausmaß, wie sie die Geschichte noch nie gekannt hat: gigantisch, vielfältig, unbeschränkt, unermüdlich; direkt und lautstark, oder hinterlistig und mit vertuschten Mitteln der Überzeugung vorgehend; widersprüchlich und dreist die Fakten und die Wahrheit verneinend oder entstellend; dazu bestimmt, unerhörte Erwartungen anzuspornen und eine ans Wunder grenzende Gewißtheit auf unmögliche Verwirklichungen hervorzurufen, oder die Angst zu entfesseln und eine Verwirrung zu stiften, den Haß zu nähren und die irrationalsten Verhaltensweisen zu unterstützen. Eine aufmerksame, geschickt durchdachte Propaganda, um die moralische Konstitution und die wirtschaftliche Stärke jeder Nation, Gemeinschaft, sozialen Schicht zu unterminieren; bestimmt für jede Art von Situation, Bevölkerung, Interessen, Glauben. Zynisch und vorurteilslos nimmt sie sich vor, den Philosophen und den Toren, den Militaristen und den Dienstverweigerer aus Gewissensgründen, den hysterischen Nationalisten und den überzeugten Internationalisten, den Einfaltspinsel und den Besserwisser, die empfindsame Seele und den potentiellen Henker zu verlocken. Beharrlich und allgegenwärtig, launisch oder unverschämt, jedoch stets betrügerisch, wird diese Propaganda geschrien oder geflüstert, je nach dem Ziel, das sie sich setzt: die Gewissen anzuregen oder einzuschläfern, zu überzeugen oder zu schmähen, zu schmeicheln oder zu verleumden“?[3] Oder kennzeichnet eine derartige Propagandaidentifikation der antikommunistischen Totalitarismus-Doktrin nicht eher die Absichten und Methoden kapitalistisch-imperialistischer Politiker und Militärs und die Methoden der für die Interessen einer Minderheit nach kapitalistischem Manipulierungsgebot gesteuerten Informationspolitik der kapitalistischen Massenmedien, deren Aufgabe gegenüber der Bevölkerung es ist, „ihre Triebe und Leidenschaften zu benutzen,[4] ihre Bedürfnisse anzuforschen, ihre Haltung auszuhorchen, um diese für die eigenen Ziele zu benutzen“, unter Leugnung der Tatsache, daß der Begriff der Koexistenz von Staaten mit unabhängiger und unterschiedlicher, wenn auch nicht diametral entgegengesetzter, Sozial- und Wirtschaftsordnung dem Völkerrecht schon früher bekannt gewesen ist?

Der absolute Gegensatz von Religionen, Philosophien und politischen Vorstellungen ist in der Geschichte immer wieder von Formen der Koexistenz begleitet. Das Verhältnis von Römischem und Persischem Reich, die arabisch-byzantinischen Beziehungen, der Augsburger und Westfälische Friede sind hervorragende Beispiele von Koexistenz in einem völkerrechtlichen Rahmen als kein Zwischenzustand von Krieg und Frieden. Dieses ‚alte‘ Völkerrecht konnte die Koexistenz jedoch nicht als anhaltenden Zustand fixieren, weil es Prinzipien und Normen enthielt, die als Instrumente der *Unterjochung* andersgläubiger oder wirtschaftlich besser gestellter Nationen dienten. Das klassische bürgerliche ‚alte‘ Völkerrecht bis zum Ersten Weltkrieg und die ihm in der Gegenwart verhafteten Völkerrechtler mit Prinzipien wie dem ‚Recht des Staates auf Krieg‘ und dem Ge-

[3] I. M. Lombardo, Der absolutistische Wille, in: Koexistenz 1970, Spannung und Entspannung zwischen Ost und West, Bern 1970, S. 118, 117, 107 f.

[4] R. Fabian, Die Meinungsmacher. Eine heimliche Großmacht, Hamburg 1970, S. 209. Die Loslösung der Wörter vom eigentlichen Bedeutungsinhalt, „das Vermeiden von Worten, das Einsetzen neuer Begriffe für jene, die man für inopportun hält, und schließlich das Verbot von Wörtern oder ihre Requirierung für den eigenen Besitz, indem man sie der Allgemeinheit entzieht“, kennzeichnet die bürgerliche „Sprachregelung“ als seine Methode der Veränderung von Wirklichkeit. Mit ihrer Hilfe läßt sich eine Gesellschaft besser kontrollieren als mit den sichtbaren Mitteln der Gewalt.“ (S. 26, 25).

walt sanktionierenden ‚Recht des Siegers' versuchen die wesentlich neuen *demokratischen* Prinzipien und Normen (Verträge) seit der sozialistischen Oktoberrevolution in Rußland und ihrem Niederschlag in der Charta der Vereinten Nationen, die für *alle* Völker und Nationen gelten, als Völkerrecht ‚episodischen' Charakters[5] auszulegen, das den *zeitweiligen* friedlichen Beziehungen mit anderen Nationen bis zu deren endgültiger Unterwerfung dienen soll, entsprechend einer mangelnden Aufarbeitung der bürgerlich-imperialistischen Rechtsansprüche auf koloniale Eroberung und Einflußsphären und deren Projizierung auf den sozialistischen Gegner. Der Vorwurf schließlich, die sozialistische Völkerrechtsauffassung „der Koexistenz ... fühle sich nicht an das bestehende Völkerrecht gebunden"[6] oder enge es zumindest „in rückläufige[r] Tendenz" ein,[7] ist gegenüber deren antikolonialistischer Zielsetzung und Vertretung der Idee der Gleichberechtigung aller Völker, unabhängig von Rasse, Sprache, Religion usw., nicht zutreffend.

Im Gegensatz zu der ‚alten' christlich-europäischen Völkerrechtsmaxime, „das Geltungsgebiet des Völkerrechts beschränkt sich nur auf diejenigen Völker, welche die elementaren Grundsätze der europäischen Kultur anerkennen und also des Namens ‚gesitteter Nationen' würdig sind",[8] ist das Verständnis des ‚neuen' oder modernen Völkerrechts als *universales* Recht, das alle *Staaten* verbindet, als Rahmen für die Koexistenz von sozialistischen und kapitalistischen Staaten mit ihrer unterschiedlichen Gesellschaftsordnung, der im einzelnen der Konkretisierung bedarf,[9] auf die *sozialistischen* Bemühungen der Weiterentwicklung der ‚alten' demokratischen Prinzipien des

[5] Vgl. H. Kruse, Islamische Völkerrechtslehre (Diss.), Göttingen 1953, S. 7, 156 ff. H. Fiedler, Der sowjetische Neutralitätsbegriff in Theorie und Praxis, Köln 1959, S. 15, pass.

[6] H. Kelsen, The Communist Theory of Law, London 1955, S. 156.

[7] A. Verdross, Völkerrecht, Wien 1959, S. 43.

[8] F. v. Martens, Völkerrecht. Das internationale Recht der civilisierten Nationen, systematisch dargestellt, Berlin 1883, Bd. I, S. 181.

[9] Vgl. M. Lachs, Über die Notwendigkeit einer Konkretisierung der Rechtsprinzipien der Koexistenz, in: Aktuelle Beiträge zur Staats- und Rechtswissenschaft aus den sozialistischen Ländern, Potsdam-Babelsberg 7/1964.

Völkerrechts, wie die Achtung der staatlichen Souveränität, die Nichteinmischung in innere Angelegenheiten, staatliche Gleichberechtigung, Erfüllung internationaler Verpflichtungen usw., zurückzuführen, so daß das moderne Völkerrecht ohne weiteres als das der friedlichen Koexistenz bezeichnet werden kann.[10] Ihre *demokratische Vertiefung* durch die Ächtung und das Verbot von bewaffneten Interventionen, Repressalien, Gewaltandrohungen und Angriffskriegen nach dem Nichtangriffsprinzip des modernen Völkerrechts kommt in der Charta der Vereinten Nationen vom 26. 6. 1945 zum Ausdruck, indem sie den demokratischen Wunsch, „freundschaftliche Beziehungen zwischen den Nationen zu entwickeln, die auf der Achtung des Prinzips der Gleichberechtigung und des Selbstbestimmungsrechts der Völker beruhen“ (Art. 1), neben dem Prinzip der souveränen Gleichheit der Staaten (Art. 2, 1) und dem Prinzip der friedlichen Beilegung von zwischenstaatlichen Streitigkeiten (Art. 2, 3), das Nichtangriffsprinzip in Form des Verbots der Gewaltanwendung und der Gewaltandrohung gegen die territoriale Unverletzlichkeit und politische Unabhängigkeit irgendeines Staates (Art. 2, 4) bestätigt.

Diese Hauptpunkte der Koexistenz mit der Konsequenz des Prinzips der Abrüstung (UN-Charta Art. 11) und ihrem Vorläufer, dem Pariser Vertrag über die Ächtung des Krieges vom 27. 8. 1928, sind nicht ohne die wesentlichen Bemühungen der sozialistischen Außenpolitik denkbar, das Prinzip der friedlichen Koexistenz zum Leitprinzip des modernen demokratischen Völkerrechts zu erheben, das einerseits die wichtigen Völkerrechtsprinzipien umfaßt und andererseits über sie *hinausgeht,* indem es den friedlichen Wettbewerb zwischen den gegensätzlichen Gesellschaftsformen Sozialismus und Kapitalismus im internationalen Maßstab als „eine *spezifische* Form des *Klassen*kampfes“[11] enthält.

[10] Vgl. G. I. Tunkin, Völkerrechtstheorie, Berlin (W) 1970.
[11] Vgl. Programm und Statut der Kommunistischen Partei der Sowjetunion, XXII. Parteitag der KPdSU, 17. – 31. 10. 1961, Berlin (DDR) 1961, S. 56. Kursiv E. R. Zur entsprechenden Unterscheidung des Prinzips der friedlichen

Demnach ist die friedliche Koexistenz keineswegs ein kommunistischer Propagandabegriff. Ihre Prinzipien als Hauptgrundsätze des modernen Völkerrechts, dessen wichtigstes Dokument die Charta der Vereinten Nationen ist, und das keine Kriegs-, Sieger-, Annexions-, Kontributionsrechte u. a. mehr kennt, sind vor allem in jüngster Zeit in allen wichtigen internationalen Dokumenten anerkannt worden. So gehen die „Grundsätze für die Beziehungen zwischen der Union der Sozialistischen Sowjetrepubliken und den Vereinigten Staaten von Amerika" vom 29. 5. 1972[12] „von dem gemeinsamen Schluß" aus, „daß es im Nuklearzeitalter keine andere Alternative gibt, als die gegenseitigen Beziehungen auf der Grundlage der friedlichen Koexistenz zu gestalten". Alle grundsätzlichen „Unterschiede in der Ideologie und in den Gesellschaftssystemen der UdSSR und der USA sind keine Hindernisse für die bilaterale Entwicklung normaler Beziehungen, die auf den Grundsätzen der Souveränität, der Gleichberechtigung, der Nichteinmischung in innere Angelegenheiten und des beiderseitigen Vorteils beruhen". Die beiden Staaten sind „geleitet von ihren Verpflichtungen aufgrund der Charta der Vereinten Nationen und dem Wunsche, die friedlichen Beziehungen zueinander zu stärken und diese Beziehungen auf eine möglichst feste Grundlage zu stellen", und „die notwendigen Voraussetzungen für die Aufrechterhaltung und Festigung friedlicher Beziehungen zwischen der UdSSR und den USA sind Anerkennung der Interessen der auf dem Grundsatz der Gleichheit beruhenden Sicherheit beider Seiten".[13]

Koexistenz als Völkerrechtsprinzip und als Beziehungsgrundlage sozialistischer und kapitalistischer Staaten vgl. W. N. Jegorow, Friedliche Koexistenz und revolutionärer Prozeß, Berlin (DDR) 1972, S. 202 ff. (Die Begriffsbestimmung der friedlichen Koexistenz).

[12] Vgl. Text in: Blätter für deutsche und internationale Politik, Köln, 6/1972, S. 653.

[13] Vgl. entsprechend die „Prinzipien der Zusammenarbeit zwischen der UdSSR und Frankreich" vom 30. 10. 1971, Blätter für deutsche und internationale Politik 12/1971, S. 1318, und den Vertrag zwischen der UdSSR und der BRD vom 12. 8. 1970, Blätter für deutsche und internationale Politik 9/1970, S. 996 f.

2. Der Frieden als Generallinie der sozialistischen Außenpolitik

Bei der allgemeinen Friedensfrage als Grundlage der Koexistenz werden gewöhnlich die entsprechenden sozialistischen Verlautbarungen ohne Berücksichtigung der konkreten historischen Verhältnisse als Expansionsstreben und ‚Kriegserklärung‘[1] an die kapitalistischen Staaten auslegt.

Die Behauptung, „daß Lenins ‚Dekret über den Frieden‘ und Friedensverhandlungen mit den Regierungen der kriegführenden kapitalistischen Staaten nur eine taktisch und zeitlich sehr begrenzte Bedeutung haben sollen ... nicht zuletzt ist das Dekret ein Beispiel der List Lenins: die Täuschung des Gegners mit der Absicht, ihn zu einem Verhalten zu verleiten, das seine Schwächung bzw. Vernichtung erleichtert“,[2] ignoriert völlig die Tatsache des kapitalistischen kriegerischen Kampfes gegen die Existenz der jungen Sowjetrepublik, indem „sofort der westliche Imperialismus, in erster Linie der unseres nächsten Nachbarn, Deutschlands, mobil gemacht wurde“,[3] den Lenin in allen seinen politischen Eventualauswirkungen analysieren mußte und dessen jahrelange Dauer ihn zu Recht sagen ließ: „Die Existenz der Sowjetrepublik neben den kapitalistischen Ländern – der Sowjetrepublik in der Umkreisung der kapitalistischen Länder – ist etwas so Unzulässiges für den Kapitalismus, daß er nach jeder Möglichkeit zur Wiederaufnahme des Krieges greifen wird.“[4]

Seine Forderung, „seid auf der Hut, hütet die Verteidigungsfähigkeit unseres Landes und unserer Roten Armee wie euren

[1] Vgl. W. B. Walsh, Russia and the Soviet Union, Ann Arbor, Mich., 1958, S. VIII, 393, 399.

[2] W. Grottian, Lenins Anleitung zum Handeln. Theorie und Praxis sowjetischer Außenpolitik. Köln und Opladen 1962, S. 197 f. Zum Dekret über den Frieden vgl. W. I. Lenin, Werke, Berlin (DDR) 1955–1964, Bd. 26, S. 239 ff.

[3] G. W. Tschitscherin, Zwei Jahre auswärtiger Politik [illegible] Rußlands, [illegible], Berlin 1920, S. 4.

[4] W. I. Lenin, Werke Bd. 31, S. 469, VIII. Gesamtrussischer Sowjetkongreß, 22.–29. 12. 1920.

Augapfel",[5] erwies sich in den Jahren nach dem Bürgerkrieg und den ausländischen militärischen Interventionen und bei der Aggression des Faschismus mehr als berechtigt, denn „durch unsere Revolution wurde mehr als durch irgendeine andere das Gesetz bestätigt, daß die Stärke einer Revolution, die Wucht ihres Ansturms, die Energie, die Entschlossenheit und der Triumph ihres Sieges gleichzeitig die Kraft des Widerstands der Bourgeoisie verstärken. Je mehr wir siegen, desto mehr lernen die kapitalistischen Ausbeuter, sich zusammenzuschließen, und zu desto entschiedeneren Angriffen gehen sie über."[6]
Neben der Notwendigkeit, sich für die Erhaltung der Existenz der sozialistischen Republik unter legitimer ‚Ausnutzung' aller gegnerischen Schwächen und Differenzen „zur Selbsterhaltung zu organisieren"[7] vertrat Lenin jedoch entschieden den allgemeinen Frieden auch schon vor der Oktoberrevolution: „Auf die Frage, was die Partei des Proletariats tun würde, wenn die Revolution sie im gegenwärtigen Krieg an die Macht bringen sollte, antworten wir: Wir würden *allen* Kriegführenden den Frieden anbieten unter der Bedingung, daß die Kolonien und *alle* abhängigen, unterdrückten und nicht gleichberechtigten Völker die Freiheit erhalten."[8]

[5] W. I. Lenin, Bd. 33, S. 134. Über die Innen- und Außenpolitik der Republik, IX. Gesamtrussischer Sowjetkongreß, 23.–28. 12. 1921.
[6] Ders., Bd. 30, S. 442, IX. Parteitag der KPR(B), 29. 3.–5. 4. 1920.
[7] Ders., Bd. 29, S. 138, VIII. Parteitag der KPR(B), 18. 3. 1919.
[8] Ders., Bd. 21, S. 410, Einige Thesen, 13. 10. 1915. Einsichtige imperialistische Vertreter verstanden die kommunistische Friedenshaltung sehr wohl. Vgl. K. D. Erdmann (Hrsg.), K. Riezler, Tagebücher, Aufsätze, Dokumente, Göttingen 1972: „Wie die Konservativen die Gemütsart des Gutshofes, so übertragen die Schwerindustriellen die des Herrenunternehmens gegenüber den Arbeitern auf die äußere Politik. Das A und O dieser Leute ist das Verhältnis zur Sozialdemokratie. Daher kommt alle ihre Angst und alle ihre Gegnerschaft. Durch ihren anfänglichen Plan, durch Proklamierung von Eroberungen und eine Hochflut des Chauvinismus die Sozialdemokraten zuerst in die Opposition zurückzudrängen und nach einem kurzen Siege und nationalem Jubel bei den Wahlen zu schlagen – haben sie die deutsche These nach innen und außen verdorben – freilich auch der Regierung die Aufgabe, die Linke zusammenzufassen, erleichtert" (11. 3. 1917). „Wenn der Hunger kommt und nicht zum mindesten gleichzeitig der Friede, dann bekommen wir Zustände, die zur Revolution führen müssen, wenn sie dauern. Wir *müssen* mit der

Lenin bringt hier ausdrücklich den *internationalen* Charakter des Friedens als einer der Vernunft und der Würde des Menschen gemäßen und zu allen Zeiten ersehnten Ordnung zum Ausdruck, und er verteidigt beharrlich dieses internationale Prinzip des Friedens gegen dessen negative Auslegung als einen Zustand des Nichtkriegs: „Unsere sozialistische Sowjetrepublik wird unerschütterlich dastehen, als Fackel des internationalen Sozialismus und als Vorbild für die werktätigen Massen. Dort sehen wir Streit, Krieg, Blutvergießen, Millionen Menschenopfer, Ausbeutung durch das Kapital, hier – eine wirkliche Politik des Friedens und die sozialistische Sowjetrepublik“[9] wobei in seiner Kombination von Friedenspolitik und Kampf für

jetzigen russischen Regierung Frieden bekommen; die nächste wird wahrscheinlich sozialistisch sein und den internationalen Frieden des Sozialismus proklamieren“ (28. 3. 1917).

[9] W. I. Lenin, Bd. 26, S. 472, III. Gesamtrussischer Kongreß der Sowjets der Arbeiter-, Soldaten- und Bauerndeputierten, 10.–18. 1. 1918. Zum sowjetischen Vorbild für Frieden und Freiheit vgl. K. Liebknecht, Gesammelte Reden und Schriften, Bd. IX, Mai 1916 bis 15. Januar 1919, Berlin (DDR) 1971, S. 588 f.: „Die russische Sowjetrepublik wurde zum Banner der kämpfenden Internationale, sie rüttelt die Zurückgebliebenen auf, erfüllt die Schwankenden mit Mut und verzehnfacht die Kraft und Entschlossenheit aller. Verleumdung und Haß umgeben sie. Doch sie erhebt sich hoch über diesen ganzen schmutzigen Strom – ein großartiges Werk voll gigantischer Energie und edelsten Idealen. Eine neue, bessere Welt nimmt ihren Anfang.“ Das führte zur Bildung von kommunistischen Parteien und Gruppen in einer Reihe von Ländern und der III. Internationale mit der ausdrücklichen Feststellung gegenüber allen Verfälschungen, daß „das Kleineigentum keineswegs expropriiert werden wird und daß die Eigentümer, die keine Lohnarbeit ausbeuten, auch keinen Gewaltmaßregeln ausgesetzt werden“. I. Kongreß der Kommunistischen Internationale. Protokoll der Verhandlungen in Moskau, 2.–19. März 1919, Hamburg 1921, S. 190. – Zur Widerlegung der faschistischen und imperialistischen Propaganda, daß die Sowjetunion mittels der Komintern sich in die Angelegenheiten anderer Länder einmische, und zur Stärkung der antifaschistischen Bündnispolitik, wurde der Vorschlag des Exekutivkomitees der Kommunistischen Internationale (EKKI) zur Auflösung der Komintern am 8. 6. 1943 von allen kommunistischen Parteien gebilligt. „Das Fehlen von Verbindungen zwischen ... kommunistischen Parteien“ (Für Frieden und Volksdemokratie. Bericht über die Tätigkeit einiger kommunistischer Parteien, gehalten auf der Konferenz in Polen Ende September 1947, Berlin o. J., S. 9) führte 1947 zur Gründung des Kommunistischen Informationsbüros (Kominform), das mit der weiteren Entwicklung der kommunistischen Parteien und des proletarischen Internationalismus 1956 aufgelöst wurde.

den Sozialismus die Übereinstimmung mit Marx' Friedensauffassung besonders deutlich wird: „Während das offizielle Frankreich und das offizielle Deutschland sich in einen brudermörderischen Kampf stürzen, senden die Arbeiter einander Botschaften des Friedens und der Freundschaft. Diese einzige große Tatsache, ohnegleichen in der Geschichte der Vergangenheit, eröffnet die Aussicht auf eine hellere Zukunft. Sie beweist, daß, im Gegensatz zur alten Gesellschaft mit ihrem ökonomischen Elend und ihrem politischen Wahnwitz, eine neue Gesellschaft entsteht, deren internationales Prinzip der *Friede* sein wird, weil bei jeder Nation dasselbe Prinzip herrscht – die *Arbeit!*"[10]
Ebenfalls vor der Oktoberrevolution ist sich Lenin angesichts der weltwirtschaftlichen Weiterentwicklung der kapitalistischen Warenproduktion darüber klar, daß diese neue Gesellschaft, der Sozialismus, „nicht gleichzeitig in *allen* Ländern siegen [kann]. Er wird zuerst in einem oder einigen Ländern siegen. Andere werden für eine gewisse Zeit bürgerlich oder vorbürgerlich bleiben",[11] denn „die Ungleichmäßigkeit der ökonomischen und politischen Entwicklung ist ein unbedingtes Gesetz des Kapitalismus. Hieraus folgt, daß der Sieg des Sozialismus zunächst in wenigen kapitalistischen Ländern oder sogar in einem einzeln genommenen Lande möglich ist";[12] ferner: „Das siegreiche Proletariat wird die Länder reorganisieren, in denen es gesiegt hat. Das kann nicht mit einem Schlag geschehen, und auch die Bourgeoisie kann nicht mit einem Schlag ‚besiegt' werden."[13] Deshalb kann die Herausbildung des Sozialismus „nicht anders vor sich gehen, als in Gestalt einer Epoche, in der der Bürgerkrieg des Proletariats gegen die Bourgeoisie in den fort-

[10] K. Marx, Erste Adresse des Generalrats über den Deutsch-Französischen Krieg (1870) in: Marx/Engels, Ausgewählte Schriften in zwei Bänden, Berlin (DDR), 1970, Bd. I, S. 458.

[11] W. I. Lenin, Bd. 23, S. 74, Das Militärprogramm der proletarischen Revolution, Sept. 1916.

[12] Ders., Bd. 21, S. 345, Über die Losung der Vereinigten Staaten von Europa, 23. 8. 1915.

[13] Ders., Bd. 23, S. 53, Über eine Karikatur auf den Marxismus und über den ‚imperialistischen Ökonomismus', August/Okt. 1916.

geschrittenen Ländern mit einer *ganzen Reihe* demokratischer und revolutionärer Bewegungen verbunden ist, darunter auch mit nationalen Befreiungsbewegungen der unterentwickelten, rückständigen und unterdrückten Nationen",[14] in einer „Periode, in der sozialistische und kapitalistische Staaten nebeneinander existieren werden."[15] Diese Einschätzung der internationalen revolutionären Situation „war die einzig internationalistische Taktik, denn sie bewirkte ein Höchstmaß dessen, was in *einem* Lande *für* die Entwicklung, Unterstützung und Entfachung der Revolution *in allen Ländern* durchführbar ist".[16]

Diese theoretische Begründung der Koexistenz von Staaten mit unterschiedlicher bzw. entgegengesetzter Gesellschaftsordnung durch Lenin wurde von Außenminister Tschitscherin ausdrücklich als „friedliche Koexistenz" am 17. 6. 1920 verkündet: „Unsere Politik ist vor allem eine Politik des Friedens, und das wissen alle. Wir wollen eines: Wir wollen, daß man uns nicht daran hindert, uns so zu entwickeln, wie wir das wollen; wir wollen in Frieden unsere neue sozialistische Gesellschaftsordnung aufbauen. Wir tragen weder unsere Ordnung noch unsere Macht auf Bajonetten weiter, und das wissen alle ... wir wollen den Frieden, die Verständigung, aber eine wirkliche Verständigung, die beiden Seiten bei gleichen Bedingungen Vorteile bietet ... Unsere Losung war und bleibt dieselbe: friedliche Koexistenz mit den anderen Regierungen, wie diese auch sein mögen. Die Wirklichkeit selbst hat uns und andere Staaten die Notwendigkeit vor Augen geführt, dauerhafte Beziehungen zwischen der Arbeiter- und Bauernregierung und den kapitalistischen Regierungen herzustellen.[17]

Derartig eindeutige Formulierungen der Generallinie der sozialistischen Außenpolitik widerlegen die Behauptungen, „das

[14] A.a.O.

[15] W. I. Lenin, Bd. 30, S. 22, An die amerikanischen Arbeiter, 23. 9. 1919.

[16] Ders., Bd. 28, S. 293, Die proletarische Revolution und der Renegat Kautsky, 10. 11. 1918

[17] Dokumente zur Außenpolitik der UdSSR, Moskau 1958, Bd. II, S. 638 f. (Dokumenty vneshnei politiki SSSR, Vol. II, Gospolitizdat, 1958); Auszug: V. Israelyan (Hrsg.), Soviet Foreign Policy, Moskau 1967, S. 20.

friedliche Nebeneinanderbestehen ... soll nur den Bestand der Sowjetunion so lange sichern, bis die eigenen Kräfte ausreichen, den Gegner zu vernichten",[18] oder: „Bei der Ausführung der Koexistenz-Theorie berufen sich die sowjetischen Führer im Parteiprogramm auf Lenin und sprechen vom ‚Leninschen Prinzip der friedlichen Koexistenz'. Tatsächlich hat aber Lenin niemals die These einer möglichen Koexistenz zwischen ‚Kapitalismis' und kommunistischen Staaten auf lange Sicht hin aufgestellt ... Die Sowjetarmee bleibt also, trotz guter Maskierung, eine Angriffswaffe."[19] Aber auch die Bestätigung, daß der Begriff der friedlichen Koexistenz „seit 1918 ... in der Sowjetpolitik in regelmäßigen Zeitabständen wieder aufgetaucht" ist, behauptet, daß er sich nur „aus taktischen Überlegungen rechtfertigen lasse", denn „für die Sowjetführer bildet die ‚friedliche Koexistenz' die wirkungsvollste offensive Taktik und das beste Mittel zum Umsturz der bestehenden Ordnung auf anderem Wege als dem des totalen Krieges [mit Kernwaffen]".[20]
Die zahllosen Varianten derartiger Behauptungen erweisen sich so immer wieder lediglich als inkonsequente Vermengungen des innenpolitischen nationalen Problems des Klassenkampfes mit dem außenpolitischen internationalen Prinzip des Friedens.

[18] H. Fiedler, Der sowjetische Neutralitätsbegriff in Theorie und Praxis, a.a.O., S. 36.
[19] B. Maurach, Der 22. Kongreß der KPdSU [17.–31. 10. 1961] und die sowjetische Wehrpolitik, in: Wehrkunde, München, 2/1962, S. 63.
[20] H. A. Kissinger, Kernwaffen und Auswärtige Politik, München 1958, S. 299, 121.

II. Die koexistente Sicherung des sozialistischen Aufbaus als erste Aufgabe sozialistischer Außenpolitik

1. Die Interventions- und Blockadeperiode 1917–1921

In der sozialistischen Bereitschaft, sofort nach der Machtübernahme den außenpolitischen Frieden zu schließen, kommt mit der fortschrittlichen erstmaligen Ablehnung jeder Art von Aggression und der Bestätigung des Prinzips der Selbstbestimmung der Nationen die Möglichkeit der friedlichen Koexistenz von Staaten unterschiedlicher sozialer Ordnung zum Ausdruck. „Die Regierung Rußlands schlägt allen kriegführenden Völkern vor, unverzüglich einen solchen Frieden zu schließen“, also „ohne Annexionen (d. h. ohne Aneignung fremder Territorien, ohne gewaltsame Angliederung fremder Völkerschaften) und ohne Kontributionen“,[1] d. h. „Wir lehnen alle Punkte über Raub und Vergewaltigung ab, aber alle Punkte, die gutnachbarliche Beziehungen und wirtschaftliche Abkommen festlegen, nehmen wir gern an“.[2]

Kurz nach der Eröffnung der Friedenskonferenz von Brest-Litowsk notierte Lenin im Hinblick auf das Schicksal der von den kaiserlichen Truppen besetzten russischen Westgebiete. „Die Friedensverhandlungen in Brest-Litowsk haben im gegenwärtigen Zeitpunkt, bis zum 7. 1. 1918, ganz klar gezeigt, daß in der deutschen Regierung (die die übrigen Regierungen des Viererbunds [Österreich-Ungarn, Türkei, Bulgarien] fest am Gängelband hat) die Kriegspartei unbedingt die Oberhand gewonnen hat, die im Grunde Rußland bereits ein Ultimatum gestellt hat ...: Entweder Fortsetzung des Krieges oder ein annexionistischer Frieden.“[3]

1 W. I. Lenin, Bd. 26, S. 240, Rede über den Frieden, 25./26. 10. 1917.
2 A.a.O., S. 245, Schlußwort zur Rede über den Frieden.
3 A.a.O., S. 444, Zur Geschichte der Frage eines unglückseligen Friedens, 7. 1. 1918.

Folgerichtig entschied sich die sowjetische Regierung und der IV. Außerordentliche Gesamtrussische Sowjetkongreß für den letzteren, unter Widerlegung der Vorwürfe von der eigenen Seite, daß es keinesfalls „ein friedliches Zusammen mit uns – zwischen der Sowjetrepublik und dem internationalen Kapital – geben" könne,[4] und Aufdeckung der Gründe der Nichtteilnahme der anderen kapitalistischen Großmächte an den Friedensverhandlungen: „Gerade die englische, französische und amerikanische Bourgeoisie hat unser Angebot nicht angenommen; gerade sie weigerte sich, mit uns über den allgemeinen Frieden [ohne Annexionen und Kontributionen auf der Grundlage der völligen Gleichberechtigung] auch nur zu reden. *Sie* war es, die Verrat an den Interessen aller Völker übte, die das imperialistische Gemetzel in die Länge zog!

Gerade sie, die darauf spekulierte, Rußland von neuem in den imperialistischen Krieg hineinzuziehen, wollte nichts von Friedensverhandlungen wissen und ließ dadurch den räuberischen deutschen Kapitalisten freie Hand, die dann Rußland den annexionistischen Gewaltfrieden von Brest-Litowsk aufzwangen!

Man kann sich nur schwer eine Heuchelei vorstellen, die widerlicher wäre als die, mit der sich die englische, französische und amerikanische Bourgeoisie [in der Öffentlichkeit] bemüht, die ‚Schuld' *für* den Brester Frieden auf uns abzuwälzen."[5] Aber „wie dem auch sei, wir sind aus dem Krieg ausgeschieden. Wir sagen nicht, daß wir ausgeschieden sind, ohne etwas herzugeben, ohne einen Tribut zu zahlen. Aber wir sind aus dem Krieg ausgeschieden. Wir haben dem Volke eine Atempause verschafft."[6] Und „dank dem erreichten Frieden – trotz all seiner Schwere und all seiner Unbeständigkeit – erhält die Russische Sowjetrepublik die Möglichkeit, für eine gewisse Zeit ihre

[4] N. Bucharin, VII. Außenordentlicher Parteitag der KPR(B), 1918, Stenographischer Bericht, Moskau 1923, 1962, S. 29 (russ.).

[5] W. I. Lenin, Bd. 28, S. 51, Brief an die amerikanischen Arbeiter, 20. 8. 1918.

[6] Ders., Bd. 27, S. 154, Rede im Moskauer Sowjet der Arbeiter-, Bauern- und Rotarmistendeputierten, 12. 3. 1918.

Kräfte auf die wichtigste und schwierigste Seite der sozialistischen Revolution zu konzentrieren, nämlich auf die organisatorische Aufgabe".[7]

Doch die bereits im Januar 1918 durch englische, japanische und amerikanische Kriegsschiffe angekündigte Intervention dieser Mächte in Wladiwostok ab April und die Landung englisch-französischer Truppen in Murmansk Anfang März 1918 ermunterte den deutschen Imperialismus, unterstützt durch Österreich-Ungarn und die Türkei, den Brester Friedensvertrag zu verletzen und ebenfalls zu intervenieren.

Er „überschwemmt, abgesehen von den ständigen Zwischenfällen und Drohungen der Ortskommandanten an der Demarkationslinie, sofort nach dem Brester Frieden mit seinen Heeren Finnland und die Ukraine, unterdrückt durch überlegene Kräfte und eine überlegene Technik den verzweifelten Widerstand der roten Truppen, erreicht im April bereits die großrussischen Gouvernements und beginnt in das Innere Rußlands einzudringen. Im Laufe der nachfolgenden Monate erfolgt sein allmähliches Vordringen und zum Teil sein Durchsickern weiter nach Osten und nach Südosten. Indem der Imperialismus die gegenrevolutionären Kräfte unterstützt, die sich im Süden Rußlands bilden und die nach dort über das von den Deutschen besetzte Gebiet gelangen, erfolgt die Schaffung von Scheinrepubliken im Kaukasus und einer fiktiven Donauregierung, die als Deckmantel für das weitere Vordringen des deutschen und im Kaukasus zum Teil auch des türkischen Imperialismus dienen."[8]

Mit der Verstärkung japanischer, englischer und amerikanischer Truppen in Wladiwostok im August fielen englische Truppen von Persien her in Transkaukasien und Turkestan ein, so daß Lenin sagen konnte: „Der äußere Feind der Russischen Sozialistischen Sowjetrepublik, das ist gegenwärtig der englisch-französische und der japanisch-amerikanische Imperialismus. Dieser

[7] A.a.O., S. 229, Die nächsten Aufgaben der Sowjetmacht, März/April 1918.

[8] G. W. Tschitscherin, Zwei Jahre auswärtige Politik Sowjet-Rußlands, a.a.O., S. 9 f.

Feind greift jetzt Rußland an, er plündert unser Land..."[9]
Verschärft wurde die bewaffnete Intervention durch die Verhängung der Hungerblockade über die Sowjetrepublik, es „verdichtete sich die Wolke der ententistischen Intervention. Es vollzog sich der Prozeß einer allmählichen Einmauerung Rußlands, seiner Isolierung durch die Blockade der Entente, die sogenannte ‚Einkreisung' oder den ‚sanitären Kordon'."[10]
Neben der entschiedensten Ablehnung der „Einmischung der neutralen kapitalistischen Mächte zugunsten der russischen Bourgeoisie ... [im] Versuch, die Grenzen des gesetzlichen Schutzes der Interessen ihrer Bürger zu überschreiten, als ein Versuch der Unterstützung der russischen Konterrevolution",[11] der „Belebung der russischen Konterrevolution, die selbst schon fast eingeschlafen war, [der] Versuche, durch gewaltsamen [interventionistischen] Eingriff ihre blutige Herrschaft über das russische Volk wieder aufzurichten...",[12] führte die Sowjetregierung zur gleichen Zeit den politischen und diplomatischen Kampf um den Frieden mittels Aufklärung, Information und Friedensvorschlägen.
Sie stellte klar, daß sie keinen Krieg erklärt habe und in Frieden mit allen Staaten koexistieren wolle. Im ‚Offenen Brief' Tschitscherins an Präsident Wilson *enthüllte* sie imperialistische Motive und Handlungen und ersuchte bei gleichzeitiger Erklärung ihrer *Friedensbereitschaft* die USA und die Ententeländer um Mitteilung ihrer Friedensbedingungen: „In Ihrer Botschaft an den Kongreß der Vereinigten Staaten vom 18. Januar [1918] haben Sie im sechsten Punkt Ihre tiefen Sympathien für Rußland bekundet, das damals mit dem machtvollen deutschen Imperialismus von Angesicht zu Angesicht Verhandlungen führte. Sie erklärten, Ihr Programm bestehe in der [,]Befreiung des

[9] W. I. Lenin, Bd. 28, S. 40, Genossen Arbeiter! Auf zum letzten entscheidenden Kampf, August 1918.
[10] G. W. Tschitscherin, a.a.O., S. 35.
[11] Ders., in: Ein diplomatischer Notenwechsel über den weißen und roten Terror, in: Zeitgemäße Briefe, München o. J. (1919), S. 38.
[12] Ders., Offener Brief an den Präsidenten der USA, Herrn Woodrow Wilson, 24. 10. 1918, in: Zeitgemäße Briefe, a.a.O., S. 5.

ganzen russischen Gebietes, sowie in einer derartigen Lösung aller Rußland berührenden Fragen, die ihm die umfassendste und freieste Mitwirkung seitens der anderen Nationen garantieren würde – zur Erlangung der vollen und uneingeschränkten Möglichkeit einer unabhängigen Entscheidung bezüglich seiner eigenen politischen Entwicklung und seiner nationalen Politik, die ihm in der Gesellschaft freier Nationen unter selbstgewählten Staatseinrichtungen ein freudiges Willkommen sichern würde. Darüber hinaus würde Rußland eine Unterstützung jeder Art, die es nötig hätte und wünschen würde, gewährt werden ... [‘].[13]

‚Der Prüfstein‘ des Verhältnisses zwischen den Vereinigten Staaten und Rußland zeitigte nicht ganz solche Verhältnisse, wie es nach Ihrer Botschaft an den Kongreß, Herr Präsident, hätte erwartet werden dürfen, jedoch haben wir Grund, auch mit diesen Ergebnissen nicht ganz unzufrieden zu sein, denn die Missetaten der Konterrevolution im Osten und im Norden zeigten den Arbeitern und Bauern Rußlands, wohin das Trachten der russischen Konterrevolution und ihrer ausländischen Gehilfen geht, und dadurch wurde im russischen werktätigen Volk der eiserne Wille geschaffen zur Verteidigung der Freiheit, der Errungenschaften der Revolution ...

Unsere Regierung drückt den Willen der Räte der Arbeiter, Bauern und Rot-Gardisten und Deputierten aus, was, Herr Präsident, von Ihrer Regierung nicht behauptet werden kann ... Indem wir gegenwärtig der Beteiligung an Unterhandlungen mit solchen Regierungen zustimmen, die noch nicht den Willen des Volkes ausdrücken, möchten wir ... erfahren, wie Sie sich den Völkerbund denken, der nach Ihrer Vorstellung das Werk des Friedens krönen soll.

Sie verlangen die Unabhängigkeit Polens, Serbiens und Belgiens, die Freiheit für die Völker Österreich-Ungarns. Mit aller Wahrscheinlichkeit wollen Sie damit sagen, daß zunächst die Volksmassen überall die Entscheidung über ihr Schicksal in ihre eige-

[13] Punkt 6 von Wilsons 14 Punkten, 8. 1. 1918, in: W. Lippmann, U. S. War Aims, Boston 1944, S. 211

nen Hände nehmen sollen, um sich alsdann im freien Völkerbund zu vereinigen. Aber seltsamerweise bemerken wir unter Ihren Forderungen weder die Befreiung Irlands, Ägyptens und Indiens, ja nicht einmal die Befreiung der Philippinen, und wir würden es sehr bedauern, wenn diesen Völkern nicht die Möglichkeit gewährleistet werden sollte, gemeinsam mit uns durch ihre frei gewählten Vertreter sich an dem Aufbau des Völkerbunds zu beteiligen.

Auch ist es, Herr Präsident, unser lebhafter Wunsch, vor dem Anfang der Unterhandlungen zur Schaffung eines Völkerbundes zu erfahren, wie Sie sich die Lösung vieler Fragen wirtschaftlichen Charakters denken, die von wesentlicher Bedeutung für den künftigen Frieden sind ... Sie wissen dabei ebensogut wie wir, Herr Präsident, daß dieser Krieg ein Ergebnis der Politik aller kapitalistischen Mächte darstellt, daß die Regierungen aller Länder im Wettbewerb rüsteten, daß sie sich an der Annexionspolitik aller herrschenden Gruppen der zivilisierten Völker beteiligten, und daß es daher äußerst ungerecht sein würde, wenn die Volksmassen, die für diese Politik mit dem Blute von Millionen bezahlten, die für sie mit dem wirtschaftlichen Ruin büßten, noch überdies den wirklichen Urhebern des Krieges eine Kontribution für ihre Politik, die zu all diesem unübersehbaren Unheil geführt hat, zahlen müßten ...

Jedoch soll der Völkerbund nicht nur den jetzigen Krieg beenden, sondern auch jede Art von Krieg in der Zukunft unmöglich machen. Ihnen, Herr Präsident, kann es nicht unbekannt sein, daß die Kapitalisten Ihres Landes daran denken, in Zukunft dieselbe Politik der Annexionen und der Erbeutung des Extraprofits in China und in Sibirien zu verfolgen ... Sie sind zweifelsohne auch über ähnliche Pläne der kapitalistischen herrschenden Kreise anderer Länder mit Hinsicht auf andere Gebiete und andere Völker unterrichtet. Da Sie darüber Kenntnisse besitzen, werden Sie uns zustimmen müssen, daß man Fabriken, Minen und Banken nicht in den Händen von Privatpersonen belassen darf, die stets die von den Volksmassen geschaffenen ungeheuren Produktionsmittel dazu benutzen, Erzeugnisse und Kapital in fremde Länder auszuführen, um für die letzteren aufgezwungenen Wohltaten einen Extraprofit zu erheben, wobei sie durch ihren Beutekampf imperialistische Kriege hervorrufen ...

Wir wissen sehr wohl, daß die eigennützige Klasse der Kapitalisten sich bemühen wird, eine innere Unsicherheit zu schaffen, ebenso wie es gegenwärtig der Fall ist, wo die russischen Gutsbesitzer und die russischen Kapitalisten unter Zuhilfenahme der amerikanisch-englischen und französischen bewaffneten Streitkräfte es versuchen, den Arbeitern die Fabriken und den Bauern das Land wegzunehmen ...

Obwohl wir nun, Herr Präsident, in der Tat erfahren haben, was Ihre Versprechungen bedeuten, so haben wir uns nichtsdestoweniger auf den Boden Ihrer Vorschläge für den allgemeinen Frieden und für den Völkerbund gestellt. Nur haben wir es allerdings versucht, in solchem Maße Ihre Vorschläge zu vertiefen, daß nicht aus ihnen ebenso Ihren Versprechungen widerstreitende Ergebnisse gezeitigt würden, wie dies mit Ihrer Hilfe für Rußland der Fall war. Wir haben es versucht, Ihre Vorschläge für den Völkerbund mit solcher Genauigkeit zu formulieren, damit aus dem Völkerbund kein Bund der Kapitalisten gegen die Völker sich ergeben möge ...

Da wir auch Frieden geschlossen haben mit der imperialistischen Regierung Deutschlands mit Kaiser Wilhelm an der Spitze, zu der Sie, Herr Präsident, sich nicht besser stellen als wir, eine Arbeiter-, Bauern- und revolutionäre Regierung, uns zu Ihnen stellen, so schlagen wir Ihnen, Herr Präsident, zu guter Letzt vor, gemeinsam mit Ihren Verbündeten die nachstehenden Fragen zu prüfen und uns darauf genau ganz sachliche Antworten zu erteilen: Beabsichtigen die Regierungen in Amerika, England und Frankreich aufzuhören, das Blut des russischen Volkes und das Leben russischer Bürger zu fordern, falls das russische Volk sich einverstanden erklärt, Ihnen dafür Zahlung zu leisten und sich von Ihnen loszukaufen wie ein einem plötzlichen Überfall ausgesetzter Mensch sich von dem loskauft, der ihn überfiel? Zustimmendenfalls, welche Kontributionen verlangen die Regierungen Amerikas, Englands und Frankreichs von dem russischen Volke . . ."[14]

Zur Feindseligkeit der Alliierten bemerkt Lenin nach der Unterzeichnung des Brester Friedens: „Unbeständig ist der von der Russischen Sowjetrepublik erlangte Frieden nicht deshalb, weil sie jetzt etwa an die Wiederaufnahme der Kriegshandlungen denkt; – an so etwas denkt außer bürgerlichen Konterrevolutionären und ihren Mitläufern (den Menschewiki usw.) kein einziger zurechnungsfähiger Politiker. Unbeständig ist der Frieden deshalb, weil in den an Rußland im Westen und Osten grenzenden imperialistischen Staaten, die über eine gewaltige militärische Macht verfügen, jeden Augenblick die Kriegspartei die Oberhand gewinnen kann, verlockt durch die momentane Schwäche Rußlands und angespornt von den den Sozialismus hassenden, raublüsternen Kapitalisten."[15] Deswegen müssen wir „vor allem unsere weitere Politik richtig festlegen, denn es wird in Zukunft bestimmt noch mehr als einmal Versuche der Entente geben, ihre Einmischung zu wiederholen".[16]

Aus diesem Sachverhalt der defensiven Grundeinstellung der *staatlich* gestützten sozialistischen Ordnung erklärt sich die von bürgerlicher Seite stets aggressiv ausgelegte Festlegung Lenins, daß „eine Reihe furchtbarster Zusammenstöße zwischen der Sowjetrepublik und den bürgerlichen Staaten unvermeidlich"[17] ist, und Lenin heuchelt deshalb nicht, wenn er vorschlägt, „unbedingt jegliche Mahnung an den unabänderlichen gewaltsamen Umsturz und die Anwendung des blutigen Kampfes zu streichen . . . und nur davon zu sprechen, daß . . . wir es unbedingt für unsere Pflicht halten, mit allen Mitteln die Versuche

[14] G. W. Tschitscherin, Offener Brief an den Präsidenten der USA, a.a.O., S. 3–11.

[15] W. I. Lenin, Bd. 27, S. 229, Die nächsten Aufgaben der Sowjetmacht, März/April 1918.

[16] Ders., Bd. 30, S. 196 f., VII. Gesamtrussischer Sowjetkongreß, 5.–19. 12. 1919.

[17] Ders., Bd. 29, S. 138 f., VIII. Parteitag der KPR(B), 18.–23. 3. 1919.

zu unterstützen, strittige Fragen friedlich zu lösen".[18] Denn – und das gilt im Rückblick auch für den Zweiten Weltkrieg – „der Terror wurde uns durch den Terrorismus der Entente aufgezwungen, als die stärksten Mächte der Welt, vor nichts zurückschreckend, mit ihren Horden über uns herfielen. Wir hätten uns keine zwei Tage halten können, wären wir diesen Versuchen der Offiziere und Weißgardisten nicht ohne Erbarmen begegnet; und das bedeutet Terror, aber der Terror wurde uns durch die terroristischen Methoden der Entente aufgezwungen ... Wir erklären, daß sich die Anwendung von Gewalt aus der Aufgabe ergibt, die Ausbeuter, die Gutsbesitzer und Kapitalisten, zu unterdrücken. Wenn das getan ist, verzichten wir auf alle außerordentlichen Maßnahmen ... Selbstverständlich wird uns jeder Versuch der Entente, wieder zu den Methoden des Krieges zu greifen, zwingen, zu dem früheren Terror zurückzukehren."[19] Der sozialistischen Diplomatie und Propaganda kommt dann folgerichtig die Aufgabe zu, anstelle der Anheizung von zwischenstaatlichen Konflikten ausschließlich der Friedenssicherung zu dienen, d. h. „unsere ganze Politik und Propaganda ist keineswegs darauf gerichtet, die Völker in einen Krieg hineinzutreiben, sondern darauf, dem Krieg ein Ende zu bereiten".[20]

Die Sowjetregierung schlug Ende 1918 und Anfang 1919 wiederholt den Ententemächten vor, Friedensverhandlungen aufzunehmen. Für die Erhaltung des Friedens mit Deutschland lag wegen der bewaffneten Intervention „die ganze Rettung nicht darin, den Brester Vertrag offen für null und nichtig zu erklären, sondern in der Fähigkeit, in der verwickelten internationalen Situation zu lavieren, die sich infolge der Interessen-

[18] W. I. Lenin, Bd. 36, S. 455, (russ.), Abänderungsvorschläge und Bemerkungen zum Entwurf der Erklärung der sowjetischen Delegation auf der Genuaer Konferenz, 23. 3. 1922.

[19] Ders., Bd. 30, S. 318, Bericht über die Arbeit des Gesamtrussischen Zentralexekutivkomitees und des Rats der Volkskommissare auf der ersten Tagung des Gesamtruss. ZEK der VII. Wahlperiode, 2. 2. 1920.

[20] Ders., Bd. 31, S. 467, VIII. Gesamtrussischer Sowjetkongreß, 22.–29. 12. 1920.

gegensätze zwischen den einzelnen imperialistischen Ländern herausgebildet"[21] hatte: Nach der „Sachlage ist eine reale – nicht papierene – Friedensgarantie für uns ausschließlich die Zwietracht zwischen den imperialistischen Mächten, die ihren Höhepunkt erreicht hat und einerseits in der Wiederaufnahme des imperialistischen Völkergemetzels im Westen, andererseits in dem aufs äußerste verschärften imperialistischen Wettstreit zwischen Japan und Amerika um die Beherrschung des Großen Ozeans und seiner Küsten zum Ausdruck kommt".[22] Die diplomatische Arbeit gegenüber Deutschland setzte sich das Ziel, „deutsche Geschäftskreise an der wirtschaftlichen Zusammenarbeit mit der Sowjetrepublik zu interessieren",[23] mit dem Ergebnis des russisch-deutschen Ergänzungsvertrags vom 27. 8. 1918, dessen politische, finanzielle und privatrechtliche Abkommen „den Tribut fixieren, den wir für unsere revolutionäre Gesetzgebung, die wir jetzt frei weiterführen können, zu zahlen haben; zum Teil fixieren sie und zum Teil begrenzen sie gleichzeitig die Ergebnisse des deutschen Überfalls, für den der Vertrag von Brest-Litowsk breite Möglichkeiten weiterer Überfälle offenließ".[24]

Durch den Brester Vertrag gelang es der Sowjetregierung, eine Einmischung in die sowjetische Gesetzordnung abzuwehren. „Brest ist dadurch bedeutsam, daß wir es hier zum ersten Mal in gigantischem Maßstab, unter unermeßlichen Schwierigkeiten verstanden haben, die Gegensätze zwischen den Imperialisten so auszunutzen, daß zuletzt der Sozialismus dabei gewann."[25]

Den rücksichtslosen Vertragsverletzungen von deutscher Seite machte der Zusammenbruch der kaiserlichen Monarchie ein

[21] W. I. Lenin, Bd. 27, S. 376, Referat über die gegenwärtige Lage, 15. 5. 1918.

[22] A.a.O., S. 229 f., Die nächsten Aufgaben der Sowjetmacht, März/April 1918.

[23] G. W. Tschitscherin, Erinnerungen an W. I. Lenin, Moskau 1957, Bd. II, S. 168 (russ.).

[24] G. W. Tschitscherin, zit. nach: Deutsch-sowjetische Beziehungen von den Verhandlungen in Brest-Litowsk bis zum Abschluß des Rapallo-Vertrages, Berlin (DDR) 1967, Bd. I., S. 771.

[25] W. I. Lenin, Bd. 31, S. 435, Rede in der Aktivversammlung der Moskauer Organisation der KPR(B), 6. 12. 1920.

Ende. Das Gesamtrussische Zentrale Exekutivkomitee annullierte mit der ausgesprochenen Bereitschaft, gleichberechtigte Beziehungen zu Deutschland herzustellen, am 13. 11. 1918 den Brester Vertrag mit seinen Zusatzabkommen.

Dennoch beurteilte Lenin die Lage als „niemals so gefährlich wie jetzt. Die Imperialisten hatten miteinander zu tun. Jetzt aber ist die eine Gruppierung von der englisch-französisch-amerikanischen hinweggefegt worden. Diese sieht ihre Hauptaufgabe darin, den Weltbolschewismus, seine Hauptzelle, die Russische Sowjetrepublik, zu erwürgen."[26]

Der alliierte Plan sah vor, einen „breiten Angriff auf Sowjetrußland durch die Finnen, Esten, Letten, Litauer, Polen, Tschechen und Russen, d. h. alle Völker, die in den Randgebieten Rußlands leben, unter der militärischen Führung der Alliierten",[27] zu unternehmen, „um die bolschewistischen Truppen zu vernichten und deren Territorium zu besetzen"[28] und es danach „in große natürliche Gebiete zu teilen, ein jedes mit seinem eigenen Wirtschaftsleben. Dabei darf kein Gebiet selbständig genug sein, um einen starken Staat bilden zu können",[29] getarnt wie beim Frieden von Brest-Litowsk und Wilsons 14 Punkten durch eine „rein akademische Diskussion über das Selbstbestimmungsrecht der Völker ... [um], was wir an territorialen Zugeständnissen durchaus brauchten, uns durch das Selbstbestimmungsrecht der Völker hereinzuholen",[30] um „die Unabhängigkeit von Pufferstaaten zu erreichen, die an Deutschland im Osten angrenzen, d. h. Finnland, Polen, Estland, die Ukraine usw."[31] Zur Erreichung dieser Ziele waren die Westmächte be-

[26] W. I. Lenin, Bd. 28, S. 156, VI. Gesamtrussischer Außerordentlicher Sowjetkongreß, 6.–9. 11. 1918.

[27] D. Lloyd George, The Truth about the Peace Treaties, London 1938, Bd. I, S. 370.

[28] Papers Relating to the Foreign Relations of the United States: The Paris Peace Conference 1919, Washington, D.C., 1943, Bd. IV, S. 122.

[29] D. H. Miller, My Diary at the Conference of Paris, New York 1924, Bd. IV, S. 213 f.

[30] R. v. Kuhlmann, Erinnerungen, Heidelberg 1948, S. 524.

[31] Lord F. L. Bertie, The Diary of Lord Bertie of Thame, 1914–1918, London 1924, Bd. 2, S. 310 f.

reit, sich mit Deutschland zu verbünden, indem es wie nach dem Zweiten Weltkrieg mit seinem westlichen Teil für die Roll-Back-Politik „vom harten Kampf zur natürlichen Zusammenarbeit mit uns allen“ wechseln und aufgefordert werden muß, „uns bei der Befreiung Rußlands und dem Wiederaufbau Osteuropas Hilfe zu leisten“.[32] In amerikanischer Besatzungssicht galt es als ausgemacht, „eine Ausdehnung Deutschlands auf russisches Gebiet würde die Deutschen für lange Zeit in Anspruch genommen und dadurch die Spannungen gegenüber Westeuropa vermindert haben ... Das befähigteste Staatswesen, den Bolschewismus erfolgreich abzuwehren, ist Deutschland, infolge seiner organisatorischen Fähigkeit und seines starken Sinns für Ordnung.“[33]

Entgegen der Bereitschaft der Sowjetregierung, durch bedeutende Zugeständnisse, soweit sie nicht die weitere Entwicklung der Sowjetrepublik gefährdeten – „die Rolle der Sowjetdiplomatie ist eine streng verteidigende“[34] – im Februar und März 1919 den Frieden zu erreichen, wurde der Druck der Entente auf die neutralen Staaten und die in Eile geschaffenen Randstaaten verstärkt. „Alle Druckmittel – finanzielle, militärische,

[32] W. S. Churchill, The World Crisis Bd. V, The Aftermath, London 1929, S. 25 – Zu den späteren Verhandlungen Stresemanns (1920) mit britischen Politikern und Militärs über einen deutsch-alliierten Feldzug gegen Sowjetrußland vgl. H. W. Gatzke, Rapallo nach Berlin, Vierteljahrshefte für Zeitgeschichte, München, 1/1956, S. 2, Anm. 7. Zur weiteren britischen Zusicherung, „diejenigen die Deutschland entwaffnet haben, würden die ersten sein, die Deutschland wieder bewaffnen“, falls „ein Kampf gegen Rußland beginne“, vgl. Locarno-Konferenz, Deutsche Sitzungsniederschriften, Vierte Sitzung, 8. 10. 1925, in: Locarno-Konferenz 1925, Dokumentensammlung, Berlin (DDR) 1962, S. 171 f. Zur Frage des Durchmarschrechtes alliierter Truppen bei den Locarno-Verhandlungen vgl. H. Luther, Politiker ohne Partei. Erinnerungen, Stuttgart 1960, S. 378: „Bei diesem Durchmarschrecht handelte es sich damals, obwohl das selten ausgesprochen wurde, an den gedachten Fall einer Exekution der Westmächte gegen Rußland.“ Zu Gesprächen über den Eintritt Deutschlands in ein antisowjetisches Militärbündnis vgl. E. v. Vietsch, Arnold Rechberg und das Problem der politischen Westorientierung Deutschlands nach dem 1. Weltkrieg, Koblenz 1958, S. 106.

[33] H. T. Allen, Mein Rheinland-Tagebuch, Berlin 1926, S. 51.

[34] G. W. Tschitscherin, Die internationale Politik zweier Internationalen, Hamburg o. J. (1920), S. 12.

auf dem Gebiet der Lebensmittelversorgung – wurden angewandt, um Estland, Finnland und zweifellos auch Lettland, Litauen und Polen, um diesen ganzen Staatenkomplex zu zwingen, uns anzugreifen.“[35]

Das einstimmige Friedensangebot des VIII. Gesamtrussischen Sowjetkongresses vom 5. 12. 1919 wurde von den Regierungen Englands, Frankreichs, Italiens und der USA ohne weitere Prüfung abgelehnt, trotz oder wegen seiner Betonung der friedlichen Koexistenz: „Die Russische Sozialistische Föderative Sowjetrepublik wünscht mit allen Völkern in Frieden zu leben und ihre ganze Kraft auf den inneren Aufbau zu richten, um die Produktion, das Verkehrswesen und die öffentliche Verwaltung auf der Grundlage der Sowjetordnung in Gang zu bringen, woran sie bis jetzt durch die Einmischung der Entente und der Hungerblockade gehindert wurde. Die Arbeiter- und Bauernregierung hat den Ententemächten wiederholt Friedensangebote gemacht, und zwar: ... Der VIII. Sowjetkongreß billigt voll und ganz alle diese wiederholten Schritte des Rats der Volkskommissare und des Volkskommissariats für Auswärtige Angelegenheiten und bekräftigt erneut sein unentwegtes Streben nach Frieden, er erneuert sein Angebot an alle Ententemächte – England, Frankreich, die Vereinigten Staaten von Amerika, Italien, Japan –, und zwar an alle zusammen und an jede einzeln, unverzüglich Friedensverhandlungen zu beginnen, und beauftragt das Gesamtrussische Zentralexekutivkomitee, den Rat der Volkskommissare und das Volkskommissariat für auswärtige Angelegenheiten, diese Friedenspolitik systematisch fortzusetzen und alle Maßnahmen zu treffen, die für ihren Erfolg notwendig sind.“[36]

Erst die militärischen Siege in der Abwehr des Feldzugs der ‚14 Staaten‘ brachten 1920 die Friedensverträge mit Estland, Litauen, Lettland, Finnland und den Präliminarfrieden mit Po-

[35] W. I. Lenin, Bd. 30, S. 161, VIII. Gesamtrussische Konferenz der KPR (B) 2.–4. 12. 1919.

[36] Ders., Bd. 30, S. 178, VIII. Gesamtrussische Konferenz der KPR (B), 2.–4. 12. 1919.

len, dem am 18. März 1921 der endgültige Friedensvertrag folgte, der für das sowjetische Zugeständnis der Annexion der Westgebiete der Ukraine und Belorußland, weit östlich der ethnischen Curzonlinie, durch Polen im Westen die Interventionskriege beendete, während im Osten die japanische Besetzung bis 1922, auf Sachalin bis 1925, andauerte. Durch Verträge auf der Grundlage völliger Gleichberechtigung mit dem Iran, Afghanistan und der Türkei im Jahre 1921 sicherte sich Sowjetrußland seine südöstlichen Grenzen. Der gleichzeitig mit dem polnischen Friedensvertrag abgeschlossene sowjetisch-englische Vertrag zog unmittelbar darauf entsprechende Verträge mit Deutschland, Norwegen, Österreich, Italien und 1922 mit Schweden und der Tschechoslowakei nach sich und dokumentierte das Ende der Übergangsperiode, in der „man nicht nur aufgehört hat, Rußland zu beachten, und nicht nur begonnen hat, es zu bekämpfen, indem man mit aller Kraft sogar die sagenhaften vierzehn Staaten auffahren ließ, mit denen Churchill Rußland drohte, sondern daß man auch, nachdem man mehrmals geschlagen worden war, begonnen hat, Rußland ein wenig zu fürchten, spürte man doch, daß Rußland sich zu einer gewaltigen sozialistischen Volksmacht entwickelt, die sich kein Unrecht gefallen lassen wird“[37] – von der Isolierung zur friedlichen Koexistenz des wirtschaftlichen Aufbaus des Sowjetstaats.

2. Die Herstellung normaler politischer und wirtschaftlicher Beziehungen zu den kapitalistischen Staaten 1921–1925

Die neue Situation der praktischen friedlichen Koexistenz durch die Sicherung des Friedens und sachliche ökonomische Zusammenarbeit mit allen interessierten Staaten analysiert Lenin eingehend. „Den Krieg um den Frieden haben wir mit ungeheurer Energie geführt“,[1] und es ist klar, „daß wir mit allen Kräften

[37] J. W. Stalin, Werke, Berlin (DDR) 1950–1955, Bd. 4, S. 341, Drei Jahre proletarische Diktatur, Referat in der Festsitzung des Bakuer Sowjets, 6. 11. 1920.

[1] W. I. Lenin, Über den Kampf um den Frieden, Berlin (DDR) 1951, S. 228.

bestrebt sein werden, den Frieden weiterhin zu erhalten, daß wir nicht vor großen Opfern und Zugeständnissen zurückschrecken werden, um diesen Frieden zu behaupten".[2]
In seinem Bericht über die Innen- und Außenpolitik der Republik vor dem IX. Gesamtrussischen Sowjetkongreß am 23. 12. 1921 heißt es: „Genossen, was ich eben gesagt habe, ist für Sie völlig klar und verständlich ... Leider gibt es jedoch heute auf der Welt zwei Welten: die alte – den Kapitalismus, der in eine Sackgasse geraten ist und niemals nachgeben wird, und die heranwachsende neue Welt, die noch sehr schwach ist, die aber groß und stark werden wird, denn sie ist unbesiegbar. Diese alte Welt hat ihre alte Diplomatie, die nicht glauben kann, daß es möglich ist, offen und ehrlich zu sprechen. Die alte Diplomatie meint, gerade dahinter müsse irgendeine *List* [kursiv E. R.] stecken ..., wir müßten unbedingt Betrüger sein[3] ... Ich weiß, die alte Diplomatie können wir ebensowenig erlernen, wie wir uns sonst umkrempeln können, aber die Lehren, die wir in dieser Zeit auf dem Gebiet der Diplomatie erteilt haben und die sich die anderen Staaten gefallen lassen mußten, konnten doch nicht ganz spurlos vorübergehen ... Und darum ist unsere unumwundene Erklärung, daß die Arbeiter und Bauern Rußlands den Segen des Friedens über alles schätzen, daß sie aber diesbezüglich nur bis zu einer gewissen Grenze zu gehen erlauben werden, so aufgefaßt worden, daß sie keine

[2] W. I. Lenin, Bd. 33, S. 132, IX. Gesamtrussischer Sowjetkongreß, 23. 12. 1921.
[3] Diese Haltung der bürgerlichen Diplomatie bestimmt sich aus ihren *eigenen* Verschleierungsabsichten: Gegen Antikriegsstimmungen, Mißtrauen gegen den imperialistischen Staat und zur Beeinflussung der Weltmeinung muß man „den Mund vollnehmen von Friedensphrasen, Völkerversöhnung usw." (A. Thimme, Gustav Stresemann, Eine politische Biographie zur Geschichte der Weimarer Republik, Hannover und Frankfurt 1957, S. 93). Als „ein äußerer Mantel" – im Falle der weiterbestehenden großdeutschen Absichten des bürgerlichen Deutschland (vgl. M. L. Edwards, Stresemann and the Greater Germany 1914–1918, New York 1963, S. 169) – „empfehlen sich fortschrittliche Gesten, die fast immer Beifall finden, klingende Phrasen und die Verkündung großzügiger Gedanken" (Ganz geheime Aufzeichnungen ‚Deutschland im Völkerbund' v. 12. 12. 1925, Akten zur deutschen auswärtigen Politik 1918 bis 1945. Aus dem Archiv des Auswärtigen Amts, Serie B: 1925–1933, Bd. I, 1, Göttingen 1966, S. 68, 72.)

Sekunde, keine Minute lang vergessen werden, welche Lasten sie im imperialistischen und im Bürgerkrieg auf sich nehmen mußten...

Es ist bis zu einem gewissen Grade ein labiles Gleichgewicht erreicht worden. Materiell sind wir in ökonomischer und militärischer Hinsicht maßlos schwach, moralisch dagegen – dieser Gedanke ist natürlich nicht unter dem Gesichtspunkt der abstrakten Moral, sondern als reales Kräfteverhältnis aller Klassen in allen Staaten zu verstehen – sind wir stärker als alle anderen. Das ist in der Praxis erprobt, das wird nicht durch Worte, sondern durch Taten bewiesen, das ist bereits einmal bewiesen worden, und sollte die Geschichte eine bestimmte Wendung machen, so wird das noch des öfteren bewiesen werden. Eben deshalb sagen wir uns: Nachdem wir unsere friedliche Aufbauarbeit in Angriff genommen haben, werden wir alle Kräfte anspannen, um sie ohne Unterbrechung fortzusetzen...

Ist aber so etwas überhaupt denkbar, daß eine sozialistische Republik in kapitalistischer Umkreisung bestehen kann? Das schien sowohl in politischer als auch in militärischer Hinsicht undenkbar zu sein. Daß es in politischer und militärischer Hinsicht möglich ist, ist indes bereits bewiesen, ist bereits Tatsache. Wie steht es aber in bezug auf den Handel? Wie in bezug auf den Wirtschaftsverkehr?...

Im Jahre 1921, dem ersten Jahr des Handelsverkehrs mit dem Ausland, haben wir einen bedeutenden Schritt vorwärts gemacht... Alle diese kapitalistischen Länder sind in der Lage, unverschämte Preise von uns zu fordern, und wir müssen sie ihnen zahlen, trotzdem aber helfen sie unserer Wirtschaft. Wie ist das gekommen? Warum handeln sie gegen ihren Willen, gegen das, was die Presse ununterbrochen einhämmert – und diese Presse ist doch hinsichtlich der Auflagenhöhe und hinsichtlich der Stärke und des Hasses, womit sie gegen uns auftritt, der unseren überlegen. Sie bezeichnen uns als Verbrecher, helfen uns aber trotzdem. Es zeigt sich, daß sie ökonomisch an uns gebunden sind... Unser Export... ist nicht der Rede wert... sagt jedem Sachverständigen sofort – das ist Armut... Immerhin aber ist es ein Anfang, und wir, die wir den Versuch erlebten, uns direkt zu erdrosseln, die wir jahrelang die Drohungen zu hören bekamen, daß die Beziehungen zu uns, solange wir das bleiben, was wir sind, mit allen Mitteln verhindert werden – wir sehen trotz allem, daß es Kräfte gibt, die stärker sind als diese Drohungen ... Es gibt eine größere Kraft als den Wunsch, den Willen und den Beschluß beliebiger feindlicher Regierungen oder Klassen; diese Kraft sind die allgemeinen Verhältnisse der Weltwirtschaft, die sie zwingen, mit uns Beziehungen aufzunehmen."[4]

Die Periode des ‚labilen Gleichgewichts' nach der Erkämpfung der sozialistischen staatlichen Existenz ist nach Lenin mehr als ein Atemholen, so „daß wir es hier nicht nur mit einer Atempause zu tun haben, sondern mit einem neuen Zeitabschnitt, in dem die Grundlagen unserer internationalen [Ko-]Existenz im Geflecht der kapitalistischen Staaten erkämpft sind".[5] Die Politik der friedlichen Koexistenz durchbricht die internationale Isolierung. Der Vorschlag der sowjetischen Regierung auf Einberufung einer internationalen Wirtschaftskonferenz führt am 10. 4. 1922 zur Konferenz von Genua.

Vor dem XI. Parteitag der KPR(B) am 27. 3. 1922 erklärte Lenin zu den weiteren Schwierigkeiten der Koexistenz: „Wir haben im Zentralkomitee genügend detaillierte Direktiven für unsere Diplomaten in Genua ausgearbeitet, haben sehr viel Zeit darauf verwandt, haben sie mehrere Male besprochen und wieder von neuem besprochen. Und es versteht sich von selbst, daß hier die Frage, ich möchte nicht sagen des Krieges, weil dieses Wort eine Mißdeutung hervorrufen könnte, aber jedenfalls des *Wettkampfes* [kursiv E. R.] steht. Im bürgerlichen Lager gibt es eine außerordentlich starke Strömung, die viel mächtiger als die anderen Strömungen ist und dazu neigt, die Genueser Konfe-

[4] W. I. Lenin, Bd. 33, S. 132–138, IX. Gesamtrussischer Sowjetkongreß, 23. 12. 1921.

[5] Ders., Bd. 31, S. 407, Unsere außen- und innenpolitische Lage und die Aufgaben der Partei, Rede auf der Moskauer Gouvernementskonferenz der KPR (B), 21. 12. 1920.

renz zu vereiteln. Es gibt andere Strömungen, die sie um jeden Preis durchsetzen wollen, die erreichen wollen, daß sie zusammentritt ...
Wenn wir als Kaufleute nach Genua gehen, so ist es uns begreiflicherweise nicht gleichgültig, ob wir es mit jenen Vertretern des bürgerlichen Lagers zu tun haben, die zur kriegerischen Lösung der Frage neigen, oder mit jenen Vertretern des bürgerlichen Lagers, die zum Pazifismus neigen, mag er auch noch so unzulänglich sein und – vom Standpunkt des Kommunismus – keinerlei Kritik standhalten. Das wäre wahrhaftig ein schlechter Kaufmann, der es nicht verstünde, diesen Unterschied zu erfassen und ihm zur Erreichung praktischer Ziele seine Taktik anzupassen. Wir gehen nach Genua mit dem praktischen Ziel, den Handel auszudehnen und Bedingungen zu schaffen, unter denen er sich am weitesten und erfolgreichsten entwickeln könnte."[6]
Die Unzulänglichkeit des bürgerlichen Pazifismus sieht Lenin darin, daß dieser die Konsequenzen des Überganges der kapitalistischen Konkurrenzwirtschaft zur imperialistischen Monopolwirtschaft ignoriert. Er dagegen betrachtet „das ökonomische Monopol – das ist der Kern der ganzen Sache"[7] – als eine neue Form kapitalistischer Profitquellenerschließung und Profitaneignung, die unterschiedliche Arten der Herrschaft und Gewalt bis zu Kriegen einschließt, so daß die tatsächlichen Monopole bzw. Oligopole mit ihrer Macht- und Extraprofitkonkurrenz also nicht mehr mit dem gewöhnlichen Monopolbegriff der Kapitalorganisation und Marktform erfaßt werden können. „Würde eine möglichst kurze Definition des Imperialismus verlangt, so müßte man sagen, daß der Imperialismus das monopolistische Stadium des Kapitalismus ist."[8] Denn „ist das Monopol einmal zustandegekommen und schaltet und waltet es mit Milliarden,

[6] W. I. Lenin, Bd. 33, S. 249 f.
[7] Ders., Bd. 23, S. 34, Über eine Karikatur auf den Marxismus und über den ‚imperialistischen Ökonomismus', Aug./Okt. 1916.
[8] Ders., Bd. 22, S. 270, Der Imperialismus als höchstes Stadium des Kapitalismus, Jan./Juni 1916.

so durchdringt es mit absoluter Unvermeidlichkeit *alle* Gebiete des öffentlichen Lebens, ganz unabhängig von der politischen Struktur und beliebigen anderen ‚Details'",[9] und „mit dem alten, auf der freien Konkurrenz fußenden Kapitalismus hat dieser Krieg endgültig aufgeräumt – er ist dem Staatskapitalismus, dem Monopolkapitalismus gewichen".[10]

Von diesen Überlegungen her versteht sich Lenins Direktive des Lavierens zwischen der Friedenspartei und Kriegspartei im bürgerlichen Lager: die sozialistische Politik der friedlichen Koexistenz besteht grundsätzlich im ökonomischen Wettbewerb mit kapitalistischen Staaten und der Nichtanwendung von militärischer Macht, die aber zur Sicherung revolutionärer Errungenschaften und des sozialistischen Aufbaus vorhanden sein muß. Der grundsätzliche sozialistische Verzicht auf militärische Mittel und die Bereitschaft, „eine absolute Nichteinmischung in die inneren Angelegenheiten fremder Staaten zu garantieren",[11] bedeutet nicht, davon zu träumen, „daß wir erst kämpfen und daß dann der Frieden kommt und das sozialistische Lamm und der kapitalistische Wolf sich um den Hals fallen werden. O nein. Daß sie aber gezwungen sind, mit uns auf wirtschaftlichem Gebiet zu kämpfen, das ist ein gewaltiger Fortschritt."[12] „Wir konnten bisher nur dank der tiefsten Zwietracht unter den imperialistischen Staaten siegen, nur dank dem Umstand, daß die Zwistigkeiten keine zufälligen inneren Parteizwistigkeiten waren, sondern daß es sich um einen tiefen, unausrottbaren Widerstreit der wirtschaftlichen Interessen der imperialistischen Länder handelt, die, weil sie auf der Basis des Privateigentums an Grund und Boden und Kapital stehen, zwangsläufig eine solche Raubpolitik betreiben müssen, bei der sich die

9 A.a.O., S. 241.

10 W. I. Lenin, Bd. 27, S. 380, Referat auf dem Gesamtrussischen Kongreß von Vertretern der Finanzabteilungen der Sowjets, 18. 5. 1918.

11 Ders., Bd. 30, S. 38, Antwort auf die Fragen des Korrespondenten der amerikanischen Zeitung ‚The Chicago Daily News', 5. 10. 1919.

12 Ders., Bd. 31, S. 447, Rede in der Aktivversammlung der Moskauer Organisation der KPR(B), 6. 12. 1920.

Versuche, ihre Kräfte gegen die Sowjetmacht zu vereinigen, als fruchtlos erwiesen haben."[13]

So werden bei wirtschaftlichen Konzessionen „die Konzessionäre bei der Gründung von Siedlungen ihre kapitalistischen Gewohnheiten mitbringen und die Bauernschaft zu zersetzen versuchen. Darauf muß man aber achten und ihnen auf Schritt und Tritt unsere kommunistische Einwirkung entgegenstellen. Auch das ist eine Art Krieg, ein kriegerischer Wettkampf zweier Methoden, zweier Formationen, zweier Wirtschaftssysteme – des kommunistischen und des kapitalistischen. Wir werden beweisen, daß wir stärker sind ...

Natürlich ist das eine schwierige Aufgabe, aber wir sagen nach wie vor: ‚Der Sozialismus wirkt durch das Beispiel.' Die Gewalt ist wirksam gegenüber denjenigen, die ihre Herrschaft wieder aufrichten wollen. Damit ist aber auch die Bedeutung der Gewalt erschöpft, und weiter kommt es schon auf den Einfluß und das Beispiel an."[14] Die friedliche Koexistenz bleibt in sozialistischer Sicht aber prekär, nicht weil die internationale Bedeutung des wirtschaftlichen Aufbaus der Sowjetrepublik den Frieden stören könnte – Lenin: „Unsere Haupteinwirkung auf die internationale Revolution üben wir jetzt durch unsere Wirtschaftspolitik aus. Lösen wir diese Aufgabe, dann haben wir im internationalen Maßstab bestimmt und endgültig gewonnen"[15] –, sondern weil das imperialistische Profitstreben seiner Natur nach letztlich *nicht* friedlich sein kann: „Die Kapitalisten werden nach Vorwänden für einen Krieg suchen."[16]

Dem kapitalistischen Verhandlungsdruck in Form vorhergefaßter Beschlüsse begegnete die sowjetische Delegation auf der

[13] W. I. Lenin, Bd. 31, S. 462, VIII. Gesamtrussischer Sowjetkongreß, 22.–23. 12. 1920.

[14] A.a.O., S. 452.

[15] Ders., Bd. 32, S. 458, Gesamtrussische Konferenz der KPR(B), 26. – 28. 5. 1921.

[16] Ders., Über friedliche Koexistenz, Berlin (DDR) 1965, S. 63; Bd. 31 S. 452, Rede in der Moskauer Organisation der KPR(B), 6. 12. 1920. – Seit 1945 führten die imperialistischen Mächte mehr als 30 ‚lokale' Kriege und intervenierten in mehr als 60 Ländern. Vgl. IPW (Institut für Internationale Politik und Wirtschaft) – Berichte, 4/1972, Berlin (DDR).

Genuaer Konferenz mit der Erklärung des Prinzips der friedlichen Koexistenz und dem Vorschlag der Abrüstung und der Herstellung des allgemeinen Friedens: „Auf dem Standpunkt der Prinzipien des Kommunismus stehend, anerkennt die russische Delegation, daß in der jetzigen historischen Epoche, die die *parallele* Existenz[17] der alten und der entstehenden neuen sozialen Ordnung ermöglicht, die wirtschaftliche Zusammenarbeit zwischen Staaten, die diese beiden Eigentumssysteme vertreten, eine gebieterische Notwendigkeit für den allgemeinen wirtschaftlichen Wiederaufbau ist. Die russische Regierung mißt daher dem ersten Punkt der Resolution von Cannes [auf der Konferenz des Obersten Rates der Ententeländer, 6.–13. 1. 1922, jedoch ohne Billigung der USA] über die gegenseitige Anerkennung der verschiedenen Eigentumssysteme und der unterschiedlichen politischen und ökonomischen Formen, die gegenwärtig in verschiedenen Ländern bestehen, größte Bedeutung bei. Die russische Delegation ist hier nicht erschienen, um ihre eigenen theoretischen Anschauungen zu propagieren, sondern um in geschäftliche Beziehungen mit den Regierungen und den Handels- und Industriekreisen aller Länder auf der Grundlage der Gegenseitigkeit, der Gleichberechtigung und der vollen und bedingungslosen Anerkennung einzutreten."[18]
Sie beabsichtigt, „einen allgemeinen Abbau der Rüstungen vorzuschlagen und alle Vorschläge zu unterstützen, die das Ziel verfolgen, die Bürde des Militarismus zu erleichtern, unter der Bedingung, daß die Armeen aller Staaten eingeschränkt und die Regeln der Kriegsführung durch das vollständige Verbot der barbarischen Formen des Krieges wie der Giftgase, des Luftkriegs und anderer Mittel, besonders der Anwendung der gegen

[17] Kursiv E. R. Vgl. A. S. Jerussalimski, Die Große Sozialistische Oktoberrevolution und das Problem der sowjetisch-deutschen Beziehungen, in: A. Schreiner (Hrsg.), Die Oktoberrevolution und Deutschland, Berlin (DDR) 1958, S. 43 ff. – Zum Eingeständnis der Richtigkeit von Lenins „parallelem Bestehen von Staaten mit verschiedener Klassenstruktur" vgl. W. G. Grewe, Deutsche Außenpolitik der Nachkriegszeit, Stuttgart 1960, S. 422.
[18] Materialien zur Konferenz von Genua. Vollständiger stenografischer Bericht, Moskau 1922, S. 78 f. (russ.).

die friedliche Bevölkerung gerichteten Zerstörungsmittel, ergänzt werden ... Die Herstellung des allgemeinen Friedens könnte nur von einem Weltkongreß verwirklicht werden, der auf der Grundlage der vollen Gleichberechtigung aller Völker und der Anerkennung ihres Rechts, selbst über ihr Schicksal zu bestimmen, einberufen wird."[19]

Zu der Darlegung von Lenins „außerordentlichem umfassenden pazifistischen Programm" für die Konferenz von Genua schrieb Tschitscherin am 10. 3. 1922 aus Genua: „Sehr geehrter Wladimir Iljitsch, ich bitte Sie dringend, die nachstehenden Vorschläge durchzulesen und Ihre Anweisungen zu geben. Wir müssen mit einem ‚pazifistischen maximal breiten Programm' auftreten, das ist eines der Hauptelemente des bevorstehenden Auftretens, jedoch haben wir keins. Es sind nur einzelne zusammenhanglose Momente in den ersten Direktiven des ZK enthalten. Ich versuche hier erstmalig, diese Aufgabe in Angriff zu nehmen.

Die Hauptschwierigkeit besteht darin, daß die internationalen politischen und ökonomischen Formen gegenwärtig als ständiges Feigenblatt der Raubpolitik der Imperialisten und insbesondere als Werkzeug gegen uns dienen. Der Völkerbund ist einfach ein Instrument der Entente, die ihn schon gegen uns ausgenutzt hat. Sie selbst haben darauf hingewiesen, daß ein Schiedsverfahren zwischen den bürgerlichen Staaten und dem sowjetischen Staat nicht möglich ist, dennoch ist ein Schiedsgericht ein unvermeidlicher Teil des pazifistischen Arsenals. Die Internationalisierung der Ostchinesischen Eisenbahn ist ein Euphemismus, um sie uns und China wegzunehmen und sie durch die Entente mit Beschlag zu belegen. Eine ausländische Emissionsbank bei uns und die Einführung des Dollar bei uns, wie überhaupt die allgemeine Einführung einer einheitlichen Goldwährung – das wäre das wirksamste Instrument für eine vollständige wirtschaftliche Unterwerfung durch Amerika.

[19] Dokumente zur Außenpolitik der UdSSR, Moskau 1961, Bd. V, S. 193 f. (russ.).

Wir müssen in die gewohnten heutigen internationalen Formen etwas Neues bringen, um die Verwandlung dieser Formen in ein Werkzeug des Imperialismus zu verhindern. Dieses Neue entsteht durch unsere Erfahrung und unser Schaffen sowie durch die Schöpferkraft des Lebens, selbst im Prozeß der wachsenden Zerrüttung und Zerstörung der imperialistischen Welt. Im Ergebnis des Weltkrieges verstärkte sich die Befreiungsbewegung aller unterdrückten und kolonialen Völker. Die Weltreiche beginnen in allen Fugen zu krachen. Unser internationales Programm muß alle unterdrückten kolonialen Völker in das internationale Schema einbeziehen. Allen Völkern muß das Recht auf Loslösung oder Selbstverwaltung eingeräumt werden. Die Afrikanische Konferenz von 1885 hatte die Greuel in Belgisch-Kongo zur Folge, weil sich die europäischen Mächte auf dieser Konferenz gegenüber den Negern mit Philanthropie befaßten und diese Philanthropie sich als Tarnung für die barbarischste Ausbeutung erwies. Das Neue unseres internationalen Schemas muß darin bestehen, daß die Negervölker ebenso *wie die anderen kolonialen Vöker gleichberechtigt mit den europäischen Völkern an den Konferenzen und Kommissionen teilnehmen* und das Recht haben, eine *Einmischung* in ihr inneres Leben *nicht zuzulassen.* Das Neue muß weiterhin darin bestehen, daß die *Teilnahme der Arbeiterorganisationen obligatorisch ist.* Während des ersten Weltkriegs tauchte in der englischen Arbeiterliteratur die außerordentlich populäre Forderung auf, die Gewerkschaften zur Teilnahme an dem zukünftigen europäischen Kongreß heranzuziehen. Wir haben das durch Aufnahme von drei Mitgliedern des Allrussischen Zentralrats der Gewerkschaften in unsere Delegation faktisch verwirklicht. Festzulegen ist, daß ein Drittel der Stimmen in der internationalen Organisation, die wir vorschlagen werden, in jeder Delegation den Arbeiterorganisationen zuzustehen hat. Diese zwei Neuheiten sind aber nicht ausreichend, um die geknechteten Völker und die verfolgten Länder vor der Herrschaft des Imperialismus zu schützen, denn die Spitzen der kolonialen Völker können sich, genauso wie verräterische Arbeiterführer, leicht als

Marionetten erweisen. Die Heranziehung dieser und jener macht das Feld für den zukünftigen Kampf frei. Vor den Arbeiterorganisationen steht die Aufgabe, für die Befreiung der kolonialen Völker, für die Unterstützung der Sowjetmacht und gegen die imperialistische Raubpolitik zu kämpfen. Aber die Führer werden versuchen, Verrat zu üben. Somit muß also noch *das Prinzip der Nichteinmischung der internationalen Konferenzen oder Kongresse in die inneren Angelegenheiten der einzelnen Völker festgelegt werden.* Anzuwenden ist die *freiwillige Zusammenarbeit und das Zusammenwirken der Starken mit den Schwachen,* ohne die zweiten dem Willen der ersten zu unterwerfen.

Infolgedessen hat man bei uns einen sehr kühnen und völlig neuen Vorschlag: ein *Weltkongreß* unter Teilnahme aller Völker der Erde auf der Basis der vollständigen Gleichberechtigung, auf der Grundlage der Proklamation des Selbstbestimmungsrechtes, des Rechts auf völlige Loslösung oder auf Selbstverwaltung für alle unterdrückten Völker und auch mit Einbeziehung der Arbeiterorganisationen zur Teilnahme in Stärke von einem Drittel des Kongresses. Der Kongreß wird nicht das Ziel haben, *die Minderheit zu zwingen,* sondern eine *völlige Übereinkunft zu erreichen.* Er wird als moralische Autorität handeln. Praktisch wird er die *technischen Kommissionen* für die Durchführung unseres weitgespannten Wirtschaftsprogramms für den Wiederaufbau der Welt einsetzen.

In allen Entwürfen eines Völkerbundes oder einer Völkergesellschaft gab es nur zwei Arten von Vorschlägen in bezug auf die Methode, die Durchführung der Beschlüsse einer Völkergesellschaft zu erzwingen; entweder die Aufstellung gemischter Armeen aus Kontingenten aller Mächte oder die Verhängung eines Strafmandats gegenüber einer bestimmten Macht oder mehreren bestimmten Mächten. Im ersteren Fall erhält man etwas Handlungsunfähiges, denn eine gemischte Armee aus Kontingenten vieler Mächte taugt zu nichts. Im zweiten Fall ist der Völkerbund oder die Völkergesellschaft nur ein Vorwand, um neues Besitzergreifen der einflußreichsten Mächte zu

rechtfertigen. Deshalb muß das Element des Zwanges oder der Strafexpeditionen vollkommen beseitigt und dem Weltkongreß lediglich die moralische Autorität einer Arena gegeben werden, die benutzt wird, um eine Übereinkunft zu erzielen. Die rechtzeitige Verhütung des Krieges ist die Aufgabe des Schiedsgerichts ... wir werden aber zwischen einem kapitalistischen Staat und dem Sowjetstaat lediglich ein derartiges Schiedsgericht für zulässig halten, in dem die *gleiche Zahl von Mitgliedern* vertreten ist, die von beiden Parteien ernannt werden, so daß die Hälfte der Mitglieder Imperialisten und die Hälfte Kommunisten sein werden. Gleichzeitig schlagen wir eine *allgemeine Kürzung der Rüstungen* vor, wobei wir von jenen Thesen ausgehen, die bei uns mit dem Revolutionären Kriegsrat der Republik festgelegt sind: indem wir die Tradition der Haager und Genfer Konventionen weiterentwickeln, schlagen wir die Ergänzung der *Kriegsregeln durch verschiedene Verbote vor: Abschaffung der Unterseeboote,* der chemischen Gase, der Minenwerfer, Flammenwerfer und des Luftkrieges.
Die von dem Weltkongreß eingesetzten *technischen Kommissionen* werden die Durchführung des umfassenden Programms für den Wiederaufbau der Welt leiten. Dieses Programm wird nicht mit Gewalt aufgedrängt. Es ist ein freiwilliger Vorschlag, der an den Vorteil jedes Beteiligten appelliert. *Den Schwachen wird geholfen werden.* Daher wird es nötig sein, weltweite Eisenbahn-, Fluß- und Seewege zu projektieren. Die Internationalisierung dieser Wege wird Sache einer allgemeinen Entwicklung sein, denn die Methode, die Widersetzlichen zu zwingen, wird nicht zulässig sein. Die internationalen Kommissionen werden den einzelnen Ländern eine wirtschaftliche und technische Zusammenarbeit vorschlagen müssen, um die Hauptlinien zu schaffen ... Wir werden dem Kapital der führenden Länder vorschlagen, eine *Hauptlinie London–Moskau–Wladiwostok (Peking)* zu bauen, und wir werden darlegen, daß damit die unzähligen Reichtümer Sibiriens der allgemeinen Nutzung offenstehen. Überhaupt wird die Hilfeleistung der Starken für die Schwachen das Grundprinzip des weltweiten Wie-

deraufbaus sein, der sich auf die Wirtschaftsgeographie und die planmäßige Verteilung der Hilfsquellen gründen wird. Die weltweite Goldwährung kann nur dann kommen, wenn die wirtschaftlich schwachen Länder mit Hilfe der starken emporgeführt werden, wobei diese Hebung von allgemeinem Interesse ist ... Von diesen Vorstellungen ausgehend, werden wir den Vorschlag machen, *das Gold, welches zur Zeit ungenutzt* in den Tresoren *liegt, planmäßig aufzuteilen.* Diese planmäßige Aufteilung *des Geldes auf alle Länder muß Hand in Hand mit der planmäßigen Verteilung der Aufträge, des Handels, der Versorgung mit knappem Material,* überhaupt mit der allseitigen wirtschaftlichen Entwicklung der zerstörten Länder vor sich gehen. Diese Hilfe kann den Charakter einer *Anleihe* haben, denn bei einer planmäßigen Wirtschaft wird man sie in wenigen Jahren zu tilgen beginnen. Hierauf bezieht sich auch der Plan eines Barter-Instituts (Keynes) oder einer Zentralstelle oder nationaler Zentren für Warentausch. Wenn Deutschland uns anstelle der einzelnen Kaufleute eine einzige Zentralstelle entgegenstellt, dann ist das schlecht für uns, denn das ist eine Methode, uns schlechte Waren für teures Geld aufzuzwingen. Wenn aber diese Zentralstellen *Instrumente einer planmäßigen weltweiten Verteilung* der notwendigen Waren und eine *Methode der Unterstützung der schwachen Länder von seiten der starken* darstellen, *werden sie ein unbedingt nötiges Glied in dem umfassenden Programm für den Wiederaufbau der Wirtschaft sein.* Das Getreide, das uns Amerika schickt, ist schon der erste Anfang einer internationalen Verteilung der Nahrungsmittel. Während des Krieges erfolgte innerhalb der Entente schon teilweise eine planmäßige Verteilung der Brennstoffe; eins der Hauptelemente des umfassenden Programms muß die systematische Verteilung von Erdöl und Kohle sein, aber auch in diesem Fall muß das Element des Zwanges und der Repressionen ausgeschaltet werden ... Alles dies zusammengenommen, wird ein Bild dessen ergeben, was bei einer bürgerlichen Gesellschaftsordnung theoretisch möglich ist, *aber in der geschicht-*

lichen Wirklichkeit auf den nationalen Egoismus und die Raubpolitik der kapitalistischen Oligarchien stoßen wird."[20]
Der Versuch, auf der Konferenz von Genua und der anschließenden Expertenkonferenz von Den Haag die Abschaffung der revolutionären Errungenschaften zu erreichen, wie die Beseitigung des sowjetischen Außenhandelsmonopols,[21] die Rückgabe des ausländischen Eigentums, die Anerkennung der Schulden der zaristischen und der provisorischen Regierung, blieb erfolglos. Die sozialistische Konsolidierung erfolgte in direktem Zusammenhang mit dieser Zeitspanne, „in der die kapitalistischen Westmächte, enttäuscht von der Unwirksamkeit der Intervention, den Versuch machten, die Wiederherstellung des kapitalistischen Eigentums in den Sowjetrepubliken nun nicht mehr auf militärischem, sondern auf diplomatischem Wege zu erreichen, als die diplomatische Einheitsfront der Sowjetrepubliken das unumgängliche Mittel bildete, ohne das es unmöglich war, dem Druck der Westmächte standzuhalten. Auf dieser Grundlage entstand das bekannte Abkommen der acht unabhängigen befreundeten Republiken mit der RSFSR, das vor der Eröffnung der Genueser Konferenz abgeschlossen wurde und nicht anders als eine diplomatische Vereinigung der Sowjetrepubliken genannt werden kann."[22] Andererseits führten die Differenzen der verschiedenen Monopolinteressen zu Widersprüchen zwischen den wichtigsten kapitalistischen Delegationen, vor allem

[20] In: A. Anderle (Hrsg.), Rapallo und die friedliche Koexistenz Berlin (DDR) 1963, S. 61 ff. (Letzter Satz kursiv E. R.).
[21] Zu den deutschen Bemühungen um Beseitigung des sowjetischen Außenhandelsmonopols vgl. Zusammenfassung des Reichswirtschaftsministeriums über eine Umfrage an Wirtschaftskreise zur Vorbereitung der deutsch-sowjetischen Wirtschaftsverhandlungen v. 19. 8. 1922, Deutsches Zentralarchiv, Potsdam, Reichsministerium des Innern, Nr. 16 646, Bl. 109 f. Zwecks „Versanden" der russischen Revolution (vgl. H. v. Dirksen, Moskau-Tokio-London, Stuttgart 1949, S. 83) galt es, „Rußlands Wirtschaft so eng mit dem kapitalistischen System der westeuropäischen Mächte zu verknüpfen ... für eine Evolution in Rußland". G. Stresemann, Besprechung der sechs Mächte in Genf, 15. 6. 1927, in: H. Bernhard (Hrsg.), Gustav Stresemann, Vermächtnis. Der Nachlaß in drei Bänden, Berlin 1932/33, Bd. 3, S. 151.
[22] J. W. Stalin, Bd. 5, S. 124, Die Frage der Vereinigung der unabhängigen nationalen Republiken, 18. 11. 1922.

gegenüber der des besiegten Deutschlands, mit dem Ergebnis einer Spaltung, vor allem durch den Abschluß des zweiseitigen Vertrags zwischen Deutschland und Sowjetrußland durch Reichsminister Rathenau und Volkskommissar Tschitscherin am 16. 4. 1922 im Genueser Vorort Rapallo.[22a]

Diesen vertraglichen gegenseitigen Verzicht auf Ansprüche und Reparationen kommentierte Lenin unter dem Aspekt der weiteren sozialistischen Außenpolitik: „Eine wirkliche Gleichberechtigung der beiden Eigentumssysteme, *wenigstens als ein vorläufiger Zustand, solange nicht die ganze Welt* vom Privateigentum und dem *ökonomischen Chaos* und den Kriegen, die es erzeugt, zur höheren Form des Eigentums *übergegangen ist*, findet sich nur im Vertrag von Rapallo[23]. Deshalb begrüßt das ZEK den Rapallo-Vertrag als den einzigen richtigen Ausweg aus den Schwierigkeiten" und „weist es das Volkskommissariat für Aus-

[22a] Vgl. Reichsgesetzblatt, Berlin, 28. 7. 1922, S. 677 f.

[23] W. I. Lenin, Bd. 33, S. 343, Entwurf einer Entschließung des Gesamtrussischen Zentralexekutivkomitees zum Bericht der Delegation auf der Genuakonferenz, 15./16. 5. 1922. Zur Geschichte der deutsch-sowjetischen Beziehungen nach dem 1. Weltkrieg vgl. I. K. Kobljakow, Von Brest bis Rapallo, Berlin (DDR) 1956. – Die Koexistenz-Bedeutung des nicht ‚zufälligen' und auch nicht ‚täuschenden', ‚gefährlichen', in ‚unheiliger Allianz' (vgl. G. Freund, Unholy Alliance. Russian-German Relations from the Treaty of Brest-Litovsk to the Treaty of Berlin, London 1957) zustandegekommenen Rapallo-Vertrages und des ‚Geistes von Rapallo' wird bis in die Gegenwart „in hemmungsloser Primitivität" und einer „abstrusen Einseitigkeit und Einfachheit" (H. Lademacher, Von Brest-Litowsk nach Rapallo. Machtpolitik-Ideologie-Realpolitik, in: Blätter für deutsche und internationale Politik, Köln, 1/1961, S. 1039 f.) unter zahlreichen anderen Verleumdungen als Beispiel „erneuten Machtzuwachs[es] der Sowjetunion und eine[r] Schwächung des deutschen Volkes und aller Völker der freien Welt" (H. v. Brentano, Der Vertrag von Rapallo – 40 Jahre danach, in: Politisch-Soziale Korrespondenz, Bonn, 15. 4. 1962, S. 9) verfälscht. – Zur deutschen Abkehr von der Rapallo-Politik vgl. E. Thälmann, Reden und Aufsätze zur Geschichte der deutschen Arbeiterbewegung, Bd. 1, Berlin (DDR) 1955, S. 305:

„Die kapitalistischen Interessen der herrschenden Klassen sind stärker als das Interesse der nationalen Unabhängigkeit Deutschlands . . . Darum zerreißen sie den Rapallo-Vertrag . . . Wir bekämpfen den Kurs auf die westeuropäischen Imperialisten aus vierfachen Gründen: weil er zum Kriege führt, weil er die Reaktion stärkt, weil er die Notlage der werktätigen Massen verschärft, weil er den Bruch mit der Sowjetunion bedeutet" (Gegen den Vertrag von Locarno, Verhandlungen des Reichstags, III. Wahlperiode 1924).

wärtige Angelegenheiten und den Rat für Volkskommissare an, nur in äußersten Fällen ... vom Typus des Rapallo-Vertrages abzugehen". Der Protest der Entente gegen ihn und Sowjetrußland bestätigte nur die sozialistische Auffassung vom Wesen kapitalistisch-imperialistischer Beziehungen: „Gierig sind sie, und sie hassen einander tief. Sie werden sich in die Haare geraten. Wir brauchen uns nicht zu beeilen. Unser Weg ist richtig. Wir sind für Frieden und Verständigung, aber wir sind gegen Knechtschaft und knechtende Bedingungen der Verständigung. Wir müssen das Steuer fest in der Hand halten und unseren Kurs verfolgen, wir dürfen uns weder durch Schmeicheleien noch durch Einschüchterungen beeinflussen lassen."[24]

Mit der Bildung der UdSSR aus den gleichberechtigten Sowjetrepubliken am 30. 12. 1922 und ihren diplomatischen Beziehungen zu den kapitalistischen Ländern kam es infolge des Beharrens der sowjetischen Diplomatie auf den Grundlagen der zwischenstaatlichen Gleichberechtigung und des gegenseitigen Vorteils, d. h. der friedlichen Koexistenz, 1924/25 zur de jure Anerkennung der UdSSR durch die kapitalistischen Staaten außer den USA. Doch Stalins Wiederholung von Lenins Fragestellung ‚Wer wird wen überholen?' vor dem Moskauer Parteiaktiv und im Bericht an den XIV. Parteitag der KPdSU(B) im Mai und Dezember 1925 zur äußeren Lage der Sowjetunion zeigte unverändert, „daß sich die Welt in zwei Lager gespalten hat – in das Lager des Kapitalismus mit dem englischen und amerikanischen Kapital an der Spitze und in das Lager des Sozialismus mit der Sowjetunion an der Spitze".[25] Und da der Rheinpakt vom Oktober 1925 in Locarno nur die Ostgrenzen der westlichen Nachbarstaaten Deutschlands vor dessen revanchistischen Bestrebungen garantierte und in Verbindung mit der westlichen Anti-Rapallo-Kampagne von der sowjetischen Regierung als sowjetfeindliche Blockbildung betrachtet wurde, ergriff sie die Initiative des Abschlusses einer Reihe von zwischen-

[24] J. W. Stalin, Bd. 5, S. 119 f., Genosse Lenin in Erholung, Notizen, 15. 11. 1922.
[25] Ders., Bd. 7, S. 81.

staatlichen Verträgen über Neutralität und Nichtangriff, die mit dem Abschluß des sowjetisch-türkischen Vertrags vom 7. 12. 1925 und dem sowjetisch-deutschen Vertrag vom 24. 4. 1926 eröffnet wurde.

3. Der Kampf um die Industrialisierung und die kollektive Sicherheit 1926–1939

Im Jahre 1921 hatten die Versuche des unmittelbaren kommunistischen Anpackens der Aufbauprobleme im Vertrauen auf kollektivistische Antriebe die Entwicklung der Produktivkräfte behindert und zu einer wirtschaftlichen und politischen Krise geführt. Die Propagierung der Neuen Ökonomischen Politik (NÖP) beinhaltete die Ersetzung der bäuerlichen Ablieferungspflicht durch die Steuer und die Wiederzulassung des kapitalistischen Handels.[1] Lenin faßte zusammen: „Die fundamentale Frage besteht vom Standpunkt der Strategie in folgendem: Wer wird diese neue Lage schneller ausnutzen? Die ganze Frage ist, wem wird die Bauernschaft folgen – dem Proletariat, das die sozialistische Gesellschaft aufzubauen bestrebt ist, oder dem Kapitalisten ... Wer wird wen überholen? Gelingt es den Kapitalisten, sich früher zu organisieren, dann werden sie die Kommunisten zum Teufel jagen, darüber braucht man kein Wort zu verlieren. Man muß diese Dinge nüchtern betrachten: Wer – wen? Oder wird die proletarische Staatsmacht imstande sein, gestützt auf die Bauernschaft, die Herren Kapitalisten gehörig im Zaum zu halten ...?"[2]

[1] Zu den Schwierigkeiten des revolutionären Kampfes um den Wirtschaftsaufbau und die Rolle der Neuen Ökonomischen Politik als ein Mittel zur Stärkung der Diktatur des Proletariats und zur Festigung des Bündnisses mit der Bauernschaft, vgl. F. Gladkow, Zement (1923), Neudruck Berlin (W) 1971. W. I. Lenin, Über die Naturalsteuer. Die Bedeutung der neuen Politik und ihre Bedingungen, Mai 1921, Bd. 32, S. 341 ff.

[2] Ders., Die Neue Ökonomische Politik und die Aufgaben der Abteilungen für politische Aufklärung, 17. 10. 1921, in: Lenin/Stalin, Zu Fragen der sozialistischen Industrie, Berlin (DDR) 1955, S. 230 f.

Ebenso nüchtern beurteilt er die zu schwache Akkumulationskraft des neuen sozialistischen Staates mit 83% ländlicher Bevölkerung. Die anhaltende alliierte Finanzblockade erzwang die Mobilisierung aller inneren Reserven zum Aufbau der Wirtschaft, vor allem der Schwerindustrie als der Grundlage der Gesamtwirtschaft: „Zur Zeit befindet sich unsere Schwerindustrie jedenfalls noch in einer sehr schweren Situation ... Wir sparen an allem, sogar an den Schulen. Das muß sein, weil wir wissen, daß wir ohne die Rettung der Schwerindustrie, ohne ihre Wiederherstellung, keinerlei Industrie aufbauen können, ohne diese aber werden wir als selbständiges Land zugrundegehen."[3] Lenin hielt aber trotz der sozialistischen Aufbaukrise gegenüber allen ‚linken' Auffassungen an seinem Standpunkt von 1915 fest, „die falsche Auffassung von der Unmöglichkeit des Sieges in *einem* Lande und eine falsche Auffassung von den Beziehungen eines solchen Landes zu den übrigen"[4] zu widerlegen, so daß sich Stalin mit der Losung vom „Sozialismus in einem Lande" gegenüber Trotzkis Meinung, das russische Proletariat könne „die Revolution nur dann zu Ende führen, wenn die russische Revolution in eine Revolution des europäischen Proletariats" überginge,[5] auf Lenin berufen konnte.[6]

Trotzkis Einfluß auf das bürgerliche Verständnis einer ‚aggressiven' sozialistischen ‚Weltrevolution' im Gegensatz zu Lenins Begründung des ‚Sozialismus in einem Lande' und der ‚friedlichen Koexistenz' veranschaulicht die Auffassung Trotzkis mehrere Jahre nach der Oktoberrevolution: „Die Widersprüche in der Stellung der Arbeiterregierung in einem rückständigen Lande [Rußland] mit einer erdrückenden Mehrheit bäuerlicher

[3] W. I. Lenin, Bericht auf dem IV. Kongreß der Komintern, 13. 11. 1922, a.a.O., S. 279 f.

[4] Ders., Bd. 21, S. 345, Über die Losung der Vereinigten Staaten von Europa, 23. 8. 1915.

[5] L. Trotzki, Ergebnisse und Perspektiven. Die treibenden Kräfte der Revolution, Vorwort (1919), Frankfurt 1967, S. 123.

[6] Vgl. J. Stalin, Die Frage des Sozialismus in einem Lande, in: Zu den Fragen des Leninismus, 25. 1. 1926, in: Fragen des Leninismus, Berlin (DDR) 1951, S. 169 ff., hier S. 175.

Bevölkerung können nur im internationalen Maßstab gelöst werden, in der Arena der proletarischen Weltrevolution. Hat das siegreiche Proletariat kraft der historischen Notwendigkeit den engen bürgerlich-demokratischen Rahmen der russischen Revolution gesprengt, so wird es gezwungen sein, ihren national-staatlichen Rahmen zu durchbrechen, d. h. es muß bewußt danach streben, die russische Revolution zum Vorspiel der Weltrevolution zu machen."[7] Bei der Auseinandersetzung zwischen der Auffassung der Möglichkeit des Sozialismus in einem Lande bzw. der friedlichen Koexistenz und Trotzkis Begriffsauffassung der permanenten Revolution erweist sich im Vergleich mit Marx deren Mangel an inhaltlicher Zielbestimmung: „Während einer unbestimmt langen Zeit und im ständigen inneren Kampf werden alle sozialen Beziehungen umgestaltet... Ausbrüche von Bürgerkriegen und äußeren Kriegen wechseln ab mit Perioden ‚friedlicher' Reformen... Darin besteht der permanente Charakter der sozialistischen Revolution als solcher."[8] Sie wird in unhistorischer Verallgemeinerung Selbstzweck, und „das Programm des ‚Sozialismus in einem Lande' ist eine kleinbürgerliche Utopie",[9] ebenfalls unhistorisch als angeblicher Selbstzweck verstanden. Marx dagegen grenzt die Revolution inhaltlich ab: „Die Permanenzerklärung der Revolution [ist] die Klassendiktatur des Proletariats als notwendiger Durchgangspunkt zur *Abschaffung der Klassenunterschiede überhaupt*, zur Abschaffung sämtlicher Produktionsverhältnisse, worauf sie beruhen."[10] Dieses emanzipatorische Ziel erfordert nach Marx und Lenin das Bündnis mit *allen* fortschrittlichen Teilen der Bevölkerung und die Zurückweisung abenteuerlicher Konzeptionen im schritt- bzw. etappenweisen Übergang zum Sozialismus. Für diesen Prozeß genügt friedliche Koexistenz anstelle

[7] L. Trotzki, Die russische Revolution von 1905, Vorwort 1922, Berlin 1923, S. 6.

[8] Ders., Die permanente Revolution (1930), Frankfurt 1969, S. 28.

[9] Ders., Die Russische Revolution. Kopenhagener Rede, November 1932, Berlin (W), o. J. (1970), S. 15.

[10] K. Marx, Die Klassenkämpfe in Frankreich (1850), in: Marx/Engels, Ausgewählte Schriften, a.a.O., S. 204.

aggressiver Weltrevolution. Die Bedingungen seines Ablaufs werden aber wesentlich von der Haltung des kapitalistischen Weltsystems mitbestimmt.

Zum Auftakt der sozialistischen Industrialisierungsperiode erläuterte Stalin: „... Hieraus folgt: Wir müssen unsere Wirtschaft so aufbauen, daß unser Land nicht zu einem Anhängsel des kapitalistischen Weltsystems werde, daß es nicht in das Gesamtsystem der kapitalistischen Entwicklung als deren Hilfsbetrieb einbezogen werde, daß sich unsere Wirtschaft nicht als ein Hilfsbetrieb des Weltkapitalismus entwickle, sondern als eine selbständige Wirtschaftseinheit, die sich hauptsächlich auf den inneren Markt, auf den Zusammenschluß unserer Industrie mit der bäuerlichen Wirtschaft unseres Landes stützt.

Es gibt zwei Generallinien: Die eine geht davon aus, daß unser Land noch lange ein Agrarland bleiben müsse, daß es landwirtschaftliche Erzeugnisse ausführen und Maschinen einführen, daß es dabei bleiben und sich auch in der Zukunft in der gleichen Bahn entwickeln müsse. Diese Linie fordert im Grunde den Abbau unserer Industrie ... Das ist nicht unsere Linie.

Es gibt eine andere Generallinie, die davon ausgeht, daß wir alle Kräfte aufbieten müssen, um unser Land zu einem wirtschaftlich selbständigen, unabhängigen, auf dem inneren Markt basierenden Land zu machen, einem Land, das als ein Anziehungsfeld für alle anderen Länder dient, die nach und nach vom Kapitalismus abfallen und in die Bahnen der sozialistischen Wirtschaft einlenken werden. Diese Linie erfordert maximale Entfaltung unserer Industrie, jedoch nach Maßgabe und im Einklang mit den Hilfsquellen, die uns zur Verfügung stehen. Sie lehnt die Politik der Verwandlung unseres Landes in ein Anhängsel des kapitalistischen Weltsystems entschieden ab ... Diese Linie ist unerläßlich, solange es eine kapitalistische Umkreisung gibt.

Anders wird sich die Lage gestalten, sobald die Revolution in Deutschland oder Frankreich gesiegt hat, sobald dort der sozialistische Aufbau auf einer höheren technischen Grundlage beginnt. Dann werden wir von der Politik der Verwandlung

unseres Landes in eine unabhängige Wirtschaftseinheit zur Politik der Einbeziehung unseres Landes in die gemeinsame Bahn der sozialistischen Entwicklung übergehen. Solange aber das nicht geschehen ist, brauchen wir für unsere Volkswirtschaft unbedingt jenes Minimum von Unabhängigkeit, ohne das es unmöglich ist, unser Land vor der wirtschaftlichen Unterwerfung unter das System des Weltkapitalismus zu bewahren."[11]
Die Übergangszeit des unmittelbaren Kampfes der staatlichen Wirtschaft mit der privaten um das gesellschaftliche Mehrprodukt beschreibt Stalin in fünf Wirtschaftsformen. „Da ist eine wirtschaftliche Formation, die fast Naturalwirtschaft ist: es sind dies Bauernwirtschaften, deren Erzeugnisse nur in sehr geringem Maß Warenform annehmen. Eine zweite wirtschaftliche Formation ist die wirtschaftliche Formation der Warenproduktion, in der der Warenanteil die entscheidende Rolle in der Bauernwirtschaft spielt. Eine dritte wirtschaftliche Form ist der Privatkapitalismus, der noch nicht tot ist, der wieder aufgelebt ist und bis zu einer gewissen Grenze weiteraufleben wird, solange wir die NÖP haben. Eine vierte wirtschaftliche Formation ist der Staatskapitalismus, das heißt der Kapitalismus, den wir zugelassen haben und den wir kontrollieren und in Schranken halten können, so, wie es der proletarische Staat will. Die fünfte wirtschaftliche Formation schließlich ist die sozialistische Industrie, d. h. unsere Staatsindustrie, in deren Produktionsprozeß nicht zwei feindliche Klassen, Proletariat und Bourgeoisie, vertreten sind, sondern nur eine Klasse, das Proletariat."[12]
Stalin betont, es wäre angesichts dieses „buntscheckigen" Wirtschaftssystems falsch, die Meinung mancher anzunehmen, „die Kommunistische Partei werde zwangsläufig entarten und die neue Bourgeoisie werde sich zwangsläufig konsolidieren, wobei wir Bolschewiki, ihrer Ansicht nach, ohne es selbst zu merken, an die Schwelle einer demokratischen Republik gelangen, sodann diese Schwelle überschreiten und mit Hilfe irgendeines

[11] J. W. Stalin, Bd. 7, S. 259 f., Politischer Rechenschaftsbericht des Zentralkomitees, XIV. Parteitag der KPdSU(B), 18. 12. 1925.
[12] A.a.O., S. 263 f.

‚Cäsaren', der, man weiß nicht, ob aus den Reihen der Militärs oder der Zivilbeamtenschaft, hervorgehen wird, uns eines schönen Tages in einer gewöhnlichen bürgerlichen Republik befinden müssen."

Dieser konterrevolutionären Tendenz stellt sich die Parteiarbeit entgegen. „Auf dem Gebiet der *Wechselbeziehungen zwischen den Klassen* haben wir hinzuarbeiten auf: a) die Sicherung des Bündnisses des Proletariats und der Dorfarmut mit der Mittelbauernschaft; b) die Sicherung der führenden Rolle des Proletariats in diesem Bündnis; c) die politische Isolierung und die wirtschaftliche Zurückdrängung des Kulaken und des städtischen Kapitalisten. Beim *Ausbau des Sowjetapparates* muß ein entschlossener Kampf gegen den Bürokratismus geführt werden, zu dem die breiten Massen der Arbeiterklasse heranzuführen sind."[13]

In die mit den Erwartungen des XIV. Parteitages auf wirtschaftliche Unabhängigkeit durch Industrialisierung eröffnete wirtschaftspolitische Debatte über die zweckmäßigste Akkumulationsmethode trat in der Folgezeit als kritisches und verschärfendes Moment der Rückgang der landwirtschaftlichen Marktanlieferungen. Trotz Zunahme der Anbauflächen fielen die Erträge bzw. Ablieferungen mit der Folge steigender Preise vor allem zugunsten der reicheren, besser bevorrateten Bauern. Trotz strafrechtlicher Verfolgung der Spekulation und besserer Industriewarenversorgung der ländlichen Gebiete verringerte sich die staatliche Ankaufmenge 1927 um die Hälfte des Vorjahrs, 1928/29 um ein Drittel von 1926/27[14] mit den gesamtwirtschaftlichen Konsequenzen der Gefährdung des Beginns des ersten Fünfjahrplans.

Hatte Stalin bereits in seinem Referat ‚Über die wirtschaftliche Lage der Sowjetunion und die Politik der Partei' am 13. 4. 1926 gefordert, „all die Rinnen und Ritzen müssen sorgfältig dicht gemacht werden, durch die ein Teil der Akkumulationsüber-

13 [illegible]

14 Vgl. O. Schiller, Die Krise der sozialistischen Landwirtschaft in der Sowjet-Union, Berlin 1933.

schüsse des Landes zum Schaden der sozialistischen Akkumulation in die Taschen des Privatkapitals fließt",[15] damit „das Werk der Industrialisierung unseres Landes aus eigener Kraft ... ohne Ausplünderung fremder Länder oder ohne große Anleihen und langfristige Kredite"[16] in Gang gebracht werde, beschloß der XV. Parteitag vom 15. 12. 1927 neben der Kollektivierung der Landwirtschaft die forcierte Industrialisierung, „daß die Politik der Partei das Entwicklungstempo der Industrie beschleunigt und dieser die führende Rolle in der gesamten Volkswirtschaft sichert",[17] unter Berufung auf Lenin, „entweder untergehen oder die fortgeschrittenen Länder *auch ökonomisch* einholen und überholen ... untergehen oder mit Volldampf vorwärtsstürmen. So wird die Frage von der Geschichte gestellt."[18]

Stalins zögernde Haltung im Streit der auf dem XV. Parteitag ausgeschlossenen ‚linken' Opposition unter Trotzki und Preobrazenski, die die rücksichtslose Bauernausbeutung der kolonialen Zuständen vergleichbaren ‚primären sozialistischen Akkumulation' vertraten, mit der ‚rechten' Opposition, die unter Bucharin und Rykow sich in Fortführung einer NÖP für einen wachsenden Güteraustausch zwischen der sozialistischen Industrie und reicher werdenden Bauern einsetzte, den Realitäten des Jahres 1928 gegenüber jedoch eine stärkere Kulakenbesteuerung anregte, ist aber nicht so erklärbar, daß „die forcierte Industrialisierung und die durchgreifende Kollektivierung nicht allein aus wirtschaftspolitischen Gründen stattfanden, sondern um die direkte Kontrolle des totalitären Staates über die größte Zahl in kürzester Zeit zu erreichen".[19]

[15] J. Stalin, Über die wirtschaftliche Lage der Sowjetunion und die Politik der Partei, 13. 4. 1926, in: Lenin/Stalin, Zu Fragen der sozialistischen Industrie, a.a.O., S. 353.

[16] J. W. Stalin, Bd. 9, S. 150 f., Rede in der Versammlung der Arbeiter der Stalin-Eisenbahnwerkstätten der Oktober-Eisenbahn, 1. 3. 1927.

[17] Ders., Bd. 10, S. 253.

[18] W. I. Lenin, Bd. 25, S. 375, Die drohende Katastrophe und wie man sie bekämpfen soll, Sept. 1917. J. W. Stalin, Bd. 10, S. 263.

[19] A. Erlich, The Soviet Industrialization Debate 1924–1928, Cambridge, Mass., 1960, S. 180.

Vielmehr ist die bedrohliche außenpolitische Situation, vor allem durch den Abbruch der englisch-sowjetischen diplomatischen Beziehungen durch England nach der englischen Polizeibesetzung der Gebäude der sowjetischen Handelsdelegation und der englisch-sowjetischen Handelsgesellschaft Arco am 12. 5. 1927, der Versuch Englands, Polen, Frankreich und Deutschland in einen antisowjetischen Block einzubeziehen, dem – nach dem polnischen Staatsstreich Pilsudskis 1926 – die Ermordung des sowjetischen Botschafters in Polen am 7. 6. 1927 folgte, die französische Tendenz des Abbruchs der französisch-sowjetischen Beziehungen und das Lösen der engen Verbindung zwischen der Sowjetunion und China nach von den Westmächten geförderten Überfällen auf sowjetische Vertretungen in Peking, Schanghai, Tientsin infolge des Staatsstreichs Tschiang Kai-scheks und des Massakers von Schanghai im Mai 1927 als Erklärungsgrund heranzuziehen.

Denn „die Elemente einer Übereinstimmung im Ziel, das Sich-Fügen in eine als unabänderlich angesehene Ratio der planmäßigen Industrialisierung waren auch bei der jeweiligen Opposition stärker als das Abweichen von der Methode. Die westliche Geschichtsschreibung dieser Entscheidungsjahre überliefert vorwiegend die dogmatischen Konflikte im Kampf der Diadochen um die Macht. Man kann so übersehen, daß sie Reflexe von sozialwirtschaftlichen Vorgängen sind und daß für willkürliches Handeln nur wenig Spielraum war, ehe die Entscheidung als solche den Grund für eine schrankenlos erscheinende Willkür legte."[20]

Auch „die politisch gezielte Diffamierung und Vernichtung der ‚Kulaken als Klasse'[21] kann nicht davon ablenken, daß es um

[20] H. Raupach, Geschichte der Sowjetwirtschaft, Reinbek 1964, S. 72.

[21] Vgl. W. I. Lenin, Bd. 28, S. 42 f.: „Die Kulaken [als Lohnarbeiter ausbeutende Dorfkapitalisten, insbesondere seit der Agrarreform von 1906] sind die bestialischsten, rohesten und brutalsten Ausbeuter . . . Schonungsloser Krieg diesen Kulaken! (Genossen Arbeiter! Auf zum letzten entscheidenden Kampf, August 1918). Aber „wir haben stets gesagt, daß wir den Mittelbauern den Sozialismus nicht mit Gewalt aufzwingen wollen". Bd. 30, S. 131, Rede auf der I. Gesamtruss. Parteikonferenz über die Parteiarbeit auf dem Lande, 18. 11. 1919.

die Transformierung der Arbeitsverfassung und Wirtschaftsweise *aller* in der Landwirtschaft Tätigen ging".[22]
Wenn der Ausschluß der trotzkistischen Opposition aus der Kommunistischen Partei der Sowjetunion auf dem XV. Parteitag im Anschluß an das entscheidende Ringen um die ‚Minimal'- oder ‚Maximal'-Variante des ersten Fünfjahrplans als Beginn des ‚Stalinismus' angesehen werden soll, dann erweist er „sich so als der adäquate Ausdruck des russischen Bolschewismus in der Periode der *beschleunigten sozialistischen Industrialisierung* des *Sowjetraumes* unter den Bedingungen der ökonomischen *Rückständigkeit* und weltpolitischen *Isolierung*".[23]
Die sowjetische Diplomatie bemühte sich gegenüber der feindseligen Haltung der Westmächte auf der internationalen Wirtschaftskonferenz in Genf Ende April 1927 um die Vorlage einer Entschließung über friedliche Koexistenz, der am 30. 11. 1927 auf der vierten Sitzung der Vorbereitenden Kommission für die Abrüstungskonferenz die sowjetische Deklaration über erstmalige allgemeine und vollständige Abrüstung folgte. Vom Briand-Kellog-Pakt als internationalem Kriegsächtungsvertrag zunächst von den Westmächten ausgeschlossen, wurde am 9. 2. 1929 auf Vorschlag der Sowjetunion in Moskau ein Protokoll über die kurzfristige Inkraftsetzung des Briand-Kellog-Paktes unterzeichnet.
Die internationale Lage spiegelt sich in allen sowjetischen Analysen und Diskussionen. Die mit dem feindseligen Ausland gemachten Erfahrungen konnten bei keiner Störung des wirtschaftlichen Aufbaus unberücksichtigt bleiben. So bestätigte sich für die Sowjets bei den Schwierigkeiten und Sabotagefällen in der Kohlenindustrie (Schachty-Affäre) sofort, „daß wir es hier mit einer ökonomischen Intervention westeuropäischer, sowjetfeindlicher kapitalistischer Organisationen in die Angelegenheiten unserer Industrie zu tun haben". Denn „es existieren Klassen, es existiert das internationale Kapital, und die-

[22] H. Raupach, a.a.O., S. 74.
[23] W. Hofmann, Die Arbeitsverfassung der Sowjetunion, Berlin (W) 1956, S. 8.

ses kann der Entwicklung des Landes, das den Sozialismus aufbaut, nicht ruhig zusehen. Früher glaubte das internationale Kapital, die Sowjetmacht durch eine direkte militärische Intervention stürzen zu können. Der Versuch ist mißlungen. Heute ist es bestrebt und wird auch in Zukunft bestrebt sein, unsere wirtschaftliche Macht durch eine nicht sichtbare, nicht immer zu bemerkende, aber ziemlich nachhaltige ökonomische Intervention zu schwächen, indem es Schädlingsarbeit organisiert, allerlei ‚Krisen' in diesem oder jenem Industriezweig vorbereitet und dadurch die Möglichkeit einer künftigen militärischen Intervention erleichtert. Hier ist alles zu einem Knoten geschürzt, zum Knoten des Klassenkampfes des internationalen Kapitals gegen die Sowjetmacht, und von irgendwelchen Zufällen kann gar keine Rede sein."[24]

Jeder Wankelmut und jedes rechte und linke Schwanken von der Leninschen Linie wird deshalb als gefährlich für die Existenz der Sowjetmacht betrachtet und entsprechend bekämpft. „Worin besteht die Gefahr der *rechten*, offen opportunistischen Abweichung in unserer Partei? Darin, daß sie die Kraft unserer Feinde, die Kraft des Kapitalismus *unterschätzt*, die Gefahr der Wiederherstellung des Kapitalismus nicht sieht, die Mechanik des Klassenkampfes unter den Bedingungen der Diktatur des Proletariats nicht versteht und daher so leicht auf Zugeständnisse an den Kapitalismus eingeht, indem sie fordert, das Entwicklungstempo unserer Industrie zu verlangsamen, den kapitalistischen Elementen in Stadt und Land Erleichterungen zu gewähren, die Frage der Kollektiv- und Sowjetwirtschaften in den Hintergrund zu stellen, das Außenhandelsmonopol zu lokkern usw. usf. Es steht außer Zweifel, daß ein Sieg der rechten Abweichung in unserer Partei die Kräfte des Kapitalismus entfesseln, die revolutionären Positionen des Proletariats untergraben und die Chancen für die Wiederherstellung des Kapitalismus in unserem Lande erhöhen würde.

[24] J. W. Stalin, Bd. 11, S. 48 f., Über die Arbeiten des vereinigten Aprilplenums des ZK und der ZKK. Referat in der Versammlung des Aktivs der Moskauer Organisation der KPdSU(B), 13. 4. 1928.

Worin besteht die Gefahr der *‚linken'* (trotzkistischen) Abweichung in unserer Partei? Darin, daß sie die Kraft unserer Feinde, die Kraft des Kapitalismus *überschätzt*, nur die Möglichkeit der Wiederherstellung des Kapitalismus sieht, aber die Möglichkeit der Errichtung des Sozialismus mit den Kräften unseres Landes nicht sieht, der Verzweiflung verfällt und gezwungen ist, sich mit dem Geschwätz von Thermidortendenzen in unserer Partei zu trösten. Aus den Worten Lenins, ‚solange wir in einem kleinbäuerlichen Lande leben, besteht für den Kapitalismus in Rußland eine festere ökonomische Basis als für den Kommunismus', aus diesen Worten Lenins ziehen die Vertreter der ‚linken' Abweichung den unrichtigen Schluß, daß es in der Sowjetunion überhaupt unmöglich sei, den Sozialismus zu errichten, daß mit der Bauernschaft nichts zu machen sei, daß die Idee des Bündnisses der Arbeiterklasse und der Bauernschaft eine überholte Idee sei, daß, wenn uns von der siegreichen Revolution im Westen keine Hilfe zuteil wird, die Diktatur des Proletariats in der Sowjetunion zu Fall kommen oder entarten müsse und daß, wenn der phantastische Plan der Überindustrialisierung, der selbst um den Preis des Bruches mit der Bauernschaft durchgeführt werden soll, nicht angenommen wird, die Sache des Sozialismus in der Sowjetunion als verloren zu betrachten sei. Daher das Abenteurertum in der Politik der ‚linken' Abweichung. Daher die ‚übermenschlichen' Sprünge in der Politik. Es steht außer Zweifel, daß ein Sieg der ‚linken' Abweichung in unserer Partei zur Loslösung der Arbeiterklasse von ihrer bäuerlichen Basis, zur Loslösung der Avantgarde der Arbeiterklasse von den übrigen Arbeitermassen und folglich zu einer Niederlage des Proletariats sowie zur Förderung der Vorbedingungen für eine Wiederherstellung des Kapitalismus führen würde."[25]

Bei der abschlägigen Beantwortung der Frage der Verlangsamung des Entwicklungstempos der Industrie, weil „deren

[25] J. Stalin, Fragen des Leninismus, Berlin (DDR) 1951, S. 254 f., Über die rechte Gefahr in der KPdSU(B), Rede auf dem Plenum des Moskauer Komitees und der Moskauer Kontrollkommission, 19. 10. 1928.

Wachstum ein gesteigertes Anwachsen der Nachfrage nach Getreide herbeiführt, das vorläufig das Wachstum von Warengetreide übersteigt“, wird Stalins realer geschichtlicher und politischer Sinn für die Durchführung des von Lenin umrissenen Aufbaus des Sozialismus in einem Lande unter den Schwierigkeiten der kapitalistischen Einkreisung besonders deutlich, der gewöhnlich von der bürgerlichen Fixierung auf die Parteirichtungskämpfe übersehen wird: „Nein, das soll man nicht. Auf keinen Fall! Das Entwicklungstempo der Industrie verlangsamen – heißt die Arbeiterklasse schwächen, denn jeder Schritt vorwärts in der Entwicklung der Industrie, jede neue Fabrik, jedes neue Werk stellt, nach einem Wort von Lenin, eine ‚neue Festung‘ der Arbeiterklasse dar, die ihre Positionen im Kampf gegen die kleinbürgerliche Elementargewalt, im Kampf gegen die kapitalistischen Elemente unserer Wirtschaft stärkt. Im Gegenteil, wir müssen das gegenwärtige Entwicklungstempo der Industrie beibehalten, wir müssen es sobald wie möglich weiter steigern, um das Dorf reichlich mit Waren zu beliefern und von dort möglichst viel Getreide zu bekommen, um die Landwirtschaft, vor allem die Kollektiv- und Sowjetwirtschaften, mit Maschinen zu versorgen, um die Landwirtschaft zu industrialisieren und ihre Warenproduktion zu steigern.“[26]
Aber Steigerung des Entwicklungstempos „heißt mehr Investitionen für Neubauten in der Industrie. Das führt wiederum dazu, daß alle unsere Pläne, sowohl der Staatshaushaltsplan als auch die anderen Pläne, äußerst angespannt sind. Und in der Tat, das charakteristische Merkmal unserer Kontrollzahlen in den letzten drei Jahren, während der Periode der Rekonstruktion, besteht darin, daß ihre Festlegung und Verwirklichung bei uns im Zeichen der Anspannung aller Kräfte steht . . . Ob Sie mit unseren Parteigenossen sprechen – sowohl mit denen, die in der Parteiorganisation arbeiten, als auch mit denen, die unseren Sowjet-, Wirtschafts- und Genossenschaftsaufbau leiten – über-

[26] J. Stalin, Bd. 11, S. 82 f., An der Getreidefront. Unterredung mit Studenten des Instituts der Roten Professur, der Kommunistischen Akademie und der Swerdlow-Universität, 28. 5. 1928.

all und in allem zeigt sich der gleiche charakteristische Zug, die Angespanntheit unserer Pläne.
Hier erhebt sich die Frage: Brauchen wir denn überhaupt diese Angespanntheit der Pläne? Kann man nicht in einem langsameren Tempo, unter ‚ruhigeren' Verhältnissen arbeiten? Erklärt sich das von uns eingeschlagene Entwicklungstempo der Industrie nicht vielleicht aus dem unruhigen Charakter der Mitglieder des Politbüros und des Rates der Volkskommissare?
Natürlich nicht. Im Politbüro und im Rat der Volkskommissare sitzen nüchterne und ruhige Leute. Abstrakt gesprochen, wenn wir von der äußeren und inneren Situation absähen, könnten wir natürlich auch ein langsameres Tempo einschlagen. Aber das ist es ja gerade . . ., daß gerade sie, diese Verhältnisse, uns ein schnelles Entwicklungstempo unserer Industrie diktieren."[27]
Nach der Vorlegung des vom XV. Parteitag geforderten ‚ersten Fünfjahrplans der Entwicklung der Volkswirtschaft für die Jahre 1928/29–1932/33' im Frühjahr 1929 ergab sich im Sommer 1930 für die kommunistische Partei folgende Lage: „Im Gegensatz zu den kapitalistischen Ländern, in denen jetzt die ökonomische *Krise* und *wachsende Erwerbslosigkeit* herrschen, bietet die innere Lage unseres Landes ein Bild des *wachsenden Aufschwungs* der Volkswirtschaft und des *progressiven Rückgangs* der Erwerbslosigkeit. Die Großindustrie ist gewachsen und hat ihr Entwicklungstempo beschleunigt. Die Schwerindustrie ist erstarkt. Der sozialistische Sektor der Industrie ist weit vorangekommen. In der Landwirtschaft ist eine neue Macht herangewachsen – die Sowjet- und Kollektivwirtschaften. Während wir vor zwei Jahren eine Krise in der Getreideproduktion hatten und uns bei der Getreidebeschaffung hauptsächlich auf die Einzelwirtschaft stützten, ist der Schwerpunkt jetzt auf die Kollektivwirtschaften und Sowjetwirtschaften verlegt, und die Getreidekrise kann in der Hauptsache als überwunden betrach-

[27] J. W. Stalin, Bd. 11, S. 219, Über die Industrialisierung des Landes und über die rechte Abweichung in der KPdSU(B). Rede auf dem Plenum des ZK der KPdSU(B), 19. 11. 1928.

tet werden. Die Hauptmasse der Bauern hat sich endgültig den Kollektivwirtschaften zugewandt. Der Widerstand des Kulakentums ist niedergeschlagen. Die innere Lage der UdSSR hat sich noch mehr gefestigt."[28]

Die Lösung der „Frage der Politik der Liquidierung des Kulakentums als Klasse" in Abkehr von der „alten Politik der *Einschränkung und Verdrängung* der kapitalistischen Elemente des Dorfes",[29] durch steuerliche Maßnahmen und dekretierte „Strafen und Konfiskation bei der Erfassung der Vorräte, Umwandlung von administrativen Bußen des Strafgesetzbuches in drakonische Freiheitsstrafen, Einführung der Gesamthaftung des Dorfes für die planmäßige Aufbringung, wobei wie beim Kriegskommunismus die materiellen Interessen der Dorfarmen gegen die reichen Bauern mobilisiert wurden", durch „die unerbittliche, von den Dorfräten leicht auf die Großbauern abzuwälzende ‚Getreideauflage'" und das Abschneiden der Großbauern „durch organisierten Boykott vom Handel mit den Genossenschaften im Absatz und Bezug von Waren"[30], innerhalb rund zwei Jahren, war Teil einer „Offensive des Sozialismus an der ganzen Front ... bei der Rekonstruktion der gesamten Volkswirtschaft nach den Grundsätzen des Sozialismus", gegen „die böswillige Schädlingsarbeit einer Oberschicht der *bürgerlichen Intelligenz* in allen Zweigen unserer Industrie, de[n] bestialische[n] Kampf des *Kulakentums* gegen die kollektiven Wirtschaftsformen im Dorf, die Sabotage der von der Sowjetmacht getroffenen Maßnahmen durch die *bürokratischen Elemente* des Apparats". Denn „es ist bewiesen, daß die Schädlingsarbeit unserer Spezialisten, die sowjetfeindlichen Aktionen des Kulakentums, die Brandstiftungen und Sprengstoffanschläge auf unsere Betriebe und Bauten, von außen subsidiert und inspiriert wurden. Die imperialistische Welt hat kein Interesse daran, daß die UdSSR fest auf die Beine kommt und die Möglich-

28 J. W. Stalin, Bd. 12, S. 220 f., Politischer Bericht des Zentralkommitees an den XVI. Parteitag dere KPdSU(B), 27. 6. 1930.

29 Ders., Fragen des Leninismus, a.a.O., S. 358 ff.

30 H. Raupach, Geschichte der Sowjetwirtschaft, a.a.O., S. 74, 79.

keit erhält, die führenden kapitalistischen Länder einzuholen und zu überholen. Deshalb unterstützt sie die Kräfte der alten Welt in der UdSSR.“[31]

Die Berechtigung dieser sozialistischen Offensive nach dem Beschluß des ersten Fünfjahrplans durch die 16. Parteikonferenz (23.–29. 4. 1929) und den 5. Allunionsrätekongreß (20.–28. 5. 1929) begründet Stalin auf die Frage, „hatten wir den Augenblick richtig gewählt, als wir im zweiten Halbjahr 1929 an der ganzen Front zur entschlossenen Offensive übergingen? ... Ja ... Davon zeugt die wachsende Aktivität der Arbeiterklasse und das beispiellose Anwachsen der Autorität der Partei unter den Millionenmassen der Werktätigen. Davon zeugt die wachsende Aktivität der Massen der armen und Mittelbauern und die radikale Wendung dieser Massen zum kollektivwirtschaftlichen Aufbau. Davon zeugen unsere Errungenschaften, sowohl auf dem Gebiet der industriellen Entwicklung, als auch beim Aufbau der Sowjet- und Kollektivwirtschaften. Davon zeugt die Tatsache, daß wir jetzt die Möglichkeit haben, die kulakische Produktion durch die Produktion der Kollektiv- und Sowjetwirtschaften nicht nur zu ersetzen, sondern sie auch um ein Vielfaches zu überbieten“.

Und „was wäre geschehen, wenn wir auf die Rechtsopportunisten aus der Gruppe Bucharins gehört hätten, wenn wir auf die Offensive verzichtet, das Entwicklungstempo der Industrie gedrosselt, die Entwicklung der Kollektiv- und Sowjetwirtschaften gehemmt und uns auf die individuelle Bauernschaft gestützt hätten? Wir wären unweigerlich mit unserer Industrie gescheitert, hätten die Sache der sozialistischen Rekonstruktion der Landwirtschaft zugrundegerichtet, wären ohne Getreide geblieben und hätten der Vorherrschaft des Kulakentums den Weg geebnet.“

Oder „was wäre geschehen, wenn wir auf die ‚linken‘ Opportunisten aus der Gruppe Trotzki–Sinowjew gehört und die

[31] J. Stalin, Politischer Bericht des Zentralkomitees an den XVI. Parteitag der KPdSU(B), 26. 6.–13. 7. 1930, in: Lenin/Stalin, Zu den Fragen der sozialistischen Industrie, a.a.O., S. 482, 484 f.

Offensive 1926/27 eröffnet hätten, als wir keine Möglichkeit besaßen, die kulakische Produktion durch die Produktion der Kollektiv- und Sowjetwirtschaften zu ersetzen? Wir hätten dabei unweigerlich Fiasko erlitten, hätten unsere Schwäche demonstriert, die Positionen des Kulakentums und der kapitalistischen Elemente überhaupt gestärkt, den Mittelbauern dem Kulaken in die Arme getrieben, wir hätten unseren sozialistischen Aufbau vereitelt und wären ohne Getreide geblieben."

Freilich „Repressalien sind beim sozialistischen Aufbau ein notwendiges Element der Offensive, aber ein nebengeordnetes Element, nicht das Hauptelement. Die Hauptsache bei der Offensive des Sozialismus ist unter unseren jetzigen Verhältnissen das gesteigerte Entwicklungstempo unserer Industrie, das gesteigerte Entwicklungstempo der Sowjet- und Kollektivwirtschaften, die beschleunigte Verdrängung der kapitalistischen Elemente in Stadt und Land, die Mobilisierung der Massen gegen den Kapitalismus. Sie können Zehntausende und Hunderttausende Kulaken verhaften und verschicken, wenn Sie aber nicht gleichzeitig damit alles Notwendige unternehmen, um den Aufbau der neuen Formen der Wirtschaft zu beschleunigen, die alten, kapitalistischen Formen durch neue Wirtschaftsformen zu ersetzen, die Betriebsquellen für die ökonomische Existenz und Entwicklung des kapitalistischen Elements auf dem Lande zu verschütten und zu liquidieren – so wird das Kulakentum sowieso wiedererstehen und wachsen."[32]

Gegenüber der Weltwirtschaftskrise mit ihrem Produktionsrückgang stellte die Produktionssteigerung des ersten Fünfjahrplans für die Sowjets eine außerordentlich ermutigende Tatsache dar. Die wachsenden Erfolge verringerten aber nicht die Feindseligkeit des Auslands, und im Januar 1930 kam es zu Grenzverletzungen durch nationalchinesisches Militär. Stalin reagierte auf die Frage, „ob man nicht das Tempo etwas verlangsamen könne, die Bewegung zurückhalten könnte", wegen der außenpolitischen Lage und des Anwachsens des Faschismus,

[32] A.a.O., S. 489 ff.

ablehnend. „Im Gegenteil, es muß nach Kräften und Möglichkeiten gesteigert werden. Das fordern von uns unsere Verpflichtungen gegenüber den Arbeitern und Bauern der UdSSR. Das fordern von uns unsere Verpflichtungen gegenüber der Arbeiterklasse der ganzen Welt. Das Tempo verlangsamen, das bedeutet zurückbleiben. Und Rückständige werden geschlagen ... Das ist das Wolfsgesetz des Kapitalismus ... Darum sagte Lenin zur Zeit des Oktober: ‚Entweder Tod oder die fortgeschrittenen Länder einholen und überholen. Wir sind hinter den fortgeschrittenen Ländern um 50 bis 100 Jahre zurückgeblieben. Wir müssen diese Distanz in zehn Jahren durchlaufen. Entweder wir bringen das zustande, oder wir werden zermalmt.'"[33]

Zwei Jahre später schon konnte Stalin bei der Analyse der Industrialisierungsergebnisse des ersten Fünfjahrplans und seiner internationalen Bedeutung die Verlangsamung des Tempos ankündigen: „Bei der Verwirklichung des Fünfjahrplans und bei der Organisation des Sieges auf dem Gebiet des industriellen Aufbaus hat die Partei die Politik des maximal beschleunigten Tempos der Entwicklung der Industrie durchgeführt. Die Partei hat das Land gleichsam angepeitscht, um seinen Vormarsch zu beschleunigen ... Nur auf diese Weise konnte dem Lande die Möglichkeit gegeben werden, in aller Eile auf der Basis der neuen Technik umzurüsten und endlich die breite Heerstraße der Entwicklung zu betreten. Wir konnten ferner nicht wissen, an welchem Tage die Imperialisten die Sowjetunion überfallen und unseren Aufbau unterbrechen würden .. Die Partei hatte keine Möglichkeit, zu warten und zu manövrieren ... Hatte aber die Partei die reale Möglichkeit, die Politik des maximal beschleunigten Tempos durchzuführen? Jawohl ... nicht nur deshalb, weil es ihr gelungen war, das Land rechtzeitig zum Vormarsch zu bewegen, sondern vor allem auch deshalb, weil

[33] J. Stalin, Fragen des Leninismus, a.a.O., S. 398 f., Über die Aufgaben der Wirtschaftler. Rede auf der ersten Unionskonferenz der Funktionäre der sozialistischen Industrie, 4. 2. 1931. – Zehn Jahre vor dem faschistischen Überfall!

sie sich bei dem umfassenden neuen Aufbau auf alte oder erneuerte Werke und Fabriken stützen konnte, die von den Arbeitern, Ingenieuren und Technikern bereits gemeistert worden waren und die daher die Verwirklichung des maximal beschleunigten Entwicklungstempos ermöglichten. Eben auf dieser Grundlage kam es bei uns in der Periode des ersten Fünfjahrplans zu der raschen Entfaltung des neuen Aufbaus, zu dem Pathos des vollentfalteten Aufbaus, traten Helden und Stoßarbeiter der Neubauten auf den Plan, setzte die Praxis des stürmischen Entwicklungstempos ein ... Deshalb glaube ich, daß wir im zweiten Planjahrfünft ein weniger beschleunigtes Wachstumstempo einschlagen müssen. In der Periode des ersten Fünfjahrplans betrug die jährliche Zunahme der Industrieproduktion durchschnittlich 22%. Ich glaube, daß wir für den zweiten Fünfjahrplan eine jährliche Zunahme der Industrieproduktion um durchschnittlich 13–14% werden ansetzen müssen. Für die kapitalistischen Länder ist ein solches Tempo der Zunahme ein unerreichbares Ideal."[34]

Aber „man sagt uns, all das sei recht und schön ... es wäre jedoch weitaus besser gewesen, auf die Politik der Industrialisierung, auf die Politik der Erweiterung der Erzeugung von Produktionsmitteln zu verzichten, oder wenigstens diese Sache in den Hintergrund zu schieben, um mehr Kattun, Schuhe, Kleider und andere Massenbedarfsartikel herzustellen ... Wir hätten dann aber weder eine Traktorenindustrie noch eine Automobilindustrie, hätten keine einigermaßen bedeutende Eisenhüttenindustrie, hätten kein Metall für den Maschinenbau und stünden der mit der neuen Technik ausgerüsteten kapitalistischen Umwelt wehrlos gegenüber. Wir hätten uns dann der Möglichkeit beraubt, die Landwirtschaft mit Traktoren und landwirtschaftlichen Maschinen zu versorgen, säßen also ohne Brot da. Wir hätten uns der Möglichkeit beraubt, den Sieg über die kapitalistischen Elemente im Lande zu erringen, hätten

[34] J. Stalin, Fragen des Leninismus, S. 455 ff., Die Ergebnisse des ersten Fünfjahresplans. Bericht auf dem Vereinigten Plenum des ZK und der ZKK der KPdSU(B), 7. 1. 1933.

also die Chancen für eine Restauration des Kapitalismus unermeßlich erhöht. Wir hätten dann nicht alle die modernen Verteidigungsmittel, ohne die die staatliche Unabhängigkeit eines Landes unmöglich ist, ohne die sich ein Land in ein Objekt der Kriegshandlungen auswärtiger Feinde verwandelt. Unsere Lage wäre dann der Lage des heutigen China mehr oder weniger ähnlich, das keine eigene Schwerindustrie, keine eigene Kriegsindustrie hat, und das jetzt von allen, denen es nur gefällt, gerupft wird. Mit einem Wort: wir hätten in diesem Fall eine militärische Intervention, keine Nichtangriffspakte, sondern den Krieg."[35]

„Die grundlegende Aufgabe des Fünfjahrplans bestand darin, die UdSSR aus einem Agrarland, einem machtlosen, von den Launen der kapitalistischen Staaten abhängigen Lande, in ein Industrieland, in ein mächtiges, völlig selbständiges und von den Launen des internationalen Kapitalismus unabhängiges Land zu verwandeln",[36] in ständigem Kampf gegen die unrichtigen ‚kleinbürgerlichen' Absichten „der ‚linkslerischen' Gleichmacherei auf dem Gebiete des Arbeitslohns".[37] Manche „Leute glauben offenbar, daß der Sozialismus die Gleichmacherei, die Gleichstellung, die Nivellierung der Bedürfnisse und der persönlichen Lebensweise der Mitglieder der Gesellschaft fordere. Es braucht nicht erst gesagt zu werden, daß eine solche Annahme mit dem Marxismus, mit dem Leninismus nichts gemein hat. Unter Gleichheit versteht der Marxismus nicht Gleichmacherei auf dem Gebiete der persönlichen Bedürfnisse und der Lebensweise, sondern die Aufhebung der Klassen, d. h.: a) die gleiche Befreiung aller Werktätigen von der Ausbeutung, nachdem die Kapitalisten gestürzt und expropriiert sind; b) die gleiche Abschaffung des Privateigentums an den Produktionsmitteln für alle, nachdem sie zum Eigentum der gesamten Gesellschaft geworden sind; c) die gleiche Pflicht aller, nach ihren

[35] A.a.O., S. 454 f.
[36] A.a.O., S. 447.
[37] A.a.O., S. 406, Neue Verhältnisse – Neue Aufgaben des wirtschaftlichen Aufbaus. Rede auf der Beratung der Wirtschaftler, 23. 6. 1931.

Fähigkeiten zu arbeiten, und das gleiche Recht aller Werktätigen, hierfür nach ihrer Leistung entlohnt zu werden (*sozialistische* Gesellschaft); d) die gleiche Pflicht aller, nach ihren Fähigkeiten zu arbeiten, und das gleiche Recht aller Werktätigen, hierfür nach ihren Bedürfnissen versorgt zu werden (*kommunistische* Gesellschaft). Dabei geht der Marxismus davon aus, daß der Geschmack und die Bedürfnisse der Menschen, der Qualität oder Quantität nach, weder in der Periode des Sozialismus noch in der Periode des Kommunismus gleich sind oder gleich sein können."[38]

Das Quellenstudium der Industrialisierungsperiode der UdSSR zeigt, daß in jedem Fall, ob man unter Stalinismus einen durch die Vorbildlosigkeit der Aufgabe und die riesigen Entwicklungs- und Bildungsdifferenzen bedingten Personenkult[39] und/oder eine mit unnötigen, weil geschichtlich nicht unvermeidlichen Opfern verbundene Verletzung sozialistischer Gesetzlichkeit versteht, „weil der Anbruch der Weltwirtschaftskrise und der Aufstieg und Sieg des Faschismus in Mitteleuropa mit der Wendung zu geplanter rascher Industrialisierung unter einseitiger Betonung der Schwerindustrie und der Erzeugung von Produktionsgütern unter extremer Vernachlässigung der Konsumgüter und bei Zwangskollektivierung der Agrarwirtschaft in der UdSSR zeitlich zusammenfielen",[40] es nicht zulässig ist, den

[38] A.a.O., S. 569, Rechenschaftsbericht an den XVII. Parteitag über die Arbeit des ZK der KPdSU(B), 26. 1. 1934.

[39] Vgl. W. Ulbricht, Über den XX. Parteitag der Kommunistischen Partei der Sowjetunion, [14. 2. 1956], Neues Deutschland, Berlin (DDR), 4. 3. 1956, S. 4: „Wenn man von den Genossen gefragt wird, ‚ob Stalin zu den Klassikern des Marxismus gehört', kann man darauf nur antworten: Zweifellos hat Stalin nach dem Tode Lenins bedeutende Verdienste beim Aufbau des Sozialismus und in dem Kampf gegen die parteifeindlichen Gruppierungen der Trotzkisten, Bucharinleute und bürgerlichen Nationalisten. Als sich Stalin jedoch später über die Partei stellte und den Personenkult pflegte, erwuchsen der KPdSU und dem Sowjetstaat daraus bedeutende Schäden. Zu den Klassikern des Marxismus kann man Stalin nicht zählen."

[40] W. Hofmann, Ideengeschichte der sozialen Bewegung des 19. und 20. Jahrhunderts, Berlin (W) 1968, S. 242 f. Zur antisowjetischen Umwelt vgl. ders., Stalinismus und Antikommunismus. Zur Soziologie des Ost-West-Konflikts, Frankfurt 1967, S. 33 ff.

Stalinismus als „die magischen Züge der sowjetischen Theorie" auszulegen, deren „Ritualisierung ... sie gegen die Kraft faktischer Widerlegung lebendig gehalten und in ideologischer Form mit einer rückständigen und unterdrückten Bevölkerung verbunden [hat], die zu politischer Aktion angetrieben werden soll als Konkurrenz und Herausforderung der fortgeschrittenen industriellen Zivilisation".[41]

Auch unter Stalin war in Erfüllung der Planaufgaben „der Wettbewerb die *kommunistische Methode des Aufbaus des Sozialismus* auf der Grundlage maximaler *Aktivität* der Millionenmassen der Werktätigen",[42] in *bewußter* und damit freiwilliger Disziplin und kameradschaftlicher gegenseitiger *Selbst*-Erziehung bei diktatorischer Unduldsamkeit gegen opportunistische Nachlässigkeit,[43] denn „der Sozialismus erstickt keineswegs den Wettbewerb, im Gegenteil, er schafft erstmalig die Möglichkeit, ihn wirklich auf *breiter* Grundlage, wirklich im Massenumfange anzuwenden, die Mehrheit der Werktätigen wirklich auf ein Tätigkeitsfeld zu führen, auf dem sie sich hervortun, ihre Fähigkeiten entfalten, jene Talente offenbaren können, die das Volk, einem unversiegbaren Quell gleich, hervorbringt und die der Kapitalismus zu Tausenden und Millionen zertreten, niedergehalten und erdrückt hat".[44] Und obwohl zur Zeit des von der feindlichen Umwelt begünstigten Personenkults „so schädliche Züge der Partei-, der Staats- und der Wirtschaftsführung Verbreitung gefunden" hatten „wie Administrieren, Vertuschen der Mängel, Arbeit mit Rückversicherung und Furcht vor dem Neuen", die „nicht wenig Kriecher, Ja-Sager und Schwindler zum Vorschein" brachten,[45] gelang nach

[41] H. Marcuse, Die Gesellschaftslehre des sowjetischen Marxismus, Neuwied und Berlin 1964, S. 95 f.

[42] J. Stalin, Bd. 12, S. 97, Der Wetbewerb und der Arbeitsaufschwung der Massen. Vorwort zu J. Mikulinas Buch ‚Der Wettbewerb der Massen', 11. 5. 1929.

[43] Vgl. W. Hofmann, Die Arbeitsverfassung der Sowjetunion, a.a.O., S. 288 ff., 226 f.

[44] W. I. Lenin, Bd. 26, S. 402, Wie soll man den Wettbewerb organisieren? 1917.

[45] N. S. Chrustschow, Rechenschaftsbericht des Zentralkomitees der KPdSU

dem sozialistischen Fehlerkatalog aus *eigener* Kraft die Befreiung von diesem Fehlverhalten. So „ist es das eigentliche *Geheimnis der sowjetischen* Diktatur [des Proletariats, das in der Gegenwart der klassenlosen sozialistischen Gesellschaft weicht], das Geheimnis jener unvermuteten *Stabilität*, die sie namentlich in Zeiten der Bedrängnis immer wieder an den Tag gelegt hat, daß [sie] ... – im Gegensatz zu allen anderen offenen Diktaturen unseres Jahrhunderts – in der Tat das Verhältnis der einzelnen in der Gesellschaft schließlich zu *versachlichen*, die *Machtauswahl* durch *Leistungsauswahl* zu ersetzen ... und auch eine gewisse *Willens*einheit der Gesellschaft als ganzer herzustellen vermocht hat".[46]

Bei den außenpolitischen Friedensbemühungen der sowjetischen Regierung während der Industrialisierung trat nach der faschistischen Machtergreifung ihr Konventionsvorschlag für kollektive Sicherheit auf der Abrüstungskonferenz des Völkerbundes an die erste Stelle. Gegenüber dem ‚Viererpakt' über Verständigung und Zusammenarbeit zwischen Großbritannien, Frankreich, Italien *und* Deutschland vom 15. 7. 1933 und dem Austritt Deutschlands aus dem Völkerbund am 19. 10. 1933 schlug die Sowjetunion zur Abwendung ihrer außenpolitischen Isolierung auf der Grundlage des ZK-Beschlusses der KPdSU(B) über die Entfaltung des Kampfes für die kollektive Sicherheit vom Dezember 1933 den Abschluß eines Regionalpaktes eines großen Kreises europäischer Staaten zur gegenseitigen Verteidigung bei jeder Aggression vor[47] und erklärte sich zur Mitarbeit im Völkerbund bereit.

Im Rechenschaftsbericht über die Arbeit des ZK der KPdSU an den XVII. Parteitag vom 26. 1. 1934 wurden „die Verschärfung der politischen Lage in den kapitalistischen Ländern" und „die Beziehungen zwischen der Sowjetunion und den kapitalistischen

an den XXII. Parteitag der Kommunistischen Partei der Sowjetunion, 17. 10. [illegible]

[46] W. Hofmann, Die Arbeitsverfassung der Sowjetunion, a.a.O., S. 475.

[47] Vgl. Geschichte der Kommunistischen Partei der Sowjetunion, Berlin (DDR) 1960, S. 59.

Staaten“ erläutert: „Das Ergebnis der langwierigen Wirtschaftskrise war eine bisher noch nicht dagewesene Verschärfung der politischen Lage der kapitalistischen Länder sowohl innerhalb der einzelnen Länder als auch in deren gegenseitigen Beziehungen.

Die Verschärfung des Kampfes um die Auslandsmärkte, die Vernichtung der letzten Reste des Freihandels, die Schutzzölle, der Handelskrieg, der Valutakrieg, das Dumping und viele andere analoge Maßnahmen, die einen extremen *Nationalismus* in der Wirtschaftspolitik offenbaren, haben die Beziehungen zwischen den Ländern aufs äußerste zugespitzt, haben den Boden für kriegerische Zusammenstöße geschaffen und den Krieg als Mittel der Neuaufteilung der Welt und der Einflußsphären zugunsten der stärkeren Staaten auf die Tagesordnung gestellt.

Der Krieg Japans gegen China, die Okkupation der Mandschurei, der Austritt Japans aus dem Völkerbund und der Vormarsch in Nordchina haben die Lage noch mehr verschärft. Die Verschärfung des Kampfes um den Stillen Ozean und das Anwachsen der Rüstungen zur See in Japan, den Vereinigten Staaten, England, Frankreich bilden das Ergebnis dieser Verschärfung.

Der Austritt Deutschlands aus dem Völkerbund und das Revanchegespenst haben einen neuen Anstoß zur Verschärfung der Lage und zum Anwachsen der Rüstungen in Europa gegeben ...

Es geht offensichtlich einem neuen Krieg entgegen ...

Die Volksmassen sind noch nicht dahin gelangt, zum Sturm auf den Kapitalismus überzugehen, es kann aber wohl kaum daran gezweifelt werden, daß die Idee des Sturmes im Bewußtsein der Massen heranreift. Davon zeugen eindringlich solche Tatsachen, wie die spanische Revolution, die das Regime des Faschismus gestürzt hat, und die Ausdehnung des Sowjetgebietes in China, der die vereinigte Konterrevolution der chinesischen und ausländischen Bourgeoisie nicht Einhalt zu gebieten vermag.

Daraus erklärt sich ja eigentlich im Grunde die Tatsache, daß die herrschenden Klassen der kapitalistischen Länder die letzten Überreste des Parlamentarismus und der bürgerlichen Demokratie, die von der Arbeiterklasse in ihrem Kampfe gegen die Unterdrücker ausgenützt werden können, geflissentlich vernichten oder auf ein Nichts reduzieren, die kommunistischen Parteien in die Illegalität treiben und zu offenen terroristischen Methoden der Aufrechterhaltung ihrer Diktatur übergehen.

Der Chauvinismus und die Kriegsvorbereitungen als Hauptelemente der Außenpolitik, die Niederhaltung der Arbeiterklasse und der Terror auf dem Gebiet der Innenpolitik als notwendiges Mittel zur Stärkung des Hinterlands der künftigen Kriegsfronten – das ist es, was die heutigen imperialistischen Politiker jetzt besonders beschäftigt.

Kein Wunder, daß der Faschismus jetzt zum gangbarsten Modeartikel unter den kriegslüsternen bürgerlichen Politikern geworden ist. Ich spreche nicht nur vom Faschismus überhaupt, sondern vor allem von dem Faschismus deutschen Schlages, der sich mit Unrecht Nationalsozialismus nennt, denn selbst bei gründlichster Prüfung ist es unmöglich, in ihm auch nur eine Spur Sozialismus zu entdecken.

In diesem Zusammenhang darf man den Sieg des Faschismus in Deutschland nicht nur als Zeichen der Schwäche der Arbeiterklasse und als Ergebnis der Verrätereien an der Arbeiterklasse seitens der Sozialdemokratie betrachten, die dem Faschismus den Weg ebnete. Man muß ihn auch als ein Zeichen der Schwäche der Bourgeoisie betrachten, als Zeichen dafür, daß die Bourgeoisie nicht mehr imstande ist, mit den alten Methoden des Parlamentarismus und der bürgerlichen Demokratie zu herrschen, und in Anbetracht dessen gezwungen ist, in der Innenpolitik zu terroristischen Regierungsformen zu greifen – als Zeichen dafür, daß sie nicht mehr imstande ist, einen Ausweg aus der jetzigen Lage auf dem Boden einer *friedlichen Außenpolitik* zu finden, weshalb sie gezwungen ist, zur Politik des Krieges zu greifen ...

Natürlich besteht kein Grund zu der Annahme, daß der Krieg einen wirklichen Ausweg bringen kann. Im Gegenteil, er muß die Lage noch mehr verwirren. Mehr noch, er wird bestimmt die Revolution entfesseln und die Existenz des Kapitalismus in einer Reihe von Ländern in Frage stellen, wie das im Laufe des ersten imperialistischen Krieges der Fall war ... Man kann wohl kaum daran zweifeln, daß dieser Krieg der für die Bourgeoisie gefährlichste Krieg sein würde. Er würde nicht nur deshalb der gefährlichste sein, weil die Völker der Sowjetunion sich auf Tod und Leben für die Errungenschaften der Revolution schlagen würden. Er würde für die Bourgeoisie auch deshalb der gefährlichste sein, weil der Krieg sich nicht nur an den Fronten, sondern auch im feindlichen Hinterlande abspielen würde ...

Man kann wohl kaum daran zweifeln, daß ein zweiter Krieg gegen die Sowjetunion mit einer völligen Niederlage der Angreifer, zur *Revolution* in einer Reihe von Ländern Europas und zur *Zerschmetterung* der Bourgeois- und Gutsbesitzerregierungen dieser Länder führen wird ...

Inmitten dieser Vorkriegsraserei, die eine ganze Reihe von Ländern erfaßt hat, behauptete die Sowjetunion in diesen Jahren fest und unerschütterlich ihre *Friedensposition,* kämpfte sie gegen die Kriegsgefahr, für die Erhaltung des Friedens, kam sie den Ländern entgegen, die in dieser oder jener Weise für die Erhaltung des Friedens eintreten ...

Unsere Außenpolitik ist klar. Sie ist eine Politik der Erhaltung des Friedens und der Verstärkung der Handelsbeziehungen mit allen Ländern. Die Sowjetunion denkt nicht daran, irgend jemanden zu *bedrohen,* und erst recht nicht, irgend jemanden zu überfallen. Wir sind für den Frieden und verteidigen die Sache des Friedens."[48]

Nach dem Scheitern der Versuche der Sowjetregierung, einen Ostpakt zustande zu bringen, bemühte sie sich um so intensiver um Konventionen kollektiver Sicherheit, selbst für ganze Kontinente, als bestes Mittel zur Erhaltung des Friedens und der Sicherheit. Ihre Verurteilung des italienisch-abessinischen Krieges im Völkerbund und strikte Einhaltung der am 9. 10. 1935 empfohlenen Sanktionen des Völkerbunds, ihre Bereitschafts-

[48] J. Stalin, Fragen des Leninismus, a.a.O., S. 520–531, Rechenschaftsbericht an den XVII. Parteitag, 26. 1. 1934. Kursiv E. R.

erklärung vom 5. 8. 1936 für das Nichteinmischungsabkommen im spanischen Bürgerkrieg, ihr entschlossenes Eintreten für das von Japan überfallene China vor dem Völkerbund am 21. 9. 1937 mit dem Vorschlag, sowohl in Asien als auch in Europa den Aggressoren eine kollektive Abfuhr zu erteilen, ihre Ablehnung der Beschwichtigungspolitik, die Hitler die Annexion Österreichs am 12. 3. 1938 und die Besetzung der Tschechoslowakei am 15. 3. 1939 ermöglichte, mit ihrer ausdrücklichen Erklärung, sich an Kollektivaktionen zur Beseitigung der verstärkten Gefahr eines neuen Weltkriegs zu beteiligen,[49] wurden auf dem XVIII. Parteitag der KPdSU(B) noch einmal im Rechenschaftsbericht des ZK der KPdSU(b) am 10. 3. 1939 dargestellt und analysiert.

„Hier eine Aufzählung der wichtigsten Ereignisse in der Berichtsperiode, die den neuen imperialistischen Krieg einleiteten. Im Jahre 1935 überfiel Italien Abessinien und annektierte es. Im Sommer 1936 organisierten Deutschland und Italien die militärische Intervention in Spanien, wobei Deutschland sich im Norden Spaniens und in Spanisch-Marokko und Italien im Süden Spaniens und auf den Balearen festsetzte. Im Jahre 1937 brach Japan, nach der Annexion der Mandschurei, in Nord- und Zentralchina ein, besetzte Peking, Tientsin, Schanghai und begann seine ausländischen Konkurrenten aus der Okkupationszone zu verdrängen. Anfang 1938 annektierte Deutschland Österreich und im Herbst 1938 das Sudetengebiet der Tschechoslowakei. Ende 1938 bemächtigte sich Japan Kantons und Anfang 1939 der Insel Hainan. Somit zog der Krieg, der sich so unmerklich an die Völker herangeschlichen hat, mehr als 500 Millionen Menschen in seinen Bannkreis . . .

Nach dem ersten imperialistischen Kriege schufen die Siegermächte, hauptsächlich England, Frankreich und die USA, ein neues Regime der Beziehungen zwischen den Ländern: das Friedensregime der Nachkriegszeit. Die wichtigsten Grundpfeiler dieses Regimes waren im Fernen Osten der Neunmächtepakt

49 Vgl. Geschichte der sowjetischen Außenpolitik 1917–1945, Berlin (DDR) 1969, Kap. 10 und 11.

und in Europa der Versailler Vertrag und eine ganze Reihe anderer Verträge. Der Völkerbund war dazu bestimmt, die Beziehungen zwischen diesen Ländern im Rahmen dieses Regimes auf der Grundlage einer Einheitsfront der Staaten, auf der Grundlage der kollektiven Verteidigung der Sicherheit der Staaten zu regeln. Die drei aggressiven Staaten und der von ihnen begonnene imperialistische Krieg haben jedoch dieses gesamte Friedensregime der Nachkriegszeit über den Haufen geworfen. Japan hat den Neunmächtepakt, Deutschland und Italien haben den Versailler Vertrag zerrissen. Um freie Hand zu bekommen, sind alle diese Staaten aus dem Völkerbund ausgetreten ...

In unseren Zeiten ist es nicht so leicht, sich mit einem Male von der Kette loszureißen und sich geradewegs in den Krieg zu stürzen, ohne auf Verträge verschiedener Art und auf die öffentliche Meinung Rücksicht zu nehmen. Den bürgerlichen Politikern ist dies wohlbekannt. Daher entschlossen sich die faschistischen Machthaber, bevor sie sich in den Krieg stürzten, die öffentliche Meinung in bestimmter Weise zu bearbeiten, d. h. sie irrezuführen, sie zu betrügen ...

Ein kennzeichnender Zug des neuen imperialistischen Krieges besteht darin, daß er noch nicht zu einem allgemeinen, zu einem Weltkrieg geworden ist. Der Krieg wird von den aggressiven Staaten geführt, die die Interessen der nicht aggressiven Staaten, vor allem Englands, Frankreichs und der USA, in jeder Weise schädigen; die letzteren weichen jedoch zurück, treten den Rückzug an, machen den Aggressoren ein Zugeständnis nach dem anderen ...

Wodurch sind ... die systematischen Zugeständnisse dieser Staaten an die Aggressoren zu erklären?...

Formal gesehen könnte man die Politik der Nichteinmischung wie folgt charakterisieren: ‚Jedes Land möge sich gegen die Aggressoren verteidigen, wie es will und wie es kann, wir scheren uns nicht darum, wir werden sowohl mit den Aggressoren als auch mit ihren Opfern Handel treiben.' In Wirklichkeit bedeutet jedoch die Politik der Nichteinmischung eine Begünsti-

gung der Aggression, die Entfesselung des Krieges und folglich seine Umwandlung in einen Weltkrieg. In der Politik der Nichteinmischung macht sich das Bestreben, der Wunsch geltend, die Aggressoren bei der Ausführung ihres dunklen Werkes nicht zu hindern, zum Beispiel Japan nicht zu hindern, sich in einen Krieg gegen China, noch besser aber gegen die Sowjetunion einzulassen, zum Beispiel Deutschland nicht zu hindern, sich in die europäischen Angelegenheiten zu verstricken, sich in einen Krieg gegen die Sowjetunion einzulassen, alle Kriegsteilnehmer tief in den Morast des Krieges versinken zu lassen, sie im stillen dazu anzuspornen, dazu zu bringen, daß sie einander schwächen und erschöpfen, dann aber, wenn sie genügend geschwächt sind, mit frischen Kräften auf dem Schauplatz zu erscheinen und, natürlich, ‚im Interesse des Friedens' aufzutreten, um den geschwächten Kriegsteilnehmern die Bedingungen zu diktieren ...
Kennzeichnend ist der Lärm, den die englische, französische und nordamerikanische Presse um die Sowjetukraine erhob. Die Vertreter dieser Presse schrien sich heiser, daß die Deutschen gegen die Sowjetukraine marschieren, daß sie gegenwärtig die sogenannte Karpato-Ukraine in den Händen haben, die etwa 700 000 Einwohner zählt, und daß die Deutschen nicht später als im Frühling dieses Jahres den Anschluß der Sowjetukraine mit mehr als 30 Millionen Einwohnern an die sogenannte Karpato-Ukraine vollziehen würden ...
Noch kennzeichnender ist es, daß gewisse Politiker und Pressevertreter in Europa und in den Vereinigten Staaten, die in Erwartung eines ‚Feldzugs gegen die Sowjetukraine' die Geduld verloren haben, selber dazu übergehen, die wahren Hintergründe der Nichteinmischungspolitik zu enthüllen. Sie erklären geradeheraus und geben es schwarz auf weiß, daß sie von den Deutschen schwer ‚enttäuscht' seien, da diese, statt weiter nach Osten, gegen die Sowjetunion, vorzustoßen,[50] sich – man denke nur – nach Westen wenden und Kolonien verlangen. Der

[50] Zu Vorschlägen der militärischen Inaktivität der Westmächte bis zur gegenseitigen Erschöpfung Deutschlands und der Sowjetunion vgl. I. Deutscher, Stalin, Stuttgart 1962, S. 502.

Gedanke liegt nahe, man habe den Deutschen Gebiete der Tschechoslowakei als Kaufpreis für die Verpflichtung gegeben, den Krieg gegen die Sowjetunion zu beginnen ...
Die Außenpolitik der Sowjetunion ist klar und verständlich: Wir sind für den *Frieden* und für die Festigung *sachlicher* Beziehungen zu *allen* Ländern".[51]
Nach dem Scheitern der Verhandlungen mit England und Frankreich im ersten Halbjahr 1939 über eine gemeinsame Abwehr einer deutschen Aggression, reagierte die Sowjetregierung zustimmend auf die deutschen Vorschläge zum Abschluß eines Handelsabkommens und der Verbesserung der gegenseitigen Beziehungen und schloß am 23. 8. 1939 den sowjetisch-deutschen Nichtangriffspakt, um damit für eine unbestimmte Zeit der Sowjetunion den Frieden und die Sicherheit der wirtschaftlichen Entwicklung zu erhalten.

[51] Stalin, Fragen des Leninismus, a.a.O., S. 684–691, Rechenschaftsbericht an den XVIII. Parteitag, 10. 3. 1939. Kursiv E. R.

Teil 2

Die Politik der friedlichen Koexistenz und der Klassenkampf

I. Der ökonomische und soziale Wettbewerb auf der Grundlage der friedlichen Koexistenz

1. Die Bildung des sozialistischen Weltsystems und der Kampf um die Einhaltung der internationalen Verträge der Anti-Hitler-Koalition

Wie in den Jahren vor Ausbruch des Zweiten Weltkriegs angenommen, hatte die mit dem Opfer einer gigantischen Zahl von Toten und unermeßlichem Leid in der ganzen Welt verbundene „Zerschlagung des deutschen Faschismus und des japanischen Militarismus ... günstige Voraussetzungen für den Sturz der Macht der Kapitalisten und Gutsbesitzer durch die Völker einer Anzahl europäischer und asiatischer Länder“[1] geschaffen. „Mit der *Volksdemokratie,* einer Form der Diktatur des Proletariats ist“ in den befreiten Ländern „eine neue Form der politischen Organisation entstanden. In ihr widerspiegelte sich die Besonderheit, die die Entwicklung der sozialistischen Revolution angesichts der Schwächung des Imperialismus und der Veränderung des Kräfteverhältnisses zugunsten des Sozialismus aufweist. Auch die historischen und nationalen Besonderheiten der einzelnen Länder haben in der Volksdemokratie ihren Niederschlag gefunden.“[2]

Zur Lösung der ökonomischen Nachkriegsprobleme bei der Entwicklung der sozialistischen Gesellschaft, bildete sich in der Erkenntnis, daß keine einzelne Volksdemokratie allein diese Aufgabe ökonomisch zufriedenstellend bewältigen kann, das sozialistische Weltsystem, dessen „historische Tendenz zur Schaffung einer einheitlichen, nach einem gemeinsamen Plan vom Proletariat aller Nationen zu regelnden Weltwirtschaft als Ganzes, eine Tendenz, die bereits unter dem Kapitalismus ganz deutlich zutage getreten ist, unter dem Sozialismus unbe-

[1] Programm und Statut der Kommunistischen Partei der Sowjetunion, a.a.O., S. 17 f.
[2] A.a.O., S. 18.

dingt weiterentwickelt und ihrer Vollendung entgegengeführt werden muß", bereits Lenin aufgezeigt hatte:[3] „Die ganze Gesellschaft muß eine einheitliche Genossenschaft der Werktätigen bilden ... Jetzt ist nur eins nötig: das einmütige Streben, offenen Herzens zu dieser einheitlichen Weltgenossenschaft zu kommen",[4] wobei sich jedoch nationale und staatliche Unterschiede „noch sehr, sehr lange sogar nach der Verwirklichung der Diktatur des Proletariats im Weltmaßstab erhalten"[5] werden.

Diesem Nachkriegssachverhalt stand der bürgerliche Anspruch, daß „der Sieg dem amerikanischen Volk die ständige Verantwortung für die Führung der Welt übertragen hat"[6] entgegen, als Folge der Tatsache nach dem Zweiten Weltkrieg, daß sich „der wirtschaftliche und im Anschluß daran auch der politische und militärische Schwerpunkt des Imperialismus ... aus Europa nach den USA verlagert[e]".[7]

Deshalb wurde der sowjetische Vorschlag, daß Deutschland „als einheitlicher friedliebender Staat, als demokratische Republik mit einem gesamtdeutschen Parlament mit zwei Kammern und einer deutschen Zentralregierung wiederhergestellt" werde,[8] abgelehnt. Das amerikanische Memorandum vom 7. 3. 1947 „malte grell die Gefahr an die Wand, einerseits eines Deutschland, das einer politischen Durchdringung durch die Sowjetunion ausgesetzt sei, andererseits eines Deutschland, ‚unabhängig von Ost und West', das eine ungeheure Macht als Zunge an der Waage erhalten mußte". Es schloß mit der Feststellung, daß ‚eine europäische Regelung in erster Linie Westeuropa zu kon-

[3] W. I. Lenin, Bd. 31, S. 135, Ursprünglicher Entwurf der Thesen zur nationalen und zur kolonialen Frage, 5. 6. 1920.

[4] Ders., Bd. 28, S. 335 f., Rede auf dem III. Kongreß der Arbeitergenossenschaften, 9. 12. 1918.

[5] Ders., Bd. 31, S. 79, Der ‚linke Radikalismus', die Kinderkrankheit im Kommunismus, April/Mai 1920.

[6] H. S. Truman, Public Papers of the Presidents of the United States, April 12-Dec. 31, 1945, Washington, D. C., 1961, S. 549.

[7] Programm und Statut der Kommunistischen Partei der Sowjetunion, a.a.O., S. 23.

[8] Dokumente zur Deutschlandpolitik der Sowjetunion, Berlin (DDR) 1957, Bd. I., S. 76 f.

solidieren und zu kräftigen habe'.[9] Auf der Moskauer Außenministerkonferenz vom 7. 4. 1947 scheiterte darauf „der sowjetische Vorschlag . . ., in einer gesamtdeutschen Abstimmung entscheiden zu lassen, welches Maß von Einheit dem künftigen gesamtdeutschen Staat zuerkannt werden solle."[10] „Erneut wurde klar: die Franzosen, Briten und Amerikaner wollten eine Bundesregierung mit einer demokratischen Verfassung, die dem Begriff der Demokratie entsprach, wie sie im Westen aufgefaßt wird; Rußland dagegen forderte eine starke Zentralregierung mit einer vorläufigen Verfassung, vorbereitet von einer Ratsversammlung, die sich aus Vertretern ‚antifaschistischer' Organisationen zusammensetzte."[11] Eine derartige aus dem deutschen Zusammenbruch konsequentermaßen zu schaffende normale politische Einheit war für die Westmächte und der Mehrheit der westdeutschen bürgerlichen Politiker uninteressant.[12] Das Verständnis für die sowjetische Friedenspolitik wurde systematisch untergraben. „Und welche Flut von Unwissenheit, Unklarheit, Vorurteil, Abneigung türmt sich dagegen auf, gerade gegenüber Fragen, die Rußland, russisches Wesen und die Sowjetunion betreffen, besonders auch infolge der zügellosen Agitation und Hetze, mit der ein grundverkehrtes Bild der Sowjetunion alt und jung zwölf Jahre lang mit steigender Einseitigkeit und Wucht eingehämmert worden ist".[13]

Bereits „Anfang 1946 hatte sich der antikommunistische Kurs in vielen Büros der [amerikanischen] Militärregierung zu einer regelrechten Hysterie entwickelt",[14] und der Antikommunismus

[9] J. F. Dulles, Krieg oder Frieden, Wien und Stuttgart 1950, S. 109.

[10] P. Sethe, Zwischen Bonn und Moskau, Frankfurt 1956, S. 18.

[11] L. D. Clay, Entscheidung in Deutschland, Frankfurt o. J. (1950), S. 175.

[12] Germany 1947–1949, The Story in Documents, Washington, D. C., 1950. Zu einer amerikanischen Deutschlandpolitik ohne die Truman-Doktrin vgl. W. Lippmann, The Cold War Study in US. Foreign Policy, New York und London 1947, S. 50; zur „Spaltung der Arbeiterklasse" G. S. Wheeler, Die amerikanische Politik in Deutschland (1945–1950), Berlin (DDR), 1958, S. 31 ff

[13] [illegible] Berlin 1/1947, S. 4.

[14] A. D. Kahn, Offiziere, Kardinäle und Konzerne, Berlin (DDR) 1964, S. 197.

„belebte wiederum durch die Überschwemmung mit antisowjetischer Propaganda unausweichlich jene Ideologie, die zu den [deutschen] Kriegsverbrechen geführt hatte ... Der durch die Niederlage aufgestaute Haß, die Unzufriedenheit und Furcht, der Wunsch nach Rechtfertigung und der Vergeltungsdrang fanden jetzt ein Ventil gegen die Sowjetunion."[15] Entgegen dem Potsdamer Abkommen vom 2. 8. 1945, daß Deutschland als eine wirtschaftliche Einheit zu betrachten sei,[16] hatten die Amerikaner mit der Begründung, „das sowjetische Verfahren [der Reparationsentnahmen aufgrund von 679 Milliarden Rubel Kriegsschäden] bedeutete praktisch, daß die Lieferungen an Rußland indirekt durch die Vereinigten Staaten und Großbritannien beglichen wurden", den zwischenzonalen Warenverkehr im Frühjahr 1946 eingestellt.[17] Der Lähmung des Alliierten Kontrollrates und der alliierten Kommandantur in Berlin nach der gegen sowjetischen Protest angekündigten separaten Währungsreform in den Westzonen folgte nach sowjetischen Kontrollmaßnahmen und Verkehrsbeschränkungen am 24. 6. 1948 die Blockade Westberlins „gegen die Bildung eines westdeutschen Teilstaats" und im „Bestreben, die endgültige Einbeziehung des Hauptteils des deutschen Potentials in den Aufbau des sich gegen sie [die Sowjetunion] konsolidierenden Westblocks in letzter Minute zu verhindern".[18]

Die Aufnahme der Verfassungsarbeiten des Parlamentarischen Rates in der Trizone zeigte, „daß die Regierungen der USA und Großbritanniens sicher und in einem keineswegs langsamen

[15] H. Abosch, The Menace of the Miracle. Germany from Hitler to Adenauer, London 1962, S. 41, 22.

[16] Teil III, Deutschland, Art. 14, Amtsblatt des Kontrollrats in Deutschland, Ergänzungsblatt Nr. 1, Berlin 1946, S. 13 ff.

[17] L. D. Clay, Entscheidung in Deutschland, a.a.O., S. 141.

[18] R. Thilenius, Die Teilung Deutschlands, Hamburg 1957, S. 173. Daß dieses Aufbauschen der sowjetischen Sicherungsmaßnahmen gegen die Konsequenzen der westlichen Währungsreform zur ‚Blockade' mehr einer Selbstblockade entsprach, erhellt die Tatsache, daß die Luftbrücke nach westlichen Eingeständnissen nie ausreichte, die Millionenbevölkerung Westberlins ohne östliche Lieferungen zu ernähren. Vgl. G. Keiderling/P. Stulz, Berlin 1945–1968, Berlin (DDR) 1970, S. 159.

Tempo alles zunichte machten, was während des Krieges erreicht worden war. Die deutsche Wirtschaft wurde mit einer frappierenden Folgerichtigkeit in die Hände der Leute zurückgeben, die die Weimarer Republik vernichtet hatten und von Tag zu Tag ihre Einflußsphäre und ihre Macht erweiterten ... Schritt für Schritt wurde das Programm der Entnazifizierung liquidiert"[19] und erfolgte die Rückkehr, so weit wie möglich, zum status quo ante."[20]

Mit der Gründung der BRD bestand Deutschland de facto und de jure nicht mehr als einheitliches Ganzes. Die Hauptziele des Potsdamer Abkommens, Demilitarisierung *und* Demokratisierung und ihre Sicherung durch einen gesamtdeutschen Friedensvertrag als Ausdruck des Friedenswillens der *Völker* nach dem Ende des Zweiten Weltkriegs waren nicht erreicht. Und es gab „keinen Grund, von der Sowjetunion zu erwarten, daß sie der Umwandlung Westdeutschlands in die Speerspitze einer großen Anti-Sowjet-Koalition nur zusehen würde",[21] verbunden mit dem Versuch der Westmächte, hierfür Ostdeutschland miteinzubeziehen. Als Antwort in jeder Hinsicht mußte die DDR entstehen. Die westliche Ablehnung des sowjetischen Friedensvertragsvorschlags vom 10. 3. 1952 gegen den bevorstehenden Generalvertrag der BRD mit den Westmächten, Gesamtdeutschland unter freien Wahlen *nach* Abzug aller fremden Truppen als bewaffneten neutralen Staat wiederherzustellen,[22] des Vorschlags freier gesamtdeutscher Wahlen vom 15. 1. 1955 gegen die Pariser Verträge der Aufrüstung und den Natoeintritt der BRD[23] und des Friedensvertragsentwurfs vom 10. 1. 1959[24] be-

[19] D. Clark, Again the Goose Step. The Lost Fruits of Victory, Indianapolis, Ind., 1949, S. 56 f.

[20] P. M. Sweezy, The German Problem, Monthly Review, New York, Juni 1949, in: ders., The Present as History, New York 1953, S. 227.

[21] A.a.O., S. 232. Zur ,unterminierenden' strategischen Aufgabenstellung Westdeutschlands gegenüber den sozialistischen Staaten vgl. J. F. Dulles, Krieg oder Frieden, a.a.O., S. 163.

[22] Dokumente der Deutschlandpolitik der Sowjetunion, a.a.O., S. 280 ff.

[23] Dokumente der Deutschlandpolitik der Sowjetunion, Berlin 1963, Bd. II, S. 104 ff.

[24] A.a.O., S. 754 ff.

wirkte die Spaltung der deutschen Nation für lange Zeit in zwei Staaten mit unterschiedlicher bzw. gegensätzlicher Gesellschaftsordnung. Die Politik der Stärke, daß Westberlin „ein Prüfstein für die gesamte politische und militärische Strategie der gestuften Abschreckung ... bis in die höchsten Stufen der geographischen Ausdehnung und der waffentechnischen Intensität“[25] sei, scheiterte mit dem Bau des Schutzwalls an der DDR-Staatsgrenze in der ‚Frontstadt‘ Berlin am 13. 8. 1961, und bedeutete die Niederlage der Druckpolitik der Regierung Adenauer. Alle bürgerlichen völkerrechtlichen Auffassungen, wonach „der rechtliche Status der DDR nicht anders als der eines Rebellionsgebietes erklärt werden kann, das sich widerrechtlich dem Herrschaftsanspruch der Bundesrepublik entzieht. Das Verhältnis zwischen Bundesrepublik und DDR erscheint als das eines permanenten Bürgerkrieges“,[26] und die entsprechende Bonner Politik der Nichtanerkennung im Rahmen der westlichen Allianz haben die Konsolidierung und internationale Anerkennung der DDR nicht aufhalten können. Die Unterzeichnung des Grundvertrages zwischen der BRD und der DDR am 21. 12. 1972 verdeutlichte, daß immer stärker die unterschiedlichen Gesellschaftsformen der beiden Staaten den herkömmlichen Begriff der Nation als Gemeinschaft staatsrechtlich verbundener Menschen durch die Begriffe bürgerliche und sozialistische Nation ablösen.

2. *Die sozialistischen Initiativen zum Abrüstungsproblem und zur Frage der europäischen Sicherheit*

Bereits in der Moskauer Vier-Nationen-Erklärung (UdSSR, USA, Großbritannien, China) vom 30. 10. 1943 zeigt sich der Wunsch, „ein durchführbares allgemeines Abkommen über die

[25] A. Dalma, Die dritte Berlin-Offensive des Kalten Krieges, in: Wehrkunde, München, 8/1961, S. 391 ff.

[26] W. Böckenförde, Die Rechtsauffassung im kommunistischen Staat, München 1967, S. 97; E. R. Zivier, Die Nichtanerkennung im modernen Völkerrecht, Berlin (W) 1967, S. 37.

Regelung der Rüstungen in der Nachkriegszeit zustandezubringen".[1] Doch nach der Kapitulation Hitler-Deutschlands war für die amerikanische Diplomatie „ein Krieg gegen Rußland ... so sicher wie irgend etwas in dieser Welt sicher sein kann"[2] und nach der sowjetischen Brechung des amerikanischen Atombombenmonopols 1949[3] stiegen die Rüstungsausgaben der NATO-Länder stark an[4]. Nach den sowjetischen Bemühungen um Einschränkung der Rüstung in der 1. Vollversammlung der Vereinten Nationen 1946, dem sowjetischen Vorschlag einer vertraglichen Friedenssicherungsregelung der Großmächte auf der 4. Vollversammlung 1949 und der sowjetischen Resolution gegen die NATO auf der 6. Vollversammlung 1951 kamen 1952 die Abrüstungsverhandlungen zum Erliegen.

Nach der sowjetischen Entwicklung der einsatzfähigen Wasserstoffbombe 1953[5] und der sich abzeichnenden Aufnahme der BRD in die NATO schlug die sowjetische Regierung im Februar 1954, zur Vermeidung der Spaltung Europas und der Welt in zwei Militärblöcke, den Abschluß eines gesamteuropäischen Abkommens für kollektive Sicherheit vor. Doch die Pariser Ver-

[1] Moskauer Deklarationen, in: Handbuch der Verträge 1871–1964, Berlin (DDR) 1968, S. 328.

[2] J. C. Grew, Turbulent Era. A Diplomatic Record of Forty Years, 1904 to 1945, Vol. II, Boston 1952, S. 1446.

[3] Vgl. Stalins Prawda-Interview, 6. 10. 1951: „Den Politikern der Vereinigten Staaten kann es nicht entgangen sein, daß die Sowjetunion nicht nur gegen eine Anwendung von Atombomben ist, sondern auch ein Verbot der Atomwaffen befürwortet und die Einstellung der Produktion von Atombomben fordert. Es ist bekannt, daß die Sowjetunion bereits bei verschiedenen Gelegenheiten ein Verbot der Atomwaffen gefordert hat, und daß diese Forderung jedesmal von den Mächten des atlantischen Blocks abgelehnt worden ist. Dies bedeutet, daß im Falle eines Angriffs der Vereinigten Staaten auf Rußland die herrschenden Kreise in Amerika die Atombombe gegen uns zur Anwendung bringen werden. Dieser und kein anderer Umstand zwingt uns, die Atomwaffen zu haben, damit wir den Aggressoren voll gerüstet entgegentreten können." Vgl. H. A. Kissinger, Kernwaffen und auswärtige Politik, a.a.O., S. 323 f.

[4] Im Zeitraum von 1949–1953 von 18,5 Mrd. Dollar auf 65,5 Mrd. Dollar; vgl. Economic Reports of the President, as transmitted to Congress, Washington, D.C., 1970, S. 177.

[5] Zum sowjetischen Vorsprung vgl. H. W. Kahn, Die Russen kommen nicht. Fehlleistungen unserer Sicherheitspolitik. München, Bern, Wien 1969, S. 23.

träge traten am 5. 5. 1955 in Kraft, mit der Folge des Warschauer Vertrags vom 14. Mai zur Sicherung der sozialistischen Länder, der jedoch in Art. 11 im Fall des Zustandekommens eines Systems der kollektiven Sicherheit in Europa seine Aufhebung vorsieht.

Die sowjetischen Abrüstungsvorschläge vom 10. 5. 1955 akzeptierten für die Westmächte überraschend deren Vorschläge über den Abbau der konventionellen vor der atomaren Rüstung, verbunden mit neuen Vorschlägen über die Kontrolle, was einen echten Durchbruch in der Abrüstungsfrage darstellte.[6] Doch wiederum erwiesen sich die Bedenken der Westmächte stärker: „Unserer Ansicht nach wäre es für die Stabilität in der Welt nicht günstig, und den wahren Interessen des Friedens wäre nicht gedient, wenn wir uns bemühten, die Rüstungen, die bewaffneten Streitkräfte und die Militärausgaben, auf einen Stand hinunterzuschrauben, der zu niedrig ist und Schwäche verrät . . . Nach unserer Auffassung wird [dadurch] die Gefahr eines Krieges erhöht."[7] Wann immer ein westlicher Vorschlag von der Sowjetunion als annehmbar bezeichnet wurde, lehnten die Westmächte ihre eigenen Vorschläge ab oder zogen sie zurück. Auch die sowjetischen Vorschläge auf Teilabrüstung auf der 12. und 13. Vollversammlung der UN verfielen der Ablehnung.

Nach Entwicklung der sowjetischen Interkontinentalrakete und des ersten künstlichen Erdsatelliten legte die Sowjetunion auf der 14. Vollversammlung 1959 erneut konkrete Vorschläge über die etappenweise *allgemeine und vollständige Abrüstung aller Staaten* vor. Bei der Arbeit des Zehn-Mächte-Abrüstungsausschusses (UdSSR, Polen, Tschechoslowakei, Rumänien, Bulgarien, USA, Großbritannien, Frankreich, Italien, Kanada) nach dem 15. 3. 1960 zeigte es sich, daß die Westmächte nicht zu

[6] Vgl. Ph. Noel-Baker, Wettlauf der Waffen. Konkrete Vorschläge für die Abrüstung, München 1961, S. 36 f. „Ein sorgfältiges Studium des Vorgangs läßt erkennen, daß die Russen seit Mai 1965 beträchtliche Anstrengungen gemacht haben, um zu einer Verständigung zu gelangen." (S. 25).

[7] A.a.O., S. 47 f.

echten Abrüstungsmaßnahmen, sondern lediglich zur Kontrolle der vorhandenen Rüstungen bereit waren. Der Abschuß eines Spionageflugzeuges am 1. 5. 1960, der als U-2-Affäre die Gipfelkonferenz in Paris scheitern ließ, hielt die Sowjetunion nicht davon ab, die für die Gipfelkonferenz Mitte Mai vorgesehenen neuen Abrüstungsvorschläge den Regierungen aller Staaten der Welt und dem Zehn-Mächte-Ausschuß zu unterbreiten.

Auf die hinhaltenden Wortgefechte im Ausschuß und die propagandistische Behauptung, der Sowjetunion ginge es um eine unkontrollierte bzw. einseitig kontrollierte Abrüstung, erklärte deren Vertreter auf der 15. Tagung der UN-Vollversammlung: „Wir schlagen vor, bereits in der ersten Etappe der allgemeinen und vollständigen Abrüstung an Ort und Stelle eine internationale Kontrolle über die Abschaffung aller Kernwaffenträger einschließlich der am weitesten entwickelten militärischen Raketen zu errichten. Und ebenso schlagen wir vor, internationale Inspektionsgruppen in die Militärstützpunkte und die Standorte militärischer Streitkräfte auf fremden Territorien zu entsenden, um die Auflösung dieser Stützpunkte und dieser Truppen hinter die nationalen Grenzen zu beobachten. Wir schlagen weiter vor, eine Kontrolle an Ort und Stelle in allen mit der Herstellung von Raketen, Flugzeugen und anderen Kernwaffenträgern befaßten Betrieben, Werken, Fabriken und Werften durchzuführen, wobei wir auch damit einverstanden sind, daß in einigen dieser Werke und Einrichtungen ständige Kontrollgruppen geschaffen werden. Die internationalen Inspektionsgruppen werden das Recht haben, die zu friedlichen wissenschaftlichen Zwecken gestarteten Raketenmechanismen ungehindert zu besichtigen und während des Starts anwesend zu sein. Die internationalen Kontrolleure werden ungehinderten Zugang zu den Unterlagen erhalten, die die Staatshaushaltsbewilligungen für militärische Zwecke betreffen.

Wir schlagen schließlich Kontrollmaßnahmen für die Auflösung der Heere und zur Vernichtung der konventionellen Rüstungen vor. Wir schlagen vor, eine ebenso wirksame Kontrolle der Maßnahmen für die zweite und dritte Etappe zu organisieren.

Auch nach der Vollendung der allgemeinen und vollständigen Abrüstung soll das Kontrollsystem weiterwirken und ständig darüber wachen, daß kein einziger Staat die Rüstungsproduktion wieder aufnimmt oder erneut Streitkräfte aufstellt. Wir nehmen an, daß dies völlig ausreichend ist."[8]

Auf den Vorbehalt der USA, lediglich allgemeine Grundsätze der Abrüstung zu erörtern, folgten neue sowjetische Vorschläge auf der 16. Tagung der UN-Vollversammlung am 26. 9. 1961 und ein detaillierter Vertragsentwurf auf der 17. Vollversammlung am 14. 3. 1962. Aber auch dem auf 18 Staaten erweiterten Abrüstungsausschuß gelang es nicht, gegenüber der negativen Grundhaltung der USA und der anderen Westmächte weitergehende Formulierungen in der Abrüstungsfrage zu erarbeiten.[9]

Im Sommer 1963 gelang es jedoch auf Initiative der Sowjetunion, den Vertrag über teilweisen Atomteststopp (in Wasser, Luftraum und Kosmos) mit Wirkung ab 10. 10. 1963 mit über 100 Staaten abzuschließen (Moskauer Vertrag), dem nach den sowjetischen Vorschlägen auf der 18. und 19. Tagung der UN-Vollversammlung am 1. 7. 1968 die Unterzeichnung des Vertrags über die Nichtweiterverbreitung von Kernwaffen (Kernwaffensperrvertrag) folgte, dem sich ebenfalls rund 100 Staaten anschlossen.

Auch die sowjetische Teilabrüstungsinitiative im Genfer UN-Abrüstungsausschuß auf Verbot der Nutzung des Meeresbodens für militärische Zwecke im März 1969 führte am 11. 2. 1971, der im September des gleichen Jahres der Vollversammlung unterbreitete Vertragsentwurf über das Verbot der Entwicklung bakteriologischer (biologischer) und toxischer Waffen am

[8] W. A. Sorin, 15. Vollversammlung der Vereinten Nationen, 19. 10. 1960, UNO-Doc. A/C. 1/PV, 1085.

[9] Zum größereren Wehretat der USA gegenüber der UdSSR, der größeren Truppenstärke der NATO usw. vgl. Stockholm International Peace Research Institute (SIPRI), Yearbook of World Armaments and Disarmament 1968/69 ff.; Institute for Strategic Studies, London, The Military Balance 1967/68 ff., Strategic Survey 1968 ff.

10. 4. 1972, zur Unterzeichnung entsprechender internationaler Abkommen (Konventionen).
Ein Programm der friedlichen Koexistenz für die siebziger Jahre waren schließlich die sozialistischen Initiativen zu periodischen Verhandlungen über die Begrenzung strategischer Rüstungen (SALT), deren erste am 17. 11. 1969 in Helsinki begann und ein Teilabkommen (Begrenzung der ABM-Systeme) auf der Gipfelkonferenz in Moskau am 26. 5. 1972 ermöglichte, gültig ab 3. 10. 1972; zu Verhandlungen über Fragen des Gewaltverzichts zwischen der UdSSR, Polen und der BRD, die am 30. 1. 1970 begannen und zu Verträgen führten, die nach der deutschen Ratifikation am 23. Mai, der polnischen am 26. Mai und der sowjetischen am 31. 5. 1972 am 3. 6. 1972 in Kraft treten konnten; zu Verhandlungen über Berlin und mit der DDR, die zum Vier-Mächte-Berlinabkommen, dem Verkehrsvertrag und der Unterzeichnung des Grundvertrags zwischen der BRD und der DDR am 21. 12. 1972 führten; zum Vorschlag in der 27. UN-Vollversammlung, die Anwendung von Kernwaffen für alle Zeiten verbieten. Der sozialistische Friedensappell an die Welt vom 22. 12. 1972, anläßlich des 50. Jahrestags der Gründung der Sowjetunion und das Gewicht der neutralen, bzw. nicht paktgebundenen nichtsozialistischen Staaten machen die Erreichung der seit der Berliner Außenministerkonferenz vom 10. 2. 1954 angestrebten gesamteuropäischen Konferenz zu Problemen der europäischen Sicherheit, d. h. zur Entwicklung der friedlichen Zusammenarbeit (KSZE) und zur gegenseitigen ausgewogenen Beschränkung der Rüstungen und Truppen (MBFR) nach den Vorverhandlungen in Helsinki seit dem 22. 11. 1972 für das Jahr 1973 wahrscheinlich.

3. Die Deutung der Koexistenz als Verzicht auf Klassenkampf

Die von Lenin auf marxistischer Grundlage begründete Auffassung der Koexistenz, strittige Fragen nicht mit Waffengewalt, sondern mit friedlichen Mitteln zu lösen, sich ständig für die Minderung internationaler Spannungen einzusetzen sowie Handels-, Wirtschafts- und Kulturaustauschbeziehungen zu den kapitalistischen Staaten aufzunehmen,[1] wird verschiedentlich als Verzicht auf Klassenkampf mißverstanden.

Einerseits betrachten mit dem Klassenkampf nicht unmittelbar konfrontierte und ideologisch im kapitalistischen System integrierte Kräfte die friedliche Koexistenz als eine Folge reiner Großmachtkonkurrenz und setzen im Hinblick auf die Möglichkeit aggressiver Gewaltanwendung die Sowjetunion den USA gleich, so daß die Schwierigkeiten des Zustandekommens friedlicher Koexistenz auf beiden Seiten verursacht erscheinen. Entgegen den geschichtlichen Tatsachen und in Verkennung der unterschiedlichen Strukturen und Gesetzmäßigkeiten der beiden Gesellschaftssysteme wird die imperialistische Völkerbedrohung durch begrenzte und globale Kriege nicht ausreichend erkannt, wie es sich besonders beim Vietnamkrieg zeigte, und alle sozialistischen Friedensbemühungen und Verständigungsvorschläge werden unterbewertet. Der angebliche Sowjetimperialismus mit entsprechenden gesellschaftlichen Implikationen bedeutet den Verzicht auf jede Art Auseinandersetzung mit dem Kapitalismus und Sozialismus. Die Auffassung einer technisch-materiellen Konvergenz der beiden ‚Supermächte' beinhaltet zudem die Möglichkeit einer ideologischen Koexistenz. Auf diese Weise ist der Entscheidungszwang für die eine oder andere Seite aufgehoben, weil die gegenwärtigen Systemdifferenzen als relativ, die laufende Konvergenz und letztlich die Vereinigung als unausweichlich angenommen wird.

Andererseits wird der sozialistischen Politik der friedlichen Koexistenz von linksradikalen Kräften im „Versuch, sich vor einer der ‚unangenehmen' Aufgaben oder Schwierigkeiten auf einem Arbeitsgebiet zu drücken, von ihr nichts wissen zu wol-

[1] Vgl. Die Forderung des Programms und Statuts der Kommunistischen Partei der Sowjetunion, a.a.O., S. 57, „eine aktive, konsequente Politik zur Verbesserung und Entwicklung der Beziehungen zu allen kapitalistischen Ländern durchzuführen im Interesse der Gewährleistung des Friedens".

len"[2], wie sie die Anstrengung und Selbstbeherrschung zum Zwecke unaufhörlicher Friedensbemühungen ist, vorgeworfen, sie bedeute eine revisionistische Aufhebung der „Gegensätze und Kämpfe zwischen Sozialismus und Imperialismus", die als „Generallinie der Außenpolitik" der Sowjetunion „die Revolution der Völker aller Länder ersetzen"[3] solle; das diktatorische und imperiale Sowjetsystem verbände sich mit dem Imperialismus mit seiner Auffassung, die friedliche Koexistenz sei mehr als nur ein befristeter Waffenstillstand zwischen Sozialismus und Kapitalismus, und ein Krieg zwischen den beiden Weltsystemen sei vermeidbar;[4] deshalb sollen die Differenzen zwischen China und der Sowjetunion „begrüßenswert" sein, weil man vom „Monolithismus der Stalin-Epoche hierdurch abgeht",[5] obwohl nach maoistischer Auffassung der XX. Parteitag der KPdSU vom 14. 2. 1956, der die Fehler und Ungesetzlichkeiten der Stalinzeit als nicht zu den Erfordernissen gesetzmäßiger sozialistischer Entwicklung passend darstellte und die Zeit der Schlußfolgerungen selbstkritischer historischer Abrechnung einleitete, unter dem täuschenden Vorwand ‚Kampf gegen den Personenkult' „der erste Schritt der Führer der KPdSU auf dem Weg zum Revisionismus"[6] war.

Da die sowjetische Auffassung des Friedens als Generallinie der sozialistischen Außenpolitik ganz „auf dem Wege Lenins"[7] ist, fällt ihr die Widerlegung der Vorwürfe angeblicher großmachtegoistischer Absprachen mit dem imperialistischen Lager nicht schwer. „Der Ausgangspunkt der KPdSU ist folgender: Unsere Epoche, deren Hauptinhalt der durch die Große Sozialistische

[2] W. I. Lenin, Bd. 31, S. 105, Der ‚linke Radikalismus', die Kinderkrankheit im Kommunismus, 12. 5. 1920.
[3] Zwei völlig entgegengesetzte Arten der Politik der friedlichen Koexistenz, Drei prinzipielle Differenzen, in: Die Polemik über die Generallinie der internationalen kommunistischen Bewegung, Peking 1965, Nachdruck Berlin (W) 1970, S. 308 ff., 312 ff., 315 ff.
[4] Vgl. E. Mandel, Friedliche Koexistenz und Weltrevolution, Mannheim 1970, S. 7 ff., 26, 35, 38.
[5] A.a.O., S. 31.
[6] Die Polemik über die Generallinie . . ., a.a.O., S. 67.
[7] L. I. Breshnew, Auf dem Wege Lenins, II Bde., Berlin (DDR) 1971.

Oktoberrevolution eingeleitete Übergang vom Kapitalismus zum Sozialismus ist, ist die Epoche des Kampfes der beiden entgegengesetzten Gesellschaftssysteme ... Die Lage in der Welt bietet unserer Bewegung die Möglichkeit neuer Veränderungen im Verhältnis der Klassenkräfte in der Weltarena und fordert die Ausarbeitung einer Generallinie für die kommunistische Weltbewegung, die mit der grundlegenden Aufgabe der gegenwärtigen Etappe in Einklang steht.

Nach dem Zweiten Weltkrieg ging eine Reihe von Ländern in Europa den sozialistischen Weg. Die sozialistische Revolution trug in China und in einigen anderen Ländern Asiens den Sieg davon, wodurch sich das sozialistische Weltsystem herausbildete. In den volksdemokratischen Ländern festigt sich das neue System und gewährleistet ihnen auf dem sozialistischen Weg eine schnelle Entwicklung der Wirtschaft, Politik und Kultur. Die sozialistische Gemeinschaft ist politisch und militärisch eng verbunden. Dank den Erfolgen der Sowjetunion und anderer Bruderländer haben sich im Kräfteverhältnis der Welt große Veränderungen zugunsten des Sozialismus, zuungunsten des Imperialismus ergeben. In dieser Hinsicht spielt der Verlust des Atom- und Wasserstoffbombenmonopols der USA und die Errichtung der überragenden Militärmacht der Sowjetunion eine große Rolle.

Die Errichtung des sozialistischen Weltsystems ist eine historische Errungenschaft der internationalen Arbeiterklasse und aller Werktätigen. Sie ist die faktische Verkörperung der Ideale der Menschheit von einer neuen Gesellschaft ... Die monopolistische Bourgeoisie der USA ist zum Hauptbollwerk der internationalen Reaktion geworden ... Unter Anwendung der Politik militärischer Blocks ist der amerikanische Imperialismus bestrebt, andere kapitalistische Staaten seiner Herrschaft zu unterwerfen ... Die Wiederherstellung der Wirtschaft der kapitalistischen Länder, die im Weltkrieg in Mitleidenschaft gezogen war, und das höhere Tempo ihrer Entwicklung im Vergleich zu den USA verstärken das Bestreben einer Reihe

europäischer Länder, sich vom amerikanischen Diktat loszureißen ...
Als die kommunistische Weltbewegung ihren Kurs entsprechend den neuen Bedingungen ausarbeitete, mußte sie auch mit allem Ernst einen so wichtigen Faktor wie die grundlegende qualitative Veränderung der militärtechnischen Mittel der Kriegführung berücksichtigen ...
Solange die Abrüstung nicht verwirklicht ist, muß die sozialistische Gemeinschaft mit ihren Streitkräften den Imperialisten stets überlegen sein ... Daß es den aggressiven Kräften nicht gelungen ist, die Menschheit in den Abgrund eines vernichtenden thermonuklearen Krieges zu stürzen, ist ein überaus wichtiges Ergebnis der Festigung der Macht der sozialistischen Länder und der unentwegt von ihnen durchgeführten friedlichen Außenpolitik.
Kein Marxist zweifelt daran, daß der Imperialismus, der eine Position nach der anderen einbüßt, bestrebt ist, mit allen Mitteln seine Herrschaft über die Völker aufrechtzuerhalten und die verlorenen Positionen wiederzugewinnen ... Es gibt natürlich keine Garantie dafür, daß die Imperialisten nicht versuchen werden, einen Weltkrieg zu entfesseln ... Kraft seines räuberischen Wesens kann sich der Imperialismus nicht von dem Drang freimachen, Gegensätze auf dem internationalen Schauplatz durch Krieg zu lösen. Andererseits kann er aber auch keinen thermonuklearen Weltkrieg entfesseln, ohne zu berücksichtigen, daß er sich der Gefahr der Vernichtung aussetzt.
Der Weltkrieg, mit dem der Imperialismus die Menschheit bedroht, ist *keine schicksalhafte Unvermeidlichkeit* [kursiv E. R.] ... Natürlich ist zur Abwendung dieses Krieges eine weitere, größtmögliche Festigung des sozialistischen Systems, der Zusammenschluß aller Kräfte der internationalen Arbeiterklasse, der nationalen Befreiungsbewegung, aller demokratischen Kräfte erforderlich ...
Das ZK der KPdSU läßt sich fest von der in der Erklärung des Jahres 1960 enthaltenen Richtlinie leiten, daß ,unter den Bedingungen der Teilung der Welt in zwei Systeme das einzig rich-

tige und vernünftige Prinzip der internationalen Beziehungen das von W. I. Lenin aufgestellte Prinzip der friedlichen Koexistenz der Staaten mit unterschiedlicher sozialer Ordnung ist'...

Die friedliche Koexistenz der Staaten mit unterschiedlicher sozialer Gesellschaftsordnung setzt einen nicht nachlassenden ideologischen, politischen und ökonomischen Kampf zwischen den beiden sozialen Systemen, den Klassenkampf der Werktätigen innerhalb der Länder des kapitalistischen Systems, darunter den bewaffneten Kampf, wenn es die Völker für notwendig halten, und die ununterbrochene Entwicklung der nationalen Befreiungsbewegung der Völker der kolonialen und abhängigen Länder voraus.

Die Tatsachen zeigen, daß der Kampf für die Verhinderung eines Weltkriegs in keiner Weise die Kräfte der kommunistischen Weltbewegung und der nationalen Befreiungsbewegung fesselt, sondern daß er im Gegenteil die breitesten Volksmassen um die Kommunisten vereint. Gerade in einer Atmosphäre der friedlichen Koexistenz vollzog sich die sozialistische Revolution auf Kuba, errang das algerische Volk seine Unabhängigkeit, erkämpften über 40 Länder die nationale Unabhängigkeit, erstarkten und wuchsen die Bruderparteien und nahm der Einfluß der kommunistischen Weltbewegung zu...

In dem Maße, wie die Wirtschaft der sozialistischen Gemeinschaft wächst, werden die Vorzüge des Sozialismus und die Möglichkeit, daß die Werktätigen größere materielle und geistige Güter als im Kapitalismus erhalten werden, immer deutlicher zutage treten.., desto stärker wird der Einfluß der sozialistischen Gemeinschaft auf das Tempo und die Richtung der ganzen historischen Entwicklung im Interesse des Friedens und des vollen Triumphs des Sozialismus sein...

Dabei ist die Ausarbeitung der Formen und Methoden des Kampfes für den Sozialismus in jedem einzelnen Land die innere Angelegenheit der Arbeiterklasse dieses Landes und ihrer kommunistischen Avantgarde... Die Revolution ist das Werk der breitesten Volksmassen..., man kann eine Revolution nicht künstlich anpeitschen, wenn dafür die Bedingungen noch nicht reif sind.[8]

Die Kommunisten rufen die Werktätigen unter das rote Banner, um im Kampf für das beste Leben auf Erden zu siegen, und nicht, damit sie – wenn auch heroisch – untergehen."[9]

Im Offenen Brief des ZK der KPdUS an alle Parteiorganisationen, an alle Kommunisten der Sowjetunion vom 14. 7. 1963

[8] Gegenüber diesem ausdrücklichen Bezug auf die marxistisch-leninistische Revolutionstheorie in Verbindung mit der marxistisch-leninistischen Koexistenztheorie, an denen sich die sowjetische Politik in der geschichtlichen Praxis orientiert hat, ist schwerlich zu behaupten, „die Koexistenztheorie vermag nicht länger den Revolutionsbegriff dialektisch-inhaltlich zu fassen; sie ist als Revolutionstheorie unbrauchbar und hat es aufgegeben, eine zu sein." (U. Schmiederer, Die sowjetische Theorie der friedlichen Koexistenz, Frankfurt 1968, S. 74.) Aber vielleicht ist „die Verfasser[in] der Meinung, daß die Interessen der internationalen Revolution jeden wie immer gearteten Frieden mit Imperialisten verbieten? . . . vielleicht . . ., die Interessen der Revolution erforderten es, daß man sie *anpeitscht,* und daß nur der Krieg ein solches Anpeitschen sein kann, auf keinen Fall der Frieden, der imstande wäre, bei den Massen den Eindruck zu erwecken, als ob der Imperialismus ‚legitimiert' werden solle? Eine solche ‚Theorie' wäre ein völliger Bruch mit dem Marxismus, denn dieser hat stets das ‚Anpeitschen' von Revolutionen abgelehnt, die sich in dem Maße entwickeln, wie die Klassengegensätze, die Revolutionen hervorrufen, immer größere Schärfe gewinnen. Eine solche Theorie wäre gleichbedeutend mit der Auffassung, der bewaffnete Aufstand sei eine Kampfform, die stets unter allen Umständen obligatorisch wäre. Tatsächlich erfordern die Interessen der internationalen Revolution, daß die Sowjetmacht, die die Bourgeoisie ihres Landes gestürzt hat, dieser Revolution *helfe,* daß sie aber die *Form* ihrer Hilfe entsprechend ihren Kräften wähle. Daß man der sozialistischen Revolution im internationalen Maßstab hilft, wenn man es auf die Möglichkeit einer Niederlage dieser Revolution in dem *betreffenden* Lande ankommen läßt – eine solche Auffassung ergibt sich nicht einmal aus der Theorie des Anpeitschens." W. I. Lenin, Bd. 27, S. 56, Seltsames und Ungeheuerliches, 28. 2./1. 3. 1918. Vgl. ferner Bd. 27, S. 322 f., Über ‚linke' Kinderei und über Kleinbürgerlichkeit, 9.–11. 5. 1918: „Welche Taktik ist *obligatorisch* für jeden, der nicht ein Werkzeug der imperialistischen Provokation sein und im *gegebenen* Augenblick in die Falle gehen will? . . . Die Antwort unserer Partei ist bekannt: sich im *gegebenen* Augenblick zurückziehen, dem Kampf aus dem Wege gehen. Unsere ‚Linken' . . . schießen in die Luft: ‚Entschlossene internationale Klassenpolitik'!! Das ist Betrug an den Massen . . . Eine subjektive Mentalität aber ist die Mentalität eines wildgewordenen Kleinbürgers, der sich in die Brust wirft und prahlt . . . Mit lauter Phrasen um sich werfen ist eine Eigenheit der deklassierten kleinbürgerlichen Intelligenz."

[9] Brief des ZK der KPdSU an das ZK der KP Chinas, 30. 3. 1963, in: Polemik über die Generallinie . . ., a.a.O., S. 558–569.

heißt es nochmals: „Das Wesen der Sache [der Meinungsverschiedenheiten zwischen der KPCh und der KPdSU] besteht darin, daß die chinesischen Genossen, als sie ihren Feldzug gegen die Richtlinien der marxistisch-leninistischen Parteien zu den Grundproblemen der Gegenwart begannen, ... [diesen] Auffassungen zuschrieben, die sie niemals zum Ausdruck brachten, die ihnen fremd sind ... Der XX. Parteitag unserer Partei zog die höchst bedeutsame Schlußfolgerung, daß es in unserer Zeit keine schicksalhafte Unvermeidlichkeit von Kriegen zwischen Staaten gibt. [„Es gibt bekanntlich den marxistisch-leninistischen Leitsatz, daß Kriege unvermeidlich sind, solange es den Imperialismus gibt. Dieser Leitsatz wurde in einer Zeit ausgearbeitet, als 1. der Imperialismus ein allumfassendes Weltsystem war und 2. die am Krieg nicht interessierten gesellschaftlichen und politischen Kräfte schwach, ungenügend organisiert waren und deshalb den Imperialismus nicht zwingen konnten, auf Kriege zu verzichten.

Man nimmt gewöhnlich nur eine Seite der Frage, untersucht nur die ökonomische Grundlage der Kriege im Imperialismus. Aber das genügt nicht. Der Krieg ist nicht nur eine ökonomische Erscheinung. Bei der Frage, ob der Krieg sein wird oder nicht, haben das Verhältnis der Klassenkräfte, der politischen Kräfte, die Organisiertheit und der bewußte Wille der Menschen eine große Bedeutung. Mehr noch. Unter bestimmten Bedingungen kann der Kampf der fortschrittlichen gesellschaftlichen und politischen Kräfte eine entscheidende Rolle spielen.

Bisher war es so, daß die am Krieg nicht interessierten und gegen den Krieg auftretenden Kräfte schwach organisiert waren und keine Mittel hatten, um ihren Willen den Plänen der Kriegsbrandstifter entgegenzustellen. So war es vor dem ersten Weltkrieg, als die Hauptkraft, die gegen die Kriegsgefahr kämpfte – das internationale Proletariat – durch den Verrat der Führer der zweiten Internationale desorganisiert war. So war es auch am Vorabend des zweiten Weltkriegs, als die Sowjetunion der einzige Staat war, der eine aktive friedliche Politik betrieb, während die anderen Großmächte faktisch die Aggressoren ermunterten und die Arbeiterbewegung in den kapitalistischen Ländern durch die rechten Führer der Sozialdemokratie gespalten war. Für den damaligen Zeitraum war diese These absolut richtig, heute jedoch hat sich die Lage grundlegend geändert.

Das Weltlager des Sozialismus entstand und wurde zu einer mächtigen Kraft. In diesem Lager besitzen die friedliebenden Kräfte nicht nur die moralischen, sondern auch die materiellen Mittel zur Verhinderung einer Aggression. Außerdem gibt es eine große Gruppe anderer Staaten mit einer Bevölkerung, die viele Hunderte Millionen zählt, eine Gruppe von Staaten, die sich aktiv gegen den Krieg wendet. Zu einer gewaltigen Kraft ist in unserer Zeit die Arbeiterbewegung in den kapitalistischen Ländern geworden. Es entstand die Weltfriedensbewegung und wurde zu einem mächtigen Faktor.

Die Leninsche These, daß die ökonomische Grundlage von Kriegen erhalten bleibt, solange der Imperialismus existiert, behält natürlich unter diesen Bedingungen ihre Gültigkeit. Eben deshalb ist für uns höchste Wachsamkeit erforderlich. Solange es auf der Erde noch einen Kapitalismus gibt, werden die reaktionären Kräfte, die die Interessen der kapitalistischen Monopole vertreten, auch weiterhin kriegerische Abenteuer und Aggressionen suchen, können sie bemüht sein, einen Krieg zu entfesseln. Aber eine verhängnisvolle Unvermeidbarkeit der Kriege gibt es nicht. Heute existieren mächtige gesellschaftliche und politische Kräfte, die über bedeutende Mittel verfügen, um die Entfesselung eines Krieges durch die Imperialisten nicht zuzulassen, und falls sie doch versuchen sollten, einen Krieg zu beginnen, so werden diese Kräfte den Aggressoren eine vernichtende Niederlage bereiten und ihre abenteuerlichen Pläne zum Scheitern bringen."][10]

Diese Schlußfolgerung ist nicht die Frucht edler Regungen, sondern das Ergebnis einer realistischen, streng wissenschaftlichen Analyse des Verhältnisses der Klassenkräfte in der Weltarena;

[10] N. S. Chruschtschow, Rechenschaftsbericht des Zentralkomitees der KPdSU an den XX. Parteitag der KPdSU, 14. 2. 1956, Bonn 1956, S. 25 f.

sie beruht auf der gigantischen Kraft des Weltsozialismus ... *Man kann einen Weltkrieg verhindern* [kursiv E. R.]; bereits vor dem vollen Sieg des Sozialismus auf Erden, beim Fortbestehen des Kapitalismus in einem Teil der Welt, wird sich die reale Möglichkeit ergeben, den Weltkrieg aus dem Leben der Gesellschaft auszuschalten ...
Im Bewußtsein der breiten Massen sind Sozialismus und Frieden jetzt nicht mehr zu trennen! Die chinesischen Genossen unterschätzen offensichtlich die ganze Gefahr eines Kernwaffenkrieges ... Offensichtlich sind sich die Menschen, die die thermonukleare Waffe als ‚Papiertiger' bezeichnen,[11] nicht vollständig der Zerstörungskraft dieser Waffe bewußt ... Jede Partei, der die Interessen des Volkes wirklich am Herzen liegen, muß sich ihrer Verantwortung im Kampf um die Verhütung eines neuen Weltkrieges, um die Sicherung der friedlichen Koexistenz von Staaten unterschiedlicher sozialer Ordnung bewußt sein ... Sehr anschaulich offenbart sich die wahre Position der Führer der KPCh in den Fragen von Krieg und Frieden darin, ... daß sie bewußt den Kampf um die Abrüstung ignorieren ... Indem sie mit Zitaten jonglieren, versuchen sie zu beweisen, daß die allgemeine Abrüstung angeblich nur beim vollständigen Sieg des Sozialismus auf der Erde möglich sei. Sollen denn die Marxisten die Hände in den Schoß legen und auf den Sieg des Sozialismus auf der ganzen Erde warten, während die Welt im Würgegriff des Wettrüstens erstickt ...?
Man kann endlos wiederholen, daß der Krieg unvermeidlich ist und einen solchen Standpunkt als Zeichen ‚revolutionärer Gesinnung' ausgeben. In Wirklichkeit spiegelt ein solches Herangehen nur Unglauben in die eigenen Kräfte, Furcht vor dem Imperialismus wider ... Bereits F. Engels hat Ende des vorigen Jahrhunderts darauf hingewiesen, daß die Abrüstung möglich ist und nannte sie eine ‚Garantie des Friedens'.[12] In unserer Zeit

[11] Vgl. Mao Tse-Tung, Der Imperialismus und alle Reaktionäre sind Papiertiger, Peking 1958.
[12] Vgl. F. Engels, Kann Europa abrüsten? (1893). Marx/Engels Werke (MEW), Berlin (DDR) 1956–68, Bd. 22, S. 37 ff.

ist die Losung der Abrüstung als praktische Aufgabe zum ersten Mal von W. I. Lenin gestellt worden, und die ersten sowjetischen Vorschläge sind bereits im Jahre 1922 auf der [Internationalen Wirtschafts-] Konferenz von Genua unterbreitet."[13] Aber gerade weil die internationale revolutionäre Bewegung des Proletariats „in allen Ländern ungleichmäßig heranwächst, denn das politische Leben spielt sich in allen Ländern unter verschiedenen Verhältnissen ab",[14] ist die friedliche Koexistenz der unterschiedlichen und entgegengesetzten Systeme von Sozialismus und Kapitalismus notwendig bedingt und nicht auf eine Machtpolitik der zwei Supermächte, von „USA-Imperialismus und Sozialimperialismus"[15] und ‚revisionistischem Verzicht' auf Klassenkampf reduzierbar.[16] Das Beispiel der sozialistischen Länder ist „keine Apologie einer postrevolutionären Phase, die sowohl wegen ihrer eigenen Widersprüchlichkeit, als auch wegen der ihr vorausgegangenen Theorie [der Weltrevolution] der Rechtfertigung bedurfte ... in der Lehre vom Sozialismus in einem Lande, verbunden mit der Theorie der ‚Revolution durch das Beispiel' im Zusammenhang mit der friedlichen Koexistenz".[17] Tatsache dagegen bleibt: „Im Weltmaßstab stehen jetzt zwei Lager in voller Bewußtheit einander gegenüber",[18] zwischen denen Menschen und Staaten hin und her schwanken können. „Es handelt sich um den friedlichen Wettstreit zwischen Sozialismus und Kapitalismus, der – ebenso wie ihr ideologisches Kräftemessen – durch keine zeitliche Terminierung bestimmt ist, da das Absterben des Kapitalismus und die

[13] In: Die Polemik über die Generallinie ..., a.a.O., S. 588–619.

[14] W. I. Lenin, Bd. 28, S. 110, Bericht in der gemeinsamen Sitzung des Gesamtrussischen Zentralexekutivkomitees, des Moskauer Sowjets, der Betriebskomitees und der Gewerkschaften, 22. 10. 1918.

[15] Peking Rundschau 18/1971, S. 7, Losungen zum 1. Mai, dem internationalen Tag der Arbeit, von 1971, Nr. 14.

[16] Instruktiv dafür ist besonders das Verhalten der Regierungen der USA, der Volksrepublik China und der UdSSR im Konflikt und Völkermord von Bangladesch (1971).

[17] P. Gäng/R. Reiche, Modelle der kolonialen Revolution. Beschreibung und Dokumente, Frankfurt 1967, S. 143.

[18] W. I. Lenin, Bd. 30, S. 442, IX. Parteitag der KPR (B), 29. 3.–5. 4. 1920.

Entstehung sowie Entwicklung des Sozialismus Prozesse naturgesetzlich-historischen Charakters sind. Der Marxismus-Leninismus hat nie den Zeitpunkt des Untergangs des Kapitalismus exakt vorausgesagt; er hat lediglich die Unvermeidbarkeit dieses Untergangs wissenschaftlich bewiesen. Wann und wie lange dieser Prozeß ablaufen wird, nach welchem Zeitraum das sozialistische System in der ganzen Welt triumphieren wird – das sind Fragen, die nur die Geschichte selbst beantworten kann."[19]

4. Der Klassenkampf als Voraussetzung der friedlichen Koexistenz

Der Klassenkampf begründete die Sowjetunion „als Fackel des internationalen Sozialismus und als Vorbild für die werktätigen Massen",[1] die Oktoberrevolution hatte „der ganzen Welt den Weg zum Sozialismus gewiesen".[2] Die Bildung des sozialistischen Weltsystems nach der Abwehr des Kreuzzuges gegen das bolschewistische ‚Untermenschentum' macht die friedliche Koexistenz zu einer allgemein gültigen Norm im internationalen staatlichen Zusammenleben und „zu einer spezifischen Form des Klassenkampfes"[3] neben dem Kampf gegen die Konterrevolution und der Pflege des proletarischen Internationalismus, um „ein Höchstmaß dessen, was in *einem* Lande *für* die Entwicklung, Unterstützung und Entfachung der Revolution *in allen Ländern* durchführbar ist"[4] zu erreichen, und sie fordert „die kapitalistische Welt kühn heraus:

[19] W. I. Samkowoj, Krieg und Koexistenz in sowjetischer Sicht, Pfullingen 1969, S. 78.

[1] W. I. Lenin, Bd. 26, S. 472, III. Gesamtrussischer Kongreß der Arbeiter-, Soldaten- und Bauerndeputierten, 10.–18. 1. 1918.

[2] Ders., Bd. 28, S. 30, Rede auf einer Rotarmistenkundgebung in Moskau, 2. 8. 1918.

[3] Programm und Statut der Kommunistischen Partei der Sowjetunion, a.a.O., S. 56.

[4] W. I. Lenin, Bd. 28, S. 293, Die proletarische Revolution und der Renegat Kautsky, Okt./Nov. 1918.

Laßt uns in einen Wettbewerb treten, wer ein höheres Niveau der Entwicklung der Produktivkräfte erringen kann, wer mehr Produkte je Kopf der Bevölkerung erzeugen, wer ein höheres materielles und kulturelles Lebensniveau des Volkes sichern, wer die besten Möglichkeiten für die Entwicklung aller Fähigkeiten des Menschen schaffen wird. Diejenige Ordnung wird siegen, die die besseren Bedingungen für das Volk sichert."[5]

Die friedliche Koexistenz als spezifische Form des Klassenkampfes „bedeutet Kontakte, ständige Zusammenarbeit bei der Lösung internationaler Probleme, Wettbewerb um die beste Befriedigung der Bedürfnisse der Menschen und auch eine bestimmte gegenseitige Hilfe durch den Handel und die Ausnutzung der Vorteile der internationalen Arbeitsteilung"[6] unter Ausschaltung des Krieges als Mittel zur Durchsetzung politischer Interessen.

Diese Ausschaltung ist aber nicht so zu verstehen, „als sei die Interdependenz von Politik und Krieg verloren gegangen". Vielmehr ist „der ‚gesetzmäßige und gerechte Widerstand' gegen eine Aggression [illegible] das natürliche Recht einer fortschrittlichen Menschheit".[7] So war für jeden Sozialisten der Zweite Weltkrieg „der gerechteste Krieg der Weltgeschichte, denn er wurde von den Völkern eines sozialistischen Landes gegen die reaktionärste imperialistische Weltmacht geführt, deren Ziel die Unterjochung und physische Vernichtung ganzer Völker war. Durch seinen Sieg in diesem Krieg hat das sowjetische Volk zugleich das Fundament des Weltsozialismus stabilisiert."[8]

Die sozialistische Erkenntnis, „daß es gerechte und ungerechte, fortschrittliche und reaktionäre Kriege gibt, Kriege fortschrittlicher und Kriege rückständiger Klassen, Kriege, die der Festi-

[5] N. S. Chruschtschow, Rede in der Akademie der Wissenschaften der Ungarischen Volksrepublik, 9. 4. 1958, in: ders., Für den Sieg im friedlichen Wettbewerb mit dem Kapitalismus, Berlin (DDR) 1960, S. 258.

[6] A. A. Gromyko (Hrsg.), Die friedliche Koexistenz – der Leninsche Kurs der Außenpolitik der [illegible], Berlin (DDR) 1964, S. 230.

[7] W. I. Samkowoj, Krieg und Koexistenz in sowjetischer Sicht, a.a.O., S. 53.

[8] A.a.O., S. 28.

gung des Klassenjochs und Kriege, die seiner Beseitigung dienen",[9] daß also der Krieg in jedem Fall rechtens von seiten einer unterdrückten Nation ist, sei es militärisch ein Angriffs- oder Verteidigungskrieg, gilt auch für die Zukunft, und nicht nur für konventionelle Kriege. Trotz der Selbstwiderlegung eines thermonuklearen Weltkriegs und der Notwendigkeit der Koexistenz als seiner einzigen Alternative wäre ein dritter Weltkrieg „einerseits Fortsetzung, Ausdruck, Werkzeug und Ergebnis der verbrecherischen Politik des Imperialismus zur Erlangung seiner Ziele und andererseits wäre er der ‚gesetzmäßige' und gerechte Widerstand gegen eine Aggression."[10]
Die friedliche Koexistenz zwischen den Staaten beseitigt aber nicht die Klassenkämpfe in den einzelnen kapitalistischen Staaten und ihren Einflußgebieten. Die entscheidenden Fragen in den Beziehungen zwischen den einzelnen Ländern bleiben: Wem gehören die Produktionsmittel, wer besitzt die Macht im Staate, in wessen Interesse wird produziert und Politik gemacht? Denn „der Klassenkampf ist eine gesetzmäßige, objektiv existierende und unvermeidliche Erscheinung in einer Gesellschaft, die in antagonistische Klassen gespalten ist. Solange Privateigentum an den Produktionsmitteln und -instrumenten bestehen wird, werden auch antagonistische Klassen bestehen und wird es demnach auch einen manchmal nachlassenden, manchmal schärfer werdenden Klassenkampf in den kapitalistischen Ländern geben. Solange zwei Weltsysteme – das sozialistische und das kapitalistische – bestehen werden, wird es in der internationalen Arena auch den Kampf zwischen ihnen geben, dem letztlich dieselben Klasseninteressen der werktätigen Massen, die gegen den Imperialismus mit seiner grausamen Ausbeutung der Werktätigen des eigenen Landes und fremder Länder mit seiner ständigen Atomkriegsgefahr kämpfen, zugrundeliegen."[11]

[9] W. I. Lenin, Bd. 29, S. 331, I. Gesamtrussischer Kongreß für außerschulische Bildung, 6.–19. 5. 1919.
[10] W. I. Samkowoj, Krieg und Koexistenz in sowjetischer Sicht, a.a.O., S. 53.
[11] A. A. Gromyko (Hrsg.), Die friedliche Koexistenz – der Leninsche Kurs der Außenpolitik der Sowjetunion, a.a.O., S. 100 f.

Der anhaltende sozialistische *Kampf* um den Frieden – „wir sind überzeugt, daß bei der Fortsetzung unserer Politik der Friedensliebe und bei den Zugeständnissen, die wir machen (und wir müssen sie machen, um einen Krieg zu vermeiden), trotz aller Intrigen und Pläne der Imperialisten, die natürlich stets diesen oder jenen Staat mit uns entzweien können“[12] –, der von Gegnern und Kritikern meist dezisionistisch und opportunistisch als Kampfverzicht ausgelegt wird, hat den Zweck, „die für den Aufbau des Sozialismus günstigsten äußeren Bedingungen zu schaffen, den Vormarsch auf dem Wege zum Sozialismus von äußeren Störungen freizuhalten, nicht zuletzt, um sein Beispiel immer stärker nach außen wirken zu lassen. Die Dialektik besteht darin, daß gesicherter Frieden die beste Voraussetzung für den sozialistischen Aufbau ist, und umgekehrt die Stärkung des Sozialismus das entscheidende Element für die Sicherung des Friedens und die weitere Veränderung des Kräfteverhältnisses zugunsten des Sozialismus darstellt.“[13]

Die andere Ebene der spezifischen Funktion der friedlichen Koexistenz ist deshalb immer wieder der ökonomische Wettbewerb der beiden Systeme als eine Form des Klassenkampfes, wobei im *sozialistischen* Austausch von Arbeit gegen Güter selbstverständlich Wettbewerbs- und Tauschkriterien gelten, die aber keineswegs ‚kapitalistisch‘ sind, weil die planperspektivische Orientierung der Wirtschaftenden dies nicht zuläßt. „Um die zweite Hälfte des Sieges im internationalen Sinne zu erringen, müssen wir die zweite Hälfte der Aufgabe bewältigen, nämlich den wirtschaftlichen Aufbau.“[14] Dabei und danach ist die enge wirtschaftliche und wissenschaftlich-technische Zusammenarbeit der sozialistischen Länder „eine *Notwendigkeit in der Klassenauseinandersetzung* mit den entwickelten Staaten des *Imperialismus,* denn der Zusammenschluß verstärkt wesent-

[12] W. I. Lenin, Bd. 31, S. 487, VIII. Gesamtrussischer Sowjetkongreß, 22. bis 29. 12. 1920.

[13] W. Ulbricht, 25 Jahre nach der Einigung der Arbeiterklasse, Neues Deutschland, Berlin (DDR), 14. 1. 1971, S. 3.

[14] W. I. Lenin, Bd. 31, S. 413, Unsere außen- und innenpolitische Lage und die Aufgaben der Partei, 21. 11. 1920.

lich die wissenschaftlich-technische und ökonomische und damit auch die politische und militärische Kraft dieser sozialistischen Länder", d. h. „der Kampf der beiden Weltsysteme vollzieht sich gegenwärtig, unter den Bedingungen der wissenschaftlich-technischen Revolution, in immer stärkerem Maße auf den Gebieten der Wissenschaft, Technik und Produktion. Jede Errungenschaft, jede Großtat auf dem Gebiet von Wissenschaft und Technik, jede Leistungssteigerung in der Produktion der sozialistischen Länder ist zugleich ein Sieg in dieser Klassenauseinandersetzung",[15] wobei die sozialistische Staatengemeinschaft alle wichtigen politischen, ökonomischen, wissenschaftlich-technischen und militärischen Probleme aus *eigener* Kraft lösen muß.[16] Ihre heutige wirtschaftliche Dynamik mit über einem Drittel der Weltindustrieproduktion findet in den statistischen Vergleichen der kapitalistischen Länder zunehmende Beachtung.

Im Verhältnis zu den kapitalistischen Staaten folgen dem jahrelangen imperialistischen Warenembargo im Zuge der Entspannungserfolge wirtschaftliche Kontakte auf der Grundlage der verschiedenen Kapitalinteressen. „Das bedeutet, daß die Art und Weise der Koexistenz zwischen beiden Systemen, auf objektiven Grundlagen beruhend und von zahlreichen Gesetzen beeinflußt, infolge der verschiedenen möglichen Verhaltensweisen des Imperialismus nicht eindeutig bestimmbar, aber durch den konkreten Klassenkampf formbar ist, d. h., daß die friedliche Koexistenz notwendig und in der Tendenz immer stärker möglich ist; daß ein imperialistischer, gegen das sozialistische Weltsystem gerichteter Krieg in immer stärkerem Maße (gegen die Tendenzen des Imperialismus) vermeidbar ist, aber nicht völlig ausgeschlossen werden kann ... In diesem Sinne beruht die jeweilige Art und Weise der Koexistenz auf objektiven Gesetzen, ist ihre Gestaltung beeinflußbar und ihre schließliche

[15] Politische Ökonomie des Sozialismus und ihre Anwendung in der DDR, Berlin (DDR) 1969, S. 469.

[16] Vgl. W. Ulbricht, Die Bedeutung des Perspektivplans 1971–75 für die Gestaltung des gesellschaftlichen Systems des Sozialismus in der DDR, Berlin (DDR) 1969, S. 10.

Ablösung durch eine einheitliche sozialistische Welt wissenschaftlich voraussagbar, ihre konkrete Gestalt aber nicht eindeutig determinierbar, sondern von konkreten Bedingungen und vom konkreten Verlauf des Klassenkampfes in unserer Epoche abhängig. Da dieser das Kräfteverhältnis zugunsten des Sozialismus ändert, bestimmen natürlich die Kräfte der friedlichen Koexistenz tendenziell immer stärker den Charakter der internationalen intersystemaren Beziehungen."[17]

Klassenkampf und friedliche Koexistenz bedingen sich gegenseitig, aber der Klassenkampf ist geschichtlich und funktional die Voraussetzung der friedlichen Koexistenz, und diese setzt immer „den Kampf um den Frieden, um den Zusammenschluß aller gegen einen räuberischen Krieg auftretenden Kräfte voraus, den Kampf dafür, daß ein thermonuklearer Weltkrieg verhindert wird. In der Wirtschaft ist das ein Wettstreit der beiden Systeme um höhere Arbeitsproduktivität, um bessere Lebensbedingungen für die Bevölkerung, für die Werktätigen. Was aber die [wissenschaftliche] Ideologie betrifft, so erklären die Kommunisten frank und frei, daß es in dieser Hinsicht keine Koexistenz geben kann. Sie fordern einen kompromißlosen Kampf zwischen der kommunistischen und bürgerlichen Ideologie. Doch ist der Kampf in jedem dieser Bereiche mit friedlichen Mitteln, ohne Waffengewalt zu führen. Das ist der Wesensinhalt der friedlichen Koexistenz."[18]

Die Politik der Friedenssicherung durch die sozialistischen Staaten fördert nach ihrem erklärten *und* bewiesenen Inhalt rational die proletarischen Interessen der Emanzipation in den sozialistischen *und* kapitalistischen Ländern. „Mit der Entstehung, Festigung und Entwicklung des sozialistischen Weltsystems, dessen gesamte Außenpolitik auf dem Prinzip der friedlichen Koexistenz beruht, erhielt die Arbeiterklasse in ihrem Kampf gegen die imperialistische Reaktion eine Waffe von nie dagewe-

[17] K. H. Domdey, Internationaler Klassenkampf, sozialistischer Internationalismus und internationale Beziehungen, in: K. K. Domdey/J. L. Schmidt (Hrsg.), Europäische Sicherheit und internationale Wirtschaftsbeziehungen, Berlin (DDR) 1970, S. 64.

[18] J. P. Franzew, Kommunismus – heute und morgen, Wien 1965, S. 393 f.

sener politischer, wirtschaftlicher und militärischer Macht, und zwar die Möglichkeit, daß der Sozialismus den Imperialismus mit staatlichen Mitteln beeinflußt. Indem die Sowjetunion diese oder jene außenpolitische Aktion durchführt, denen die Forderung nach Frieden zugrundeliegt, verwirklicht sie praktisch die internationale proletarische Solidarität. Der erfolgreiche Aufbau des Sozialismus und des Kommunismus legt dem Proletariat eine Waffe des Klassenkampfes in die Hand, die es früher nie gegeben hat."[19]

Auch bei Nichtbegreifen ökonomischer und politischer Auseinandersetzungen als Klassenkampf in den kapitalistischen Ländern, bedingt durch die massenmediale Suggestion klassenleugnender Meinungen, durch Verleumdungen des Sozialismus und antikommunistische Verfolgung seiner Parteinahme, bei dem manipulierten Nachhinken des subjektiven Bewußtseinsniveaus eines Großteils der arbeitenden Bevölkerung hinter den objektiven Gegebenheiten der monopolkapitalistischen Wirtschaft, das die Vordergrundseindrücke einer Vollbeschäftigung in lokaler Optik für bewußte Erkenntnis hält, bleibt die auf der kämpferischen und opfervollen sozialistischen Arbeit beruhende sozialistische Wirtschaft und Gesellschaft immer ein gewaltiges Erfahrungsarsenal, allen Anstrengungen zur Verfügung, die kapitalistische Entfremdung des Individuums durch den Sieg der sozialistischen Produktionsverhältnisse, der gesellschaftlichen Aneignung der Produkte der Arbeit zu überwinden, die Identität des individuellen Interesses mit dem gesellschaftlichen Gesamtinteresse herzustellen. Aber neben geistiger Anstrengung ist *in* der Klassengesellschaft eine Teilnahme an dem weltweiten Kampf für *Frieden* und *Emanzipation* – friedliche Koexistenz – nur durch *Parteilichkeit,* als *einzige* Art *Objektivität* möglich,[20] die zugleich *Klassenkampf* ist, dessen objektivierbare Erfordernisse wiederum immer wieder die fortschrittliche

[19] A.a.O., S. 424.

[20] Wenn der Reformismus behauptet, „wie die Theorie, so bleibt auch die Politik des Marxismus frei von Werturteilen" (R. Hilferding, Das Finanzkapital (1910), Frankfurt 1968, S. 20), erfüllt er die bürgerliche illusionäre oder heuchlerische Forderung nach Ablösung des fortschritts*parteilichen* Mar-

Parteilichkeit wie bei den Klassikern des wissenschaftlichen Sozialismus begründen. Denn „eine ‚unparteiische' Sozialwissenschaft kann es in einer auf Klassenkampf basierenden Gesellschaft nicht geben",[21] vielmehr „je rücksichtsloser und unbefangener die Wissenschaft vorgeht, desto mehr befindet sie sich im Einklang mit den Interessen und Strebungen der Arbeiter".[22] Der bürgerliche Vorwurf und die Verurteilung der Parteilichkeit als unvereinbar mit Wissenschaftlichkeit und Objektivität „ist schon offensichtliche Parteilichkeit",[23] ein illusionärer oder „ein heuchlerischer, verhüllter, passiver Ausdruck der Zugehörigkeit zur Partei der Satten, zur Partei der Herrschenden, zur Partei der Ausbeuter".[24] Andererseits vermeidet nur der proletarische Klassenstandpunkt „die bloß buchstabenmäßige Aneignung dessen, was in den Büchern über den Kommunismus gesagt ist", d. h. „ohne Arbeit, ohne Kampf ist das aus den kommunistischen Broschüren und Werken geschöpfte Bücherwissen über den Kommunismus keinen Pfifferling wert, denn es würde nur die alte Kluft zwischen Theorie und Praxis neu aufreißen, jene alte Kluft, die der widerwärtigste Zug der alten bürgerlichen Gesellschaft war".[25]

xismus durch „ein lebensfähigeres wissenschaftliches System" (E. v. Böhm-Bawerk, Zum Abschluß des Marx'schen Systems, in: O. v. Boenigk, Hrsg., Staatswissenschaftliche Arbeiten, Festgaben für E. Knies, Berlin 1896, S. 205), weil er als Fazit ‚rationaler Kritik' nur eine *„Idee vom Philosophisch-Werden der Wirklichkeit"* und deswegen „für die Politik bzw. politische Theorie kaum mehr als eine im Gewand ökonomischer Analysen auftretende politische Romantik" sei. (W. Becker, Idealistische und materialistische Dialektik. Das Verhältnis von ‚Herrschaft und Knechtschaft' bei Hegel und Marx. Stuttgart, Berlin, Köln, Mainz, 1970 S. 140). – Zum wachsenden koexistenz-politischen Verantwortungsgefühl der Naturwissenschaftler in den kapitalistischen Staaten vgl. J. Rotblat, Scientists in the Quest for Peace; Cambridge, Mass., und London 1972.

[21] W. I. Lenin, Bd. 19, S. 3, Drei Quellen und drei Bestandteile des Marxismus, März 1913.

[22] F. Engels, L. Feuerbach und der Ausgang der klassischen deutschen Philosophie (1888). MEW, Bd. 21, S. 307.

[23] W. I. Lenin, Bd. 11, S. 64, Falsche Betrachtungen ‚parteiloser' Boykottisten, 1. 7. 1906.

[24] Ders., d. 10, S. 66, Sozialistische Paraei und parteiloser Revolutionismus, Nov./Dez. 1905.

[25] Ders., Bd. 31, S. 274, Die Aufgaben der Jugendverbände, Okt. 1920.

II. Die Theorie des Exports der sozialistischen Revolution und die Realität des Exports der Konterrevolution

1. Die ‚totalitäre' sozialistische Außenpolitik als vermeintliche Trägerin der Weltrevolution

Die seit den Tagen der sozialistischen Oktoberrevolution ununterbrochenen Bemühungen der Politik der friedlichen Koexistenz um eine ständige Veränderung des internationalen Kräfteverhältnisses zugunsten der Kräfte des Friedens und der demokratischen und sozialistischen Emanzipation konnten zum Schutz des Aufbaus der sozialistischen Gesellschaftsordnung im „Wettkampf zweier Methoden, zweier Formationen, zweier Wirtschaftssysteme"[1] nach den imperialistischen militärischen Interventionen nicht mehr auf militärische Stärke verzichten.

Mit den Anstrengungen der sozialistischen Außenpolitik um Ausschaltung der auf kriegerische Lösungen gerichteten internationalen Klassenauseinandersetzungen entspringt das Angebot der friedlichen Koexistenz von Anfang an der gesellschaftlichen Struktur der sozialistischen Staaten und ist keine Verlegenheitslösung, weil etwa die Sowjetunion „zur Zeit mit Gewaltmethoden gegenüber der freien Welt nicht weiterkommt" und „die Sowjetstaaten gegenwärtig Sorgen mit ihrem inneren Aufbau haben", so daß „diese Koexistenz nur ein zeitweiliger, taktisch gebotener Zustand ist",[2] und weil „die Schwelle des Kernwaffenkrieges . . . mit Hilfe einer Strategie der ‚friedlichen Koexistenz' übersprungen"[3] werden mußte.

[1] W. I. Lenin, Bd. 31, S. 452, Rede in der Aktivversammlung der Moskauer Organisation der KPR(B), 6. 12. 1920.

[2] P. Roth, Weltfrieden und Weltkommunismus, in: Stimmen der Zeit, Freiburg 4/1955, S. 49, 47.

[3] B. Meissner, Triebkräfte und Faktoren der sowjetischen Außenpolitik, in: B. Meissner/G. Rhode (Hrsg.), Grundfragen sowjetischer Außenpolitik, Stuttgart 1970, S. 19.

Das Zerrbild einer ständigen Bedrohung durch die ‚aggressive' Außenpolitik der nach Weltherrschaft strebenden Sowjetunion als einem ‚totalitären' und ‚gefahrdrohenden' Staat, von der ‚russischen Gefahr' bis zum ‚hegemonialen Bündnis' der sozialistischen Staaten[4], die mit ihrer „neuen totalen managerialen Bürokratie, die im Namen des Kommunismus heute ein Drittel der Menschheit beherrscht", und durch „eine geschickte kommunistische Strategie ... das System der bürokratischen Staatssklaverei auf zwei Drittel der Menschheit ausdehnen würde", wenn nicht der „Kampf gegen den kommunistischen Totalitarismus" und „das überlegte Risiko notwendiger Bündnisse gegen den totalen Feind"[5] vorbereitet wird; das angebliche Auftreten der Sowjetunion als eine Macht, „die über den revolutionären Strukturwandel der bestehenden Staatenwelt universelle Herrschaft anstrebt", mit der Behauptung, „die national-imperiale Zielsetzung der sowjetischen Außenpolitik findet im Sowjetpatriotismus ihre ideologische Begründung, hinter dem sich ein allrussischer Nationalismus als die eigentliche Triebkraft verbirgt",[6] entspringt ungeschichtlichem antikommunistischen Denken als Parteinahme für die endzeitlich verstandene und deswegen unter allen Umständen im ‚Recht' befindliche kapitalistische Gesellschaftsordnung genauso wie die Bezichtigung der „Sowjetführung, in einem weltrevolutionären und totalitären Denken und einem Großmachtchauvinismus befangen"[7] zu sein unter verstärkter Verwendung der „Mittel der Täuschung, der Erpressung und der Gewalt ... Die Diffamierung und zugleich Einschläferung des Gegners durch eine Friedenspropaganda, welche den prinzipiell expansiven und aggressiven Charakter der totalitären Außenpolitik verdeckt, gehört dabei zu den bewährten operativen Prinzipien, die aufgrund der Lehre von

[4] Vgl. B. Meissner, Von Stalins Imperium zum hegemonischen Bündnis, in: R. Löwenthal (Hrsg.), Ist der Osten noch ein Block? Stuttgart 1967, S. 11 f.

[5] K. A. Wittfogel, Die orientalische Despotie. Eine vergleichende Untersuchung totaler Macht, Köln und Berlin 1962, S. 27, 551, 553.

[6] B. Meissner, Triebkräfte und Faktoren der sowjetischen Außenpolitik, a.a.O., S. 16, 22.

[7] A.a.O., S. 32 f.

Strategie und Taktik entwickelt worden sind. Bezeichnende Beispiele für die Praxis einer solchen totalitären Außenpolitik bilden die Besetzung und Annexion der drei baltischen Freistaaten Estland, Lettland und Litauen 1940, die Sowjetisierung der ostmitteleuropäischen Volksdemokratien und der sowjetischen Besatzungszone Deutschlands ab 1944/45, die Berliner Blockade 1948, das Berlin-Ultimatum 1958, das Kuba-Unternehmen 1962 und die bewaffneten Interventionen in Ungarn 1956 und der Tschechoslowakei 1968."[8]

Die Behauptung, die totalitäre Sowjetunion habe „keine Bedenken, sich über episodisch eingegangene Verpflichtungen hinwegzusetzen" und folgende Nichtangriffs- und Neutralitätsverträge nachstehender Länder verletzt:

1. den Nichtangriffs- und Neutralitätsvertrag mit Polen vom 25. 7. 1932;
2. den Nichtangriffs- und Neutralitätsvertrag mit Litauen vom 28. 9. 1926 und die litauische Neutralität;
3. den Nichtangriffsvertrag mit Lettland vom 5. 2. 1932 und die lettische Neutralität;
4. den Nichtangriffs- und Neutralitätsvertrag mit Estland vom 4. 5. 1932 und die estnische Neutralität;
5. den Nichtangriffs- und Neutralitätsvertrag mit Finnland vom 21. 2. 1932;
6. den Nichtangriffs- und Neutralitätsvertrag mit Persien vom 1. 10. 1927;
7. die Neutralität Bulgariens;
8. den Freundschafts- und Neutralitätsvertrag mit der Türkei vom 17 12. 1925;
9. den Neutralitätsvertrag mit Japan vom 13. 4. 1941;
10. den Nichtangriffspakt und Neutralitätsvertrag mit China vom 21. 8. 1937,[9]

will nicht wahrhaben, daß alle diese ‚Vertragsverletzungen' *Folgen* der von nichtsozialistischer Seite gegen die Sowjetunion

[8] A.a.O., S. 29.
[9] H. Fiedler, Der sowjetische Neutralitätsbegriff in Theorie und Praxis, a.a.O., S. 275.

beabsichtigten bzw. geführten kriegerischen Maßnahmen, besonders in den nach dem Ersten Weltkrieg gegen sie gebildeten Pufferstaaten waren.
So kam am 17. 9. 1939 das vom bürgerlichen Polen während der Interventionszeit 1920 abgetrennte Gebiet Westbelorußlands und der Westukraine wieder zur Sowjetunion, und die neue Westgrenze im deutsch-sowjetischen Abkommen vom 28. 9. 1939 entsprach ungefähr der ethnischen Curzonlinie der Ententemächte von 1919.
Die nach dem Zusammenbruch Polens abgeschlossenen sowjetischen Beistandsverträge mit Estland (28. 9. 1939), Lettland (5. 10. 1939) und Litauen (10. 10. 1939) beinhalteten sowjetische Truppenstützpunkte und die gemeinsame Verteidigung der litauischen Grenze. Die Wahlen vom 14./15. Juli 1940 ergaben den parlamentarischen Antrag auf die *Wieder*aufnahme der baltischen Staaten in die UdSSR als gleichberechtigte Sowjetrepubliken wie 1918/19.
Nach finnischer Ablehnung des sowjetischen Antrags über einen Beistandspakt vom 5. 10. 1939, des sowjetischen Landpachtvorschlags vom 14. 10. 1931 wegen der topographischen Situation Leningrads und finnischem Artilleriebeschuß begann am 30. 11. 1939 der Krieg mit Waffenunterstützung der Westmächte, deren „Motive der geplanten Expedition nach Finnland einer vernünftigen Analyse trotzen. Für Großbritannien und Frankreich war es Wahnsinn, einen Krieg gegen Rußland zu provozieren, als sie sich schon im Krieg mit Deutschland befanden, und läßt an einen noch unheilvolleren Plan denken: den Krieg auf einen antibolschewistischen Kurs zu lenken, damit der Krieg gegen Deutschland zurückgestellt oder sogar beendet werden könnte.“[10]
In Persien erfolgte die sowjetische Truppenstationierung mit der englischen aufgrund der englischen und sowjetischen Note vom 25. 8. 1941. Die Türkei lehnte am 25. 9. 1939 die Erneuerung des Freundschafts- und Neutralitätsvertrags von 1925 ab

[10] A. J. P. Taylor, English History 1914–1945, Oxford 1965, S. 469.

und schloß am 19. 10. 1939 den englisch-französisch-türkischen Beistandspakt. Bulgarien lehnte 1939/40 drei sowjetische Beistandsvertragsvorschläge ab. Nur der sowjetisch-chinesische Neutralitätsvertrag wurde durch sowjetische Unterstützung gegen die japanische Aggression ‚verletzt', den sowjetisch-japanischen Neutralitätsvertrag kündigte die sowjetische Seite wegen des Verstoßes gegen Art. 1 und 2 am 5. 4. 1945 mit der Folge des Kriegseintritts gegen Japan am 9. 8. 1945.
Da die Geschichte immer ein erkenntnistheoretisches und aktuell politisches Problem ist,[11] muß die Auffassung des aggressiven Totalitarismus die Antikommunismuspropaganda fortsetzen und die antisozialistische Vergangenheit bewältigen, was in der Regel auf die Wiederholung alter unrichtiger Argumente in neuer Form und sich nach jeweiliger wissenschaftlicher Solidität widersprechende Folgerungen hinausläuft, häufig verbunden mit einer Verleumdungskampagne mit allen Mitteln und jedem Preis. „Dieser ganze Verleumdungschor, den die Ordnungspartei in ihren Blutfesten nie verfehlt, gegen ihre Schlachtopfer anzustimmen, beweist bloß, daß der heutige Bourgeois sich für den rechtmäßigen Nachfolger des ehemaligen Feudalherrn ansieht, der jede Waffe, in seiner eigenen Hand, für gerechtfertigt hielt gegenüber dem Plebejer, während irgendeine Waffe in der Hand des Plebejers von vornherein ein Verbrechen ausmachte"[12] und „der polizeigefärbte Bourgeoisverstand stellt sich natürlich die Internationale Arbeiterassoziation vor als eine Art geheimer Verschwörung, deren Zentralbehörde von Zeit zu Zeit Ausbrüche in verschiedenen Ländern befiehlt. Unsere Assoziation ist aber in der Tat nur das internationale Band, das die fortgeschrittensten Arbeiter in den verschiedenen Ländern der zivilisierten Länder vereinigt. Wo immer, und in welcher Gestalt immer, und unter welchen Bedingungen immer der Klassenkampf irgendwelchen Bestand erhält, da ist es auch natürlich,

[11] Vgl. W. I. Lenin, Bd. 28, S. 227 ff., Die proletarische Revolution und der Renegat Kautsky, Okt./Nov. 1918.
[12] K. Marx, Der Bürgerkrieg in Frankreich (30. 5. 1871), Ausgewählte Schriften, Bd. I, a.a.O., S. 508.

daß Mitglieder unserer Assoziation im Vordergrund stehen. Der Boden, aus dem sie emporwächst, ist die moderne Gesellschaft selbst. Sie kann nicht niedergestampft werden durch noch so viel Blutvergießen. Um sie niederzustampfen, müßten die Regierungen vor allem die Zwingherrschaften des Kapitals über die Arbeit niederstampfen – also die Bedingungen ihres eigenen Schmarotzerdaseins."[13]
In der Nachfolge der „Erwägung, daß die Emanzipation der Arbeiterklasse durch die Arbeiterklasse selbst erobert werden muß", daß sie „weder eine lokale noch nationale, sondern eine soziale Aufgabe ist, welche alle Länder umfaßt", bei der „alle Gesellschaften und Individuen ... Wahrheit, Gerechtigkeit und Sittlichkeit anerkennen als die Regel ihres Verhaltens zueinander und zu allen Menschen, ohne Rücksicht auf Farbe, Glaube oder Nationalität",[14] wurde auf der Internationalen Beratung der kommunistischen und Arbeiterparteien in Moskau 1969 erklärt: „Die Praxis hat aufs neue die Bedeutung der Ideen von Marx und Lenin bestätigt, daß sich die Entwicklung der sozialistischen Gesellschaft nach allgemeinen Gesetzmäßigkeiten vollzieht, daß während des ganzen Übergangs vom Kapitalismus zum Sozialismus die Diktatur des Proletariats in dieser oder jener Form, d. h. die staatliche Leitung des sozialistischen Aufbaus durch die Arbeiterklasse, unausbleiblich ist."[15] Und „solange nationale und staatliche Unterschiede zwischen den Völkern und Ländern bestehen ..., erfordert die Einheitlichkeit der internationalen Taktik der kommunistischen Arbeiterbewegung aller Länder nicht die Beseitigung der Mannigfaltigkeit, nicht die Aufhebung der nationalen Unterschiede ..., sondern eine solche Anwendung der *grundlegenden* Prinzipien des Kommunismus (Sowjetmacht und Diktatur des Proletariats), bei der diese Prinzipien *im einzelnen richtig modifiziert* und den natio-

[13] A.a.O., S. 510.
[14] Ders., Allgemeine Statuten der Internationalen Arbeiter-Assoziation, (21./27. 10. 1864), a.a.O., S. 358 f.
[15] Internationale Beratung der kommunistischen und Arbeiterparteien Moskau 1969, Berlin (DDR) 1969, S. 184.

nalen und nationalstaatlichen Verschiedenheiten richtig angepaßt, auf sie richtig angewandt werden".[16]
Demnach ist nicht die ‚totalitäre' sozialistische Außenpolitik die Trägerin der Weltrevolution und die Ursache internationaler Spannungen, sondern, nach Lösung der Aufgabe, „das ökonomische Bewegungsgesetz der modernen Gesellschaft zu enthüllen",[17] das Proletariat der einzelnen Länder. Die kubanische Revolution etwa war nicht das Ergebnis eines mittels der ‚totalitären' sozialistischen Außenpolitik durchgeführten Exports der Revolution, wohl aber entstand die thermonukleare Krise im karibischen Raum im Herbst 1962 durch die amerikanische Absicht, in Kuba liquidierend zu intervenieren, was auf Wunsch der Revolutionsregierung die Hilfe der sozialistischen Staaten zur Folge hatte; der Abbau der Raketenbasen erfolgte gegen die Zusage der amerikanischen Regierung, in Kuba nicht militärisch einzugreifen.
Tatsächlich „liegt nicht ein Körnchen Wahrheit in den Behauptungen, daß die Sowjetunion unter friedlicher Koexistenz verstehe, ihre Auffassungen und ihre Ordnung anderen Ländern und Völkern aufzuzwingen. Der Sowjetunion solche Absichten zuschreiben kann nur, wer die Wahrheit ersticken will, wer an seinen eigenen morgigen Tag nicht glaubt, wer den friedlichen Wettbewerb mit den Ländern des Sozialismus fürchtet."[18]
Dem von Unwissenheit oder Zynismus bestimmten Feindbild vom Kommunismus und der totalitaristischen Auffassung vom Sozialismus bleiben lediglich haltlose Behauptungen, daß die Gefahr des Sieges des Sozialismus „weit schrecklicher ist als die Wasserstoffbombe, weil die moralisch-seelische Vernichtung unvergleichlich furchtbarer ist als die physische",[19]daß man ge-

[16] W. I. Lenin, Bd. 31, S. 79, Der ‚linke Radikalismus', die Kinderkrankheit im Kommunismus, 12. 5. 1920.
[17] K. Marx, Das Kapital I, (1867) MEW, Bd. 23, S. 15 f.
[18] A. A. Gromyko, in: ders., (Hrsg.), Die friedliche Koexistenz – der Leninsche Kurs der Außenpolitik der Sowjetunion, a.a.O., S. 15.
[19] W. Röpke, Drastische Wahrheiten. Die Freie Welt auf dem Prüfstand der

genüber dem „kommunistischen Inferno“ bereit sein müsse, bei der totalen Zerstörung der gesamten „Schöpfung durch Atombomben mit Hand anzulegen“,[20] oder „der plötzliche Atomtod von Millionen samt allem, was ihm folgen müßte, wäre moralisch immer noch nicht so grauenhaft, wie es eine schrittweise terroristische Gleichschaltung der gesamten bisher noch nicht kommunistischen Menschheit wäre. Dieses einzigartige Riesenmaß an Seelenselbstmord zwingt, daß die Alternative ‚Kreml oder Krematorium‘ zuletzt doch nur mit der Wahl des Krematoriums beantwortet werden kann.“[21] Im übrigen seien die Schrecken eines Atomkriegs relativ, es „kann die Behauptung verteidigt werden, daß die Schäden des radioaktiven Fallouts nicht so ernsthaft sind, wie häufig angenommen wird, da die Folgen von den kommenden Generationen getragen werden‘“,[22] so daß die Kernwaffenverbotsforderung „der schandlichste intellektuelle Skandal unserer Zeit“ sei,[23] denn „keine Position könnte schneller zum Atomkrieg führen als die Vorstellung, daß der Atomkrieg undenkbar sei“.[24]

Das Verständnis der sozialistischen friedlichen Koexistenz als „aggressive Koexistenz“,[25] denn „in der Sowjetunion sehen wir uns einem Gegner gegenüber, dessen öffentliche Erklärungen konsequent feindselig sind“,[26] anstelle einer dem bürgerlichen Selbstverständnis allerdings schwer begreifbaren konstruktiven

sowjetischen Koexistenzpropaganda, in: Gegen die Brandung, Zeugnisse eines Gelehrtenlebens unserer Zeit, Erlenbach, Zürich und Stuttgart 1959, S. 322.

20 H. Thielicke, zitiert nach E. Albrecht in: Antikommunismus – Feind der Menschheit, in: Probleme des Friedens und des Sozialismus, Berlin (DDR) 8/1962, S. 957.

21 K. Thieme, Biblische Religion, in: Bergedorfer Protokolle, Welche Fragen stellt uns die gesellschaftliche Entwicklung im Osten? Hamburg und Berlin (W) 1964, S. 16.

22 H. Kahn, On Thermonuclear War, Princeton, New Jersey, 1961, S. 49.

23 W. S. Schlamm, Die Grenze des Wundes, Zürich 1959, S. 179.

24 W. W. Rostow, View from the Seventh Floor, New York und London 1964, S. 48.

25 R. G. Wesson, Das Grundproblem der sowjetischen Außenpolitik, Bad Homburg 1970, S. 164.

26 H. A. Kissinger, Amerikanische Außenpolitik, Düsseldorf und Wien 1969, S. 122.

Politik der zwischenstaatlichen Zusammenarbeit, mit der Unterstellung, daß Lenin die Koexistenz als Periode vom Sozialismus ausgehender Zusammenstöße verstanden habe, läßt sie als „ideologisches Alibi", „Schutzbehauptung", als „ein Element der bolschewistischen Taktik"[27] zum Zweck des ‚Exports der Revolution', zur Erreichung der ‚Weltrevolution' erscheinen.
Alle derartigen Auslegungen geben die verschiedenen Schemata ungeschichtlichen bzw. sich einseitig geschichtlich rechtfertigenden bürgerlichen Denkens wider, das seine Triebkräfte und Interessen der sozialistischen Bewegung unterstellt, den sozialistischen Staat nur nach dem Bilde der bürgerlichen Staatsmaschinerie begreift und die Arbeit als entscheidende Lebensäußerung des Menschen nur im verdinglichten, fetischisierten Geldausdruck kennt. Demnach ist die Geschichte „seit 1917 – seit der Eroberung einer ersten territorialen und staatlichen Aktionsbasis der Kommunisten" ein einziger „Weltbürgerkrieg" mit „Verschwörung, Zersetzung, Infiltration, Diversion, Täuschung, Hinterhalt, Unruhestiftung, Kampf der Klassen [!]", er ist „Revolution der Völker, Umwertung aller Maßstäbe des Menschen und vom Menschen ... Der Kommunismus ist das Negativbild der Welt, wie wir sie sehen. Der Kommunist ist der Gegenmensch zu uns."[28]
Die verschiedenen Auffassungen der Unmöglichkeit oder Ablehnung der friedlichen Koexistenz, etwa wie beim Rapallovertrag mit „eine[r] wirkliche[n] Gleichberechtigung der beiden Eigentumssysteme, wenigstens als vorläufigen Zustand, solange nicht die ganze Welt von Privateigentum [an Produktionsmitteln] und dem ökonomischen Chaos und den Kriegen, die es

[27] R. Ahlberg, Weltrevolution durch Koexistenz, Berlin (W) 1962, S. 29, 35. ‚Zum Export der Revolution' vgl. Stalin-Interview mit R. Howard, 1. 3. 1936 Prawda, 5. 3. 1936: „Ein Export der Revolution ist Unsinn. Jedes Land wird, wenn dies seinen Wünschen entspricht, seine eigene Revolution haben." In: Hoover Institution, R. H. McNeal (Hrsg.), J. V. Stalin, Sočienija (Werke), Bd. XIV–XVI (inoffizielle Zusammenstellung), Stanford, Calif., 1966/67, S. 121.
[28] A. Hoppe, Diarium der Weltrevolution, Pfaffenhofen 1967, S. 7 f.

erzeugt, zur höheren Form des Eigentums übergegangen ist",[29] sei es wegen der angeblichen taktischen Grundeinstellung der sozialistischen Außenpolitik, der Unterschiedlichkeit der Systeme, der schlechteren Ausgangsposition des Kapitalismus oder der angeblich anderslautenden sozialistischen Revolutionstheorie, bei der „gerade das Nichtwarten-Können und das Bestreben, den revolutionären Prozeß durch einen kämpferischen Eingriff zu beschleunigen", der Punkt sei, „in welchem Lenin das Werden des russischen Marxismus entscheidend beeinflußte", so daß „der Grundsatz von der friedlichen Koexistenz leider nicht eine notwendige Folgerung der marxistisch-leninistischen Doktrin darstellt",[30] führen zur Durchdringung aller bürgerlichen außenpolitischen Konzeptionen mit „der Logik eines totalen Kernwaffenkrieges, so wie das Gravitationsgesetz alle physikalischen Erscheinungen bestimmt". Das heißt, „die erstrangige und wichtigste Aufgabe einer zukünftigen Großstrategie Amerikas im weitesten Sinne des Wortes ist die Erhaltung und Festigung unseres politischen Systems, und diese Aufgabe ist wichtiger als die Erhaltung des Friedens ...; ihr sind alle anderen Ziele wie große soziale Wohlfahrt und anhaltendes Wirtschaftswachstum nachgeordnet ... Unserer Politik muß folgende Voraussetzung zugrunde liegen: Wir können nicht zulassen, daß ein politisches System, das uns mit wachsender Kraft und Rücksichtslosigkeit zerstören will, bestehen bleibt."[31]

In ‚pluralistischer' Gesellschaft mit jenen Amerikanern, „die bereit sind, das Risiko der Entfesselung eines thermonuklearen Krieges einzugehen, um ihr Ziel, die Vernichtung des sowjetischen Blocks, zu erreichen", weil „der Kommunismus, da er durch und durch schlecht ist, vernichtet werden muß, aus-

[29] W. I. Lenin, Über die friedliche Koexistenz, a.a.O., S. 150, Entwurf einer Entschließung des Gesamtrussischen Zentralexekutivkomitees zum Bericht der Delegation auf der Genuakonferenz, 15./16. 5. 1922.
[30] G. A. Wetter, Die sowjetische Konzeption der Koexistenz, Bonn, 1959, S. 22, 44.
[31] R. Strausz-Hupé/W. R. Kintner/ S. T. Possony, A Forward Strategy for America, New York 1961, S. 14, 402, 405 f.

gemerzt bis auf die Wurzel",[32] befinden sich solche Deutsche, nach deren eklektischer Meinung die BRD mit ihrem Nato-Eintritt vom 6. 5. 1955 „auf Gedeih und Verderb mit dem Verteidigungssystem des Westens verkoppelt" ist, wobei „die Aufrechterhaltung einer abschreckenden Verteidigungsbereitschaft des Westens eine conditio sine qua non für jegliche Politik geworden [ist], die den in der Knechtschaft lebenden Teil des Volkes erlösen" soll unter „Identifizierung der Massen mit dieser Demokratie" ohne „strukturelle[n] Umbau der Wirtschaftsverfassungen des Westens", aber mit einem „unerschütterlichen in der Tiefe der Seelen wurzelnde[n] Bewußtsein von der sittlichen Überlegenheit des freien Geistes in einer demokratischen Ordnung", weil „die kommunistische Propaganda der friedlichen Koexistenz und der Entspannung" nur „eine Politik ‚am Rande des Krieges'" ist, welche die „Vertrauensseligkeit der amerikanischen Führung zu einer entschlossenen Ausdehnung ihres Machtbereichs ausgenutzt" hat.[33]
Es kann wiederholt werden: Die Fülle des Tatsachenmaterials spricht gegen die Beschuldigungen gegenüber der sozialistischen Außenpolitik. Und nochmals im speziellen Fall der BRD: „Nach dem Zweiten Weltkrieg verschrieb sich das Volk der Bundesrepublik Autoritäten, die wiederum die von Hitlers Krieg hinterlassene Wirklichkeit nicht anerkennen wollten. Unter Ausbeutung der westdeutschen Russenfurcht gaben sie der Aufrüstung Vorrang vor der Wiedervereinigung und nannten dies ‚Sicherheitspolitik'. Deutschland wurde gespalten und sollte es nach dem geheimen Einverständnis der [westlichen] Besatzungsmächte auch bleiben." Die sozialistischen Friedensvertragsvorschläge hielten „die Sicherheitspolitik der Rechten" als „Angsterhaltungspolitik" nicht davon ab, der Gegenseite „Verschlagenheit, Tarnung, Täuschung und Bereitschaft zum Vertragsbruch" anzulasten, wohl weil es in der deutschen Politik nie daran gemangelt hat; außerdem mußte durch

[32] J. Davis/H. B. Hester, On the Brink, New York 1959, S. 160.
[33] H. Schmidt, Verteidigung oder Vergeltung. Ein deutscher Beitrag zum strategischen Problem der NATO, Stuttgart 1965, S. 19, 193, 140 f., 249, 61, 20.

„kalkulierte Provokation dafür gesorgt werden, daß stets Spannung herrscht“.[34]

Nach der ‚Logik‘ des einkalkulierten Risikos hatte die BRD „sich also für die Sicherheit entschieden. Daß sie zwangsläufig damit auch gegen die Wiedervereinigung entschied, lag nicht an ihr ... Außerdem hatten wir Angst. Von heute aus beurteilt, mag die Sicherheitshysterie der fünfziger Jahre übertrieben gewesen sein. Die sowjetrussischen Divisionen haben uns wohl niemals bedroht. Sie tun das auch heute nicht. Aber der Kalte Krieg war eine Realität.“[35] Diese Behauptung der Unmöglichkeit, ohne militärische Mittel eine erfolgreiche Außenpolitik treiben zu können, leugnet die Verhinderung des Auszugs des ganzen deutschen Volkes aus dem Lager des Imperialismus durch den Bruch des Potsdamer Abkommens, die Forderung der Westmächte gegenüber der Sowjetunion auf der Konferenz des Rates der Außenminister im März 1947 in Moskau, ihre imperialistischen Pläne gegenüber Deutschland, ihre „Vorstellungen zur staatlichen Neugestaltung Deutschlands“[36] die zur Gründung der BRD führten, zu akzeptieren. Und gegenüber der Struktur und der Politik der DDR gilt immer noch: „Vielen Menschen in der Bundesrepublik ist das volle Ausmaß und der Inhalt die-

[34] H. W. Kahn, Die Russen kommen nicht. Fehlleistungen unserer Sicherheitspolitik, a.a.O., S. 13, 119, 14 f. – „Die Gefahr ‚lokaler Überfälle‘ auf die Deutsche Bundesrepublik, mit der der Verteidigungsminister der Deutschen Bundesrepublik, Strauß, kürzlich die westdeutsche Bevölkerung schrecken wollte, ist eine unsinnige Erfindung ...“ N. S. Chruschtschow, Antworten auf Fragen des Chefkorrespondenten der ‚Süddeutschen Zeitung‘, H. Kempski, 12. 12. 1958, in: ders., Für den Sieg im friedlichen Wettbewerb mit dem Kapitalismus, a.a.O., S. 597 f.

[35] A. Weinstein, Militärpolitik ist Außenpolitik. Das Verhältnis der Bundesrepublik zur NATO, in: H. R. Reuther (Hrsg.), Deutschlands Außenpolitik seit 1955, Stuttgart 1965, S. 112. Zum imperialistischen Ursprung des Kalten Krieges vgl. D. F. Fleming, The Cold War and its Origins 1917–1960, II. Bde., London 1968; D. Horowitz, Kalter Krieg, Hintergründe der US-Außenpolitik von Jalta bis Vietnam, II Bde., Berlin (W) 1969, ders., (Hrsg.), Strategien der Konterrevolution, Westliche Eindämmungspolitik 1917 bis Vietnam, Darmstadt 1969; Big Business und Kalter Krieg, Frankfurt 1971.

[36] H.-P. Schwarz, Vom Reich zur Bundesrepublik. Deutschland im Widerstreit der außenpolitischen Konzeptionen in den Jahren der Besatzungsherrschaft 1945–1949, Neuwied und Berlin 1966, S. 503.

ser Entwicklungen nicht gegenwärtig. Sonst wäre das Bewußtsein stärker, wie illusionär alle Projekte sein müssen, die darauf hinauslaufen, die sozialen Umwälzungen und den geistigen Umbruch, der sich dort drüben vollzogen hat, wieder rückgängig machen zu wollen."[37]

Im vielschichtigen und vielgestaltigen Antikommunismus in abendländischer Verkleidung „haben sich heute alle Feinde des sozialen Fortschritts zusammengefunden: die Finanzoligarchie und die Militaristen, die Faschisten und die reaktionären Klerikalen, die Kolonialisten und die Gutsbesitzer sowie alle ideologischen und politischen Handlanger der imperialistischen Reaktion".[38] Er führt seine politisch-ideologischen Angriffe gegen das sozialistische Weltsystem neben profaschistischen Zeitschriften und Mitteilungsblättern, die revanchistisch-räuberische Kriegshandlungen befürworten, mittels eines seit Jahrzehnten bestehenden internationalen Filialnetzes reichdotierter antikommunistischer Propagandaorganisationen.[39]

Je mehr sich also der Klassenkampf und damit der Antikommunismus als Ausdruck der „heftigsten, kleinlichsten und gehässigsten Leidenschaften der menschlichen Brust", der „Furien des Privatinteresses"[40] seit dem 19. Jahrhundert verstärkte, „desto gehässiger und raffinierter wurde der Antikommunismus besonders seit der Bildung des sozialistischen Weltsystems. Als Ausdruck der tiefen geistigen Krise und des äußersten Niedergangs der bürgerlichen Ideologie entstellt der Antikommunismus die marxistische Lehre in ungeheuerlicher Weise, verleumdet er

[37] G. Polikeit, Die sogenannte DDR. Zahlen, Daten, Realitäten. Eine Landeskunde über den anderen Teil Deutschlands, Jugenheim/Bergstr. 1966, S. 6.

[38] Programm und Statut der Kommunistischen Partei der Sowjetunion, a.a.O.

[39] Z. B., Free Europe Committee, Congress for Cultural Freedom, American Commitee for Liberation from Bolshevism, Asian Peoples' Anti-Communist-League, Interamerican Confederation for Defense of the Continent, Moral Rearmament, Anti-Bolshevist Bloc of Nations, unter Steuerung von State Department, CIA und des Comité International d'Information et d'Action Sociale. Vgl. E. Henry, Wer die Geldgeber der Antikommunisten sind, in: Probleme des Friedens und des Sozialismus, a.a.O., 2/1962, S. 139 ff.

[40] K. Marx, Das Kapital I (1867), MEW, Bd. 23, S. 16.

die sozialistische Gesellschaftsordnung aufs gröblichste, verfälscht er die Politik und die Ziele der Kommunisten und betreibt eine Hetze gegen die demokratischen, friedliebenden Kräfte und Organisationen."[41]

In der gegenwärtigen Situation der internationalen Diktatur des Proletariats „in einigen fortgeschrittenen Ländern, die einen entscheidenden Einfluß auf die ganze Weltpolitik ausüben", gilt gegenüber der ausgeklügelten einseitigen bürgerlichen Informationsüberschwemmung und ihrer Abstumpfungstendenz für die Urteilskraft noch genauso wie zur Zeit der nationalen Diktatur des Proletariats, „einer Diktatur, die nur in einem einzigen Lande besteht und die Weltpolitik nicht zu bestimmen vermag",[42] Lenins entschiedene Abfuhr der Behauptung jeder Art ‚Export der Revolution': „Es gibt Leute, die da glauben, eine Revolution könne in einem fremden Land auf Bestellung, nach Übereinkunft entstehen. Diese Leute sind entweder Wahnwitzige oder Provokateure";[43] und „es gibt Dummköpfe, die über roten Militarismus jammern; das sind politische Gauner, die sich den Anschein geben, als ob sie an diesen Unsinn glauben und nach rechts und links mit derartigen Anschuldigungen um sich werfen, wobei sie ihre Advokatenkunst dazu benutzen, falsche Argumente zu erfinden und den Massen Sand in die Augen zu streuen... Ich wiederhole – das sind entweder Dummköpfe, die keinerlei politischer Wertung unterliegen, oder politische Gauner."[44]

Die meisten bürgerlichen Erörterungen über Koexistenz zielen auf die Fragestellung „der spezifischen Eigenschaften beider Systeme ab, die als weitere Faktoren zur objektiven geschichtlichen Realität zählen. Für das Problem der friedlichen Koexi-

[41] Erklärung der Beratung von Vertretern der kommunistischen und Arbeiterparteien, November 1960, Berlin (DDR) 1961, S. 58.

[42] W. I. Lenin, Bd. 31, S. 136, Ursprünglicher Entwurf der Thesen zur nationalen und kolonialen Frage, 5. 6. 1920.

[43] Ders., Bd. 27, S. 480, IV. Konferenz der Gewerkschaften und der Betriebskomitees Moskaus, 27. 6.–2. 7. 1918.

[44] Ders., Bd. 29, S. 50 f., Erfolge und Schwierigkeiten der Sowjetmacht, März/April 1919.

stenz zweier Systeme sind jedoch nicht die Wesensmerkmale dieser Systeme von Bedeutung, sondern jene Grundsätze, die ihre gegenseitigen Beziehungen bestimmen. Die Tatsache der Gegensätzlichkeit der beiden Systeme ist dabei eine gegebene Größe. Gäbe es diese Gegensätzlichkeit nicht, so wäre friedliche Koexistenz – als Problem – nicht in Erscheinung getreten. Was aber die ‚nichtadäquate' Situation des kapitalistischen Systems gegenüber dem Sozialismus betrifft, so handelt es sich auch hier nicht um die Koexistenz, sondern um das Faktum des geschichtlichen Fortschritts in der Evolution der menschlichen Gesellschaft."[45]

Nach sozialistischer Auffassung ist die friedliche Koexistenz für eine *zeitlich unbegrenzte Epoche* als ein Prinzip der Außenpolitik zwischen Staaten unterschiedlicher Gesellschaftsordnung stets der *Verzicht* auf *Einmischung* in innere Angelegenheiten auf der *wissenschaftlich* begründeten Annahme des Sieges des Sozialismus über den Kapitalismus im geschichtlichen gesellschaftlichen Fortschritt ohne Krieg. Der Krieg wird zur historischen Erscheinung, wenn die internationale Politik aufgrund der unablässigen sozialistischen Friedensbemühungen auf den Krieg als Instrument der Politik verzichtet. Gerade Clausewitz bemerkte, daß „es in jedem Volk und unter allen Verhältnissen ... eine große Anzahl ... dem Frieden zugewandte[r]" Menschen gibt,[46] und die Sicherung des Friedens dient immer der Sicherung des sozialistischen und kommunistischen Aufbaus.[47]

[45] W. I. Samkowoj, Krieg und Koexistenz in sowjetischer Sicht, a.a.O., S. 77.
[46] W. I. Lenin, Clausewitz' Werk ‚Vom Kriege', Auszüge und Randglossen, Berlin (DDR) 1957, S. 18.
[47] „Das strategische Ziel der Außen-, Sicherheits- und Militärpolitik der Mitglieder der sozialistischen Staatengemeinschaft Europas, der Mitglieder des Warschauer Vertrags ist es, Sicherheit und Frieden zu gewährleisten, damit die dargelegte innenpolitische Aufgabe erfolgreich gelöst werden kann." W. Ulbricht, Die weitere Gestaltung des gesellschaftlichen Systems des Sozialismus. Referat auf der 9. Tagung des ZK der SED, Berlin (DDR) 1968, S. 5 f. Vgl. DDR-Verfassung vom 6. 4. 1968, Art. 6, Abs. 4: „Die Deutsche Demokratische Republik erstrebt ein System der kollektiven Sicherheit in Europa und eine stabile Friedensordnung in der Welt. Sie setzt sich für eine allgemeine Abrüstung ein." –

Das Zustandekommen eines derartigen zwischenstaatlichen Friedensabkommens bedeutet verstärkten Wettbewerb zwischen Sozialismus und Kapitalismus. In dieser Hinsicht kann die wissenschaftlich fundierte ökonomische und gesamtgesellschaftliche Planung als entscheidender Faktor der sozialistischen Systemüberlegenheit bei der wettbewerblichen Auseinandersetzung mit dem Kapitalismus nicht „die kapitalistische Gesellschaft ... und ihre Existenzberechtigung anerkennen“,[48] deren staatliche Ordnung angeblich „der Ausdruck der Fürsorge um das Wohl des Nächsten, die der Christenliebe zugrundeliegt“, ist und sich grundsätzlich von einer im Interesse privilegierter Klassen wirkenden Staatsordnung unterscheide,[49] in der Illusionen verbreitet werden, sie „könne soziale Harmonie und allgemeine Wohlfahrt herbeiführen“.[50] Denn „die Besonderheit der gegenwärtigen Lage besteht darin, daß die imperialistischen Mächte immer mehr in einen Zweifrontenkrieg zwischen sich verschärfender Konkurrenz untereinander und der revolutionären Weltbewe-

Vorschläge zum Gesamtproblem der europäischen Sicherheit erfolgten, ausgehend von der Berliner Außenministerkonferenz v. 10. 2. 1954 (vgl. Dokumente zur Außenpolitik der Deutschen Demokratischen Republik, Berlin (DDR) 1954, Bd. I, S. 301 f.: „Der Frieden in Europa könnte für eine ganze Periode gesichert und jede Aggression verhindert werden, wenn entsprechend dem Vorschlag des sowjetischen Außenministeriums die europäischen Staaten durch einen Vertrag ein System der kollektiven Sicherheit für ganz Europa schaffen“), insbesondere in der Bukarester Deklaration (1966) und im Budapester Appell (1969) der Staaten des Warschauer Vertrags, in der Erklärung der europäischen kommunistischen und Arbeiterparteien in Karlovy Vary (1967) und im Friedensappell der Internationalen Beratung der kommunistischen und Arbeiterpartein in Moskau (1969), mit dem Ziel einer europäischen Sicherheitskonferenz, daß „Europa – eines der wichtigsten Zentren der Weltzivilisation – zu einem Kontinent umfassender und fruchtbringender Zusammenarbeit zwischen gleichberechtigten Nationen, zu einem mächtigen Faktor der Stabilität des Friedens und des gegenseitigen Vertrauens in der ganzen Welt wird.“ Vgl. Deklaration des Politischen Beratenden Ausschusses des Warschauer Vertrages über die Festigung des Friedens und der Sicherheit in Europa, Bukarest 8. 7. 1966, in: Sicherheit und friedliche Zusammenarbeit in Europa, Dokumente 1964–1967, Berlin (DDR) 1968, S. 355.

48 P. Quaroni, Koexistenz zwischen Freiheit und Diktatur, Bonn 1961, S. 10.

49 K. E. Boulding, The Organizational Revolution. A Study in Ethics of Economic Organization, New York 1953, S. 10.

50 Programm und Statut der Kommunistischen Partei der Sowjetunion, a.a.O., S. 49.

gung mit ihrem Kern, dem sozialistischen System, verwickelt sind". Doch „ökonomisch ist der Sozialismus weder niederzukonkurrieren, noch läßt er sich aufkaufen. Politisch sind jegliche Erpressungsversuche zum Scheitern verurteilt. Militärisch gelingt es heute selbst der stärksten imperialistischen Macht nicht, mit einem relativ kleinen Land fertigzuwerden. In der Auseinandersetzung zweier Gesellschaftssysteme entwickeln sich neue Gesetzmäßigkeiten und Maßstäbe."[51]

Weil der Sozialismus die gegenwärtig fortschrittlichste Gesellschaftsformation[52] ist, in der „das Proletariat ein im Vergleich zum Kapitalismus höheren Typus der gesellschaftlichen Organisation der Arbeit repräsentiert und verwirklicht",[53] muß, „als die ganze Weisheit der modernen Ökonomen, die die Ewigkeit und Harmonie der bestehenden Verhältnisse beweisen",[54] bürgerlicherseits die Theorie des Exports der Revolution aufrechterhalten werden.

Neben der staatlichen und völkerrechtlichen Koexistenz ist die Systemauseinandersetzung unvermeidlich, denn „kein einziger lebender Mensch *kann umhin, sich auf die Seite* einer bestimm-

[51] W. Ulbricht, Die Bedeutung und die Lebenskraft der Lehren von Karl Marx für unsere Zeit, Berlin (DDR) 1968, S. 53, 50 f.

[52] Marx' Kategorie der ökonomischen Gesellschaftsformation erlaubt, daß auf die Gesellschaftswissenschaften „jenes objektive, allgemein-wissenschaftliche Kriterium der Wiederholbarkeit angewandt" wird, „dessen Anwendungsmöglichkeit in der Soziologie die Subjektivisten für unmöglich hielten". (W. I. Lenin, Bd. 1, S. 425, Der ökonomische Inhalt der Volkstümlerrichtung und die Kritik an ihr in dem Buch des Herrn Struve (Die Widerspiegelung in der bürgerlichen Literatur, 1895)). Und „erst diese Verallgemeinerung bot dann die Möglichkeit, von der Beschreibung der gesellschaftlichen Erscheinungen (und ihrer Beurteilung vom Standpunkt des Ideals) zu ihrer streng wissenschaftlichen Analyse überzugehen", in der „allein die Zurückführung der gesellschaftlichen Verhältnisse auf die Produktionsverhältnisse und dieser wiederum auf den jeweiligen Stand der Produktivkräfte eine feste Grundlage dafür bot, die Entwicklung der Gesellschaftsformationen als einen naturgeschichtlichen Prozeß darzustellen". W. I. Lenin, Bd. 1, S. 131, Was sind die ‚Volksfreunde' und wie kämpfen sie gegen die Sozialdemokraten? 1894.

[53] W. I. Lenin, Bd. 29, S. 408 f., Die große Initiative. Über das Heldentum der Arbeiter im Hinterland. Aus Anlaß der ‚kommunistischen Subbotniks', Juli 1919.

[54] K. Marx, Zur Kritik der Politischen Ökonomie, Einleitung (1859), Berlin (DDR) 1968, S. 229.

ten Klasse *zu stellen* (sobald er einmal die Wechselbeziehung der Klassen verstanden hat), kann umhin, sich über den Erfolg der betreffenden Klasse zu freuen und über ihre Mißerfolge betrübt zu sein, kann umhin, sich über diejenigen zu entrüsten, die dieser Klasse feindlich gesinnt sind, über diejenigen, die durch Verbreitung rückständiger Anschauungen ihre Entwicklung hemmen usw. usf.".[55] Gegenüber der proletarischen Klasse mit ihrem Ziel der Emanzipation aller Werktätigen ist die bürgerliche Klasse mit ihrem Streben nach Mehrwert auf Kosten anderer und ihrer Billigung und Verteidigung der kapitalistischen Gesellschaftsform rückständig und antagonistisch. Denn „ausschließlich als Mittel zur Verwohlfeilerung des Produkts betrachtet, ist die Grenze für den Gebrauch der Maschinerie darin gegeben, daß ihre eigene Produktion weniger Arbeit kostet, als ihre Anwendung Arbeit ersetzt. Für das Kapital jedoch drückt sich diese Grenze enger aus. Da es nicht die angewandte Arbeit zahlt, sondern den Wert der angewandten Arbeitskraft, wird ihm der Maschinengebrauch begrenzt durch die Differenz zwischen dem Maschinenwert und dem Wert der von ihr ersetzten Arbeitskraft."[56] Da Arbeitslohn, Grundrente und Profit „die Einkommensquellen der drei Klassen von Grundeigentümern, Kapitalisten und Lohnarbeitern" sind, ergibt sich „der *Klassenkampf* als Schluß".[57]

Für diese Systemauseinandersetzung wäre es aber „irrig, zu glauben, daß es genüge, sich die kommunistischen Losungen, die

[55] W. I. Lenin, Bd. 2., S. 544 f., Auf welches Erbe verzichten wir? 1898.

[56] K. Marx, Das Kapital I, a.a.O., S. 414.

[57] K. Marx/F. Engels, Ausgewählte Briefe, Berlin (DDR) 1953, S. 240 (Marx an Engels, 30. 4. 1868). Vgl. W. I. Lenin, Bd. 29, S. 410 (Die große Initiative ...): „Als Klassen bezeichnet man große Menschengruppen, die sich voneinander unterscheiden nach ihrem Platz in einem geschichtlich bestimmten System der gesellschaftlichen Produktion, nach ihrem (größtenteils in Gesetzen fixierten und formulierten) Verhältnis zu den Produktionsmitteln, nach ihrer Rolle in der gesellschaftlichen Organisation der Arbeit und folglich nach der Art der Erlangung und der Größte des Anteils am gesellschaftlichen Reichtum, über den sie verfügen. Klassen sind Gruppen von Menschen, von denen die eine sich die Arbeit einer anderen aneignen kann infolge der Verschiedenheit ihres Platzes in einem bestimmten System der gesellschaftlichen Wirtschaft".

Schlußfolgerungen der kommunistischen Wissenschaft anzueignen, ohne sich jene Summe von Kenntnissen anzueignen, deren Ergebnis der Kommunismus selbst ist ... Alles, was das menschliche Denken hervorgebracht hatte, hat ... [Marx] umgearbeitet, der Kritik unterworfen, an der Arbeiterbewegung überprüft und dann jene Schlußfolgerungen gezogen, die die in den bürgerlichen Rahmen eingezwängten oder an bürgerliche Vorurteile gefesselten Menschen nicht zu ziehen vermochten ... Die proletarische Kultur muß die gesetzmäßige Weiterentwicklung jener Summe von Kenntnissen sein, die sich die Menschheit unter dem Joch der kapitalistischen Gesellschaft, der Gutsbesitzergesellschaft, der Beamtengesellschaft erarbeitet hat ... Kommunist kann einer nur dann werden, wenn er sein Gedächtnis um alle diese Schätze bereichert, die von der Menschheit gehoben worden sind"[58], denn „der Kommunismus" ist „eine Sache der Menschheit, nicht bloß der Arbeiter".[59]

Jede idealistische ‚innere Bejahung', Furcht oder Resignation eines individuellen Schicksals vergrößert Unfreiheit, indem gedanklich die Möglichkeit abgeschnitten wird, die fehlende Freiheit zu erkämpfen, macht revolutionäre, d. h. zur Freiheit drängende Bewußtseinsbildung unmöglich. Weil aber der Sozialismus angeblich die ‚innere Freiheit' des Menschen bedroht *und* reale Freiheit für die Selbstverwirklichung des Menschen im Stoffwechsel mit der Natur fordert *und* zu Lasten der privaten Mehrwertaneigner realisiert, ist die Strategie der aggressiven kapitalistischen Ausbeuterklasse entsprechend mehrgleisig bis zum Export der Konterrevolution angelegt.

Der Containment-Politik nach dem Zweiten Weltkrieg, mit dem Zweck, „die Sowjetrepublik ungeheuer zu belasten ... und so Tendenzen zu fördern, die sich schließlich entweder im Zusammenbruch oder in einer allmählichen Milderung der sowje-

[58] W. I. Lenin, Bd. 31, S. 275 ff. Die Aufgaben der Jugendverbände. Rede auf dem III. Gesamtrussischen Kongreß des kommunistischen Jugendverbandes Rußland, 2. 10. 1920.

[59] F. Engels, Die Lage der arbeitenden Klasse in England (1845), MEW, Bd. 2, S. 505.

tischen Macht auswirken müssen",[60] und dem Balancieren am Rande eines Atomkriegs im Rahmen der Roll-Back-Politik, folgte in ideologischer Umorientierung der antikommunistischen Strategie auf die nicht mehr gegenüber der Meinung der Weltöffentlichkeit ignorierbare ,Herausforderung' der sozialistischen Politik der friedlichen Koexistenz die Konvergenztheorie, deren mechanizistischer, die geschichtliche Entwicklungsfolge fortschreitender Gesellschaftsformen unberücksichtigt lassender Inhalt mit ihrer Einseitigkeit, daß „der Wandel beinahe ausschließlich auf seiten der Sowjetunion gesehen wird",[61] von der Politik des ,Brückenschlags' und der ,Vermenschlichung' und ,Transformation' des Sozialismus ergänzt wurde: „Es geht um eine Politik der Transformation . . . um eine Politik der friedlichen Veränderung des Konflikts, um eine Politik der Durchdringung".[62] Die neue, von Befürwortern des ,Kalten Krieges' als ,Aufweichungserscheinung' mißverstandene amerikanische „Strategie des Friedens läßt sich auch durch die Formel definieren, daß die kommunistische Herrschaft nicht beseitigt, aber verändert werden soll . . . „Das ist eine Politik, die man auf die Formel bringen könnte: Wandel durch Annäherung".[63]

Durch die bürgerliche oder revisionistische Anerkenntnis einzelner Voraussetzungen und Ergebnisse der sozialistischen Theorie und des sozialistischen Aufbaus soll der Aufbau des Sozialismus als Ganzes desto sicherer herabgesetzt werden können. „Die Dialektik der Geschichte ist derart, daß der theoretische Sieg des Marxismus seine Feinde zwingt, sich als Marxisten zu *verkleiden*."[64] Dann kann in verschiedensten Stufen der Kritik

[60] G. F. Kennan, Amerikas Außenpolitik 1900–1950 und ihre Stellung zur Sowjetmacht, Zürich 1952, S. 142; zum „Taktieren des Westens" vgl. F. Vilmar, Rüstung und Abrüstung im Spätkapitalismus, Frankfurt 1965, S. 235.

[61] S. P. Huntington/Z. K. Brzezinski, Die Sowjetunion und die Vereinigten Staaten. Konvergenz oder Evolution der politischen und sozialen Strukturen? In: Europa-Archiv, Bonn, 12/1964, S. 428.

[62] W. Brandt, Koexistenz – Zwang zum Wagnis, Stuttgart 1963, S. 83 f.

[63] E. Bahr, Rede vor der Evangelischen Akademie Tutzing, Juli 1963, nach: Politische Studien, München, Nr. 173/1967, S. 326.

[64] W. I. Lenin, Bd. 18, S. 578, Die historischen Schicksale der Lehre von Karl Marx, 1. 3. 1913. Vgl. dazu die Einteilung von W. R. Beyer (Tendenzen bun-

trotz der beispiellosen Erfolge der sozialistischen Länder bei der Aktivierung großer Teile der Bevölkerung zu politischem Interesse, zur politischen Mitarbeit und Verantwortung von einem *zu verändernden* demokratischen Totalitarismus gesprochen werden: „Soweit aber das totalitäre System seine radikalste Form erreicht und in die Lage kommt, Scheinspontaneität künstlich zu schaffen und somit die Freiheit nicht nur unterdrückt, sondern zerstört, bedarf es des Terrors nur noch in geringerem Maße oder gar nicht mehr, denn der einzelne Mensch ist dann mehr oder weniger das Produkt des Systems und von vornherein auf dessen Bedürfnisse geeicht. Eine Verminderung des Terrors muß demnach nicht unbedingt als eine politische Normalisierung des Systems angesehen werden, sondern kann ganz im Gegenteil auch Symptom fortgeschrittener Totalität sein.“[64a]

Deswegen sei es nötig, im Wettbewerb der Koexistenz, im „Ringen um die Seelen der Menschen“, die antikommunistische Infiltration in strategischer konterrevolutionärer, gegenideologischer Planung zu betreiben: „Wie bei uns das Entstehen von Revolutionslagen zu verhindern ist und bestehende Revolutionslagen gemildert und beseitigt werden müssen, so sind auf der Gegenseite im unerbittlichen geistigen Wettbewerb der Koexistenz Revolutionslagen zu schaffen und zu ‚verschärfen‘.

Unser Gedankengut ist in das öffentliche Leben der kommunistischen Staaten mit allen Mitteln der modernen Propaganda auf psychologisch geschickte Weise einzuschleusen. Unter Ausnutzung nationaler Verschiedenheiten, religiöser Überlieferungen, auch menschlicher Schwächen wie der Neugier, der weiblichen Eitelkeit, der Sehnsucht nach Vergnügen ist die Indifferenz zu den Zielen der kommunistischen Staatsführung zu fördern.

desdeutscher Marx-Beschäftigung, Köln 1968, S. 31) in ‚amtliche‘ und ‚halbamtliche‘ Marxologen, idealistische Marxismus-Kritiker, revisionistische, inverse Marxismuskritiker, Putativmarxisten und Hegel-Marxianer.

64a H. Buchheim, Struktur der totalitären Herrschaft und Ansätze totalitären Denkens, in: Vierteljahrshefte für Zeitgeschichte, a.a.O., 2/1960, S. 168 f.

Wirtschaftliche, moralische und andere Mißstände, die für die kommunistische Staatsführung typisch sind, sind schonungslos aufzuzeigen mit dem Ziel, die Bevölkerung bis zum passiven Widerstand (‚arbeite langsam!') und zur Sabotage zu bringen. Geht dann der kommunistische Staat gegen einzelne Abtrünnige vor, so sind seine Maßnahmen, die als ungerecht erscheinen, möglichst allgemein bekanntzumachen, damit Mitleid und neue Abneigung gegen das kommunistische System erweckt werden.

Zu den geistig Schaffenden eines kommunistischen Staates ist auf Kongressen, auf Reisen usw. Verbindung aufzunehmen. Diskussionen sind nicht zu scheuen. Der Postverkehr und der kulturelle Austausch sind zu fördern, da der Westen hoffen kann, daß besonders die Jugend in vielen kommunistischen Staaten durch das bloße Kennenlernen ihrer Umwelt und durch die Möglichkeiten kritischen Vergleichs den Idealen ihrer Staatsführung entfremdet wird, die in der Abschließung am besten existieren.

Die Menschen in den kommunistischen Staaten werden auf diese Weise zu bewußten oder unbewußten Trägern westlicher Ideen, es wird das Gefühl allgemeinen Unbehagens geschaffen, das Voraussetzung ist für die – sich ohne Gewaltanwendung abwickelnde – innere Veränderung und Umwälzung in diesen Staatswesen. Durch pausenlose, den Gegner ermüdende Arbeit sind diese natürlichen Entwicklungen zu beschleunigen ... Im Falle des Quasi-Staates ‚DDR' kommt hinzu, daß die Bevölkerung unter der Trennung vom freien Teile Deutschlands leidet und in hohem Maße nicht nur gegen die Besatzungsmacht, sondern gegen die von dieser eingesetzten Fronvögte der SED aufgebracht ist ... Die Revolutionslage ist also für uns besonders günstig, es ergeben sich gute Möglichkeiten zur Verbreitung von Kristallisationsparolen mit dem Ziel, die Autorität der dort Regierenden zu untergraben."[65]

[65] A. v. Schack, Der geistige Kampf in der Koexistenz. In: Außenpolitik, Stuttgart, 11/1962, S. 766, 773 ff.

Zusammengefaßt heißt Export der Konterrevolution: „Die sowjetische Stellung in Osteuropa muß so weit ausgehöhlt werden, bis die osteuropäischen Staaten nicht länger als willige Werkzeuge fungieren und Ostdeutschland zu einer isolierten, ausschließlich auf sowjetischen Garnisonen begründete Sowjetkolonie geworden ist. Es liegt offenbar in der Macht der Vereinigten Staaten und Westdeutschlands, die Etnwicklungen in dieser Richtung hin zu beeinflussen ... Sobald ein Land seine äußere Unabhängigkeit von der Sowjetunion verstärkt oder größere innenpolitische Freiheiten gewährt, sollte es belohnt werden" durch wirtschaftliche Hilfsprogramme zur Unterstützung der „internen Liberalisierung der osteuropäischen Staaten".[66]

Die spezielle westdeutsche Forderung nach „Überwindung des status quo" als „bindende Aufgabe"[67] hat mit den ‚Ost-Verträgen' und den Meinungsverschiedenheiten zwischen der BRD und den USA über die zweckmäßigsten Arten der ‚friedlichen' Durchdringung der sozialistischen Staaten sich keineswegs abgeschwächt und wird von sozialistischer Seite nach wie vor als Absicht eingeschätzt, „mit ökonomischen Mitteln und Methoden der psychologischen Kriegsführung in die sozialistischen Länder einzudringen und die sozialistische Gesellschaftsordnung zu unterminieren. Da dem Imperialismus angesichts der geschlossenen Front der Warschauer Vertrags-Staaten eine direkte Konfrontation und militärische Auseinandersetzung in Europa zu gewagt erscheint, soll die Festung durch Umgehungsmanöver sturmreif gemacht werden."[68]

Die imperialistische konterrevolutionäre Strategie und ihr Verständnis der Koexistenz als Methode der Zurückdrängung und

[66] Z. K. Brzezinski, Alternative zur Teilung, Neue Möglichkeiten für eine gesamteuropäische Politik, Köln und Berlin 1966, S. 186, 190, 170.

[67] K. G. Kiesinger, Rede auf der CSU-Landesversammlung, München, 12. 7. 1968, Bulletin des Presse- und Informationsamtes der Bundesregierung, Bonn, 18. 7. 1968, S. 792.

[68] Für Frieden und Sicherheit in Europa. Konferenz der kommunistischen und Arbeiterparteien Europas zu Fragen der europäischen Sicherheit, Karlovy Vary, 24.–26. 4. 1967, Berlin (DDR) 1967, S. 4.

Überwindung des Sozialismus mit wirtschaftlichen, politischen und ideologischen Mitteln unter Ausnutzung von Fehlern der sozialistischen Regierungen, wie etwa in Ungarn 1956 und in der Tschechoslowakei 1968, setzt dabei besonders auf den kleinbürgerlichen Nationalismus. Die „Neigung zu einem ‚nationalen‘ Kommunismus“ wird als „eine sehr brauchbare Taktik“[69] verstanden und ausgenutzt in der Erwartung, daß Autonomiebestrebungen sozialistischer Länder im Rahmen des ‚Polyzentrismus‘ zu einem „polymorphen Weltkommunismus“ führen,[70] der mit dem „Sprengmittel ... des nationalen Egoismus“[71] die sozialistische Staatengemeinschaft bzw. das „sowjetische Imperium“ auflöst[72] und in der „Folge der übernationalen nivellierenden Einwirkung der modernen Technik und der Logik jeder großen Konfrontation, die den Gegnern identische oder ähnliche Methoden des Handelns auferlegt“,[73] auf den ‚Dritten Weg‘ „der höheren Synthese von Kapitalismus und Kommunismus“[74] führt.

Wie erwähnt, dürfen die kapitalistischen Staaten zunächst „nur solche Projekte unterstützen, die mehr der Auflockerung Europas als der wirtschaftlichen Stärkung des osteuropäischen Regimes dienen“,[75] damit in einer ersten Stufe „über eine den Westen wie den Osten umfassende Integration Europas“ der Einfluß des Sozialismus auf die „russische Westgrenze zurückgesteckt“ werden kann[76]. Denn „je stärker die osteuropäischen Staaten handelspolitisch auf den Westen ausgerichtet werden können, desto geringer muß zwangsläufig ihr interner Handels-

[69] F. J. Strauß, Entwurf für Europa, Stuttgart 1966, S. 76.

[70] G. Nollau, Zerfall des Weltkommunismus, Köln 1963, S. 125.

[71] E. Majonica, Deutsche Außenpolitik, Probleme und Entscheidungen. Stuttgart 1965, S. 130, 177.

[72] W. Hofer, Vaterland – Vergangenheit und Zukunft, in: Das Parlament, Bonn, Beilage, 15. 12. 1965, S. 23.

[73] I. Deutscher, Die unvollendete Revolution, Frankfurt 1970, S. 100.

[74] O. K. Flechtheim, Weltkommunismus im Wandel, Köln 1965, S. 240.

[75] F. J. Strauß, Entwurf für Europa, a.a.O., S. 42.

[76] F. Herre, Deutsche Europapolitik zwischen Integration und nationalem Interesse, in: H. R. Reuther (Hrsg.), Deutschlands Außenpolitik seit 1955, a.a.O., S. 107.

austausch im Rahmen des COMECON mit der UdSSR sein",[77] so daß schließlich „Westeuropa seinen Einflußbereich unter Herstellung der Gemeinsamkeiten von Interessen bis an die russischen Ostgrenzen ausdehnen und dabei entweder die zwischen dem Westen und der UdSSR gelegenen osteuropäischen Satelliten neutralisieren oder sie auf der Basis des gemeinsamen Europäertums in das gesamteuropäische Lager führen" kann, entweder „als Staatenbund oder als europäische Gemeinschaft".[78]

Derartige antisozialistische Zielvorstellungen im Rahmen einer „europäischen Friedensordnung",[79] die unversehens zur berüchtigten „europäischen Neuordnung" und „Neuordnung Europas" wird,[80] die über eine schrittweise EWG-Assoziierung der osteuropäischen Staaten die sozialistische Staatengemeinschaft aufzulösen versuchen, werden letztlich mit der angeblich aggressiven totalitären sozialistischen Außenpolitik begründet. Nicht die Fehler der imperialistischen Machtpolitik in der Vergangenheit und der Gegenwart, sondern der „gegenwärtige status quo mit allen seinen unvorhersehbaren Risiken" sei die „latente Gefahr für den Weltfrieden".[81]

Die Unwahrheit solcher Argumente, deren Virulenz in einer Atmosphäre der antikommunistischen Einschränkung demokratischer Grundrechte und monopolistischer Presseinformation auch nach Ratifizierung der ‚Ost-Verträge' und dem Wahlsieg der sozialliberalen Koalition vom 19. 11. 1972 besteht, ist gefährlich. Sie könnte Folgen haben, deren politischer Verant-

77 C.-A. Andreae/D. Schoen, Der größere Markt. Wirtschaftsintegration vom Atlantik bis zum Ural, Stuttgart 1966, S. 314.

78 A.a.O., S. 366.

79 E. Blumenfeld, Wege zu einer europäischen Friedensordnung, Probleme und Möglichkeiten einer Annäherung zwischen Ost- und Westeuropa, in: Europa-Archiv, Bonn 3/1967, S. 95.

80 A.a.O., S. 96, 98, 101, 104. In der Nachfolge der wilhelminischen ‚alldeutschen' „Mitteleuropa"-Konzeption vgl. A. Hitler, Der großdeutsche Freiheitskampf, Bd. II, München 1941, S. 222: „Das Jahr 1941 wird, dessen bin ich überzeugt, das geschichtliche Jahr einer großen Neuordnung Europas sein!"

81 F. J. Strauß, Entwurf für Europa, a.a.O., S. 55, 8.

wortung sich die Bürger der BRD nach zwei Weltkriegen nicht entziehen könnten. Denn sie könnten nicht sagen, „daß ihre Nation überrascht worden sei. Einer Nation und einer Frau wird die unbewachte Stunde nicht verziehen, worin der erste beste Abenteurer ihnen Gewalt antun konnte.“[82] Sie „könn[en] jetzt wissen, was es wirklich war: die gewaltsame Verhinderung eurer Revolution ... Die Industriellen und die Finanzleute sind der Feind, den ihr schlagen sollt. Das könnt nur ihr selbst ... Eine revolutionäre Gesinnung, die standhaft bleibt, eine Revolution, die sich vererbt und verewigt: das wird verlangt. Hättet ihr Opfer zu bringen wie im Krieg, laßt dennoch nicht nach! Man sagt euch, die schwere Industrie solle künftig kontrolliert werden. Gewiß kontrolliert. Fragt sich nur, wer der allein vertrauenswürdige Kontrolleur ist. Ihr selbst! Euer Staat, gesetzt, daß es wirklich eurer ist!“[83]
Die Tatsache, daß von der „totalen Fehleinschätzung der durch die russische Oktoberrevolution bewirkten Lage ... sich der Antikommunismus nie mehr befreien“ konnte, läßt die große Gefahr der antisowjetischen Kräfte, „an jeder geschichtlichen Wegscheide die Möglichkeiten positiver Bemühungen um eine allgemeine Friedens- und Sicherheitsordnung in Europa zu verfehlen“,[84] für die demokratische Öffentlichkeit unvermindert bestehen. Nach dem Scheitern einer „westeuropäische[n] Aktionsgemeinschaft“ als „Ausgangsbasis für eine Politik, mit der die Demarkationslinie der Kriegskonferenz von Jalta beseitigt werden kann“, mit den „Grundlagen für eine europäische nukleare Abschreckungsmacht“,[85] wird in der BRD im Rahmen der amerikanischen „Doktrin der neuen Partnerschaft“[86] „für

82 K. Marx, Der achtzehnte Brumaire des Louis Bonaparte (1852), in: K. Marx/F. Engels, Ausgewählte Schriften, Bd. I, a.a.O., S. 230.
83 H. Mann, An das befreite Berlin, 9. Mai 1945, in: Verteidigung der Kultur, Antifaschistische Streitschriften und Essays, Berlin (DDR) und Weimar 1971, S. 358 f.
84 E. Kogon, Die Funktion des Antikommunismus in der Bundesrepublik Deutschland, in: American Friends Service Comittee (Hrsg.), Anatomie des Antikommunismus, Olten 1970, S. 192, 199.
85 F. J. Strauß, Entwurf für Europa, a.a.O., S. 12, 19.
86 Vgl. United States Foreign Policy for the 1970's: Building for Peace. A Re-

eine Renaissance der europäischen Verteidigungsgemeinschaft im atomaren Rahmen"[87] plädiert. Die gefährlichen Forderungen einer Minderheit werden immer noch nicht ausreichend als reaktionäres Klasseninteresse verstanden: „Der Antisowjetismus ist deshalb mehr und mehr zu einer Haltung geworden, die Ignoranz im doppelten Sinn bedeutet: Ignoranz gegenüber dem Fremden als Folge der Ignoranz gegenüber dem Eigenen. Antisowjetismus ist im buchstäblichen Sinn des Wortes – gemessen an Möglichkeiten und historischen Erfahrungen unseres Landes – Ausdruck von Barbarentum."[88]

2. *Die imperialistische Politik der offenen Aggression im Fernen und Nahen Osten*

Entgegen den Prinzipien der Vereinten Nationen und den sozialistischen Abrüstungsbemühungen erlaubte es die imperialistische amerikanische Theorie der sogenannten ‚subversiven', gegen Freiheit und Demokratie schlechthin gerichteten ‚Umsturzbewegungen' an die Stelle des nach dem Zweiten Weltkrieg völkerrechtlich und moralisch verurteilten Offensivkrieges die Doktrin von im Ausland zur Bewahrung von Freiheit und Demokratie geführten *Defensiv*kriegen zu verbreiten.[1] Alle im Zuge der Niederwerfung des deutschen und japanischen sowie der Schwächung des britischen Imperialismus erstarkten jahrzehntelang bestehenden nationalen Befreiungsbewegungen waren danach zur Erhaltung der kapitalistischen Positionen im Verein mit einheimischen reaktionären Regierungen konspirativ oder offen im Bündnis mit anderen kapitalistischen Staaten zu bekämpfen.

port to the Congress by Richard Nixon, President of the United States, Febr. 25, 1971, Washington, D. C.

[87] W. L. Kiep, Good-bye Amerika – was dann? Stuttgart 1972, S. 165.

[88] Sowjetische Kultur heute. Zum 50. Jahrestag der UdSSR, in: Kürbiskern, München, 1/1973, S. 5.

[1] Vgl. J. Horlemann, Modelle der kolonialen Konterrevolution, Beschreibung und Dokumente, Frankfurt 1968, S. 186 ff.

Unmittelbar nach Beendigung des Zweiten Weltkriegs landeten nordamerikanische Truppen in Südkorea und versuchten, ihren Einfluß auf das ganze Land und die Herstellung der nationalen Unabhängigkeit auszudehnen. Entgegen der Vereinbarung der sowjetisch-amerikanischen Außenministerkonferenz vom Dezember 1945 zur Bildung einer gesamtkoreanischen provisorischen Regierung wurde gewissermaßen im Vorlauf zur deutschen Spaltung von den Amerikanern 1948 die Bildung einer südkoreanischen Regierung initiiert, der die Gründung der Koreanischen Volksdemokratischen Republik im Norden folgte, wonach Ende 1948 die Sowjetunion ihre Truppen aus Nordkorea abzog, während die amerikanischen Truppen bis Mitte 1949 stationiert blieben. Unter starkem Druck auf die südkoreanische Regierung durch amerikanische Materiallieferungen kam es nach anhaltenden gezielten Provokationen auf nordkoreanischem Gebiet zum Einmarsch südkoreanischer Truppen am 25. 6. 1950.
Die imperialistische Absicht, die internationale Lage zu verschärfen, um sowohl die asiatische nationale Befreiungsbewegung zu unterdrücken als auch die europäische Wiederaufrüstung zu motivieren, wurde durch die amerikanischen UN-Sicherheitsrat-Resolutionen eines angeblichen Überfalls nordkoreanischer Truppen auf die Republik Korea und der Notwendigkeit militärischer Gegenoperationen zur Wiederherstellung des Weltfriedens verschleiert, mit der Folge der Intervention der unter amerikanischem Druck gebildeten und zu 90% aus amerikanischen Truppen bestehenden UN-Truppen mit Erwägung von Atomwaffeneinsatz[2] gegenüber den nach amerikanischer Bombardierung der Chinesischen Volksrepublik mit chinesischen Freiwilligen verstärkten nordkoreanischen Truppen.
In Wirklichkeit galt Korea in der imperialistischen Strategie als „eine Wohltat. Es mußte ein Korea geben, hier oder sonstwo in der Welt".[3] Die sozialistische Initiative zur Beilegung des Kon-

[2] H. S. Truman, Memoiren, Bern 1956, Bd. II, S. 452 f.
[3] I. F. Stone, The Hidden Story of the Korean War, New York 1952, S. 348.

flikts bei den Vereinten Nationen, die „eine sehr ernsthafte Reaktion hervorgerufen hat, gegen die wir unter Ausnutzung aller Mittel zu kämpfen gezwungen waren“,[4] führte schließlich zum Waffenstillstandsabkommen vom 27. 7. 1953.

Auf der Genfer Außenministerkonferenz am 8. 5. 1954 über Korea und Indochina stießen die sozialistischen Vorschläge zur friedlichen Wiedervereinigung Koreas auf Ablehnung, aber in der Indochinafrage kam es unter dem Eindruck der trotz massiver amerikanischer Mittelbereitstellung[5] für Frankreich gefallenen Festung Dien Bien Phu am 20./21. 7. 1954 zum Abkommen über die Beendigung der Kampfhandlungen in Vietnam, Kambodscha und Laos, mit der Verpflichtung der Konferenzmächte, die Souveränität dieser Länder zu achten, keine Einmischungen in deren innere Angelegenheiten zuzulassen und freie Wahlen unter internationaler Kontrolle zu garantieren. Allein die USA beteiligten sich nicht an diesem Abkommen und schlossen am 8. 9. 1954 den SEATO-Pakt mit dem die Militärbündnisfreiheit des Genfer Abkommens verletztenden zusätzlichen Einbezug von Kambodscha, Laos und Südvietnam. Die südvietnamesische Aufrüstung mit amerikanischem Beratungspersonal ab 1955 gipfelte Anfang 1965 in der Übernahme der Kriegsführung gegen die Bevölkerung Südvietnams durch amerikanische Truppen und im unerklärten Krieg gegen die DRV.

Im Nahen Osten hatte nach dem Sturz der Monarchie, der Ausrufung der Republik 1952 und dem Abschluß des britisch-ägyptischen Abkommens von 1954, das den Abzug der britischen Truppen und die Auflösung der britischen Militärstützpunkte bis 1956 vorsah, die Haltung der kapitalistischen Investoren zum Suez-Konflikt geführt, weil die ägyptische Regierung die zur wirtschaftlichen Entwicklung des Landes nötigen

[4] G. C. Marshall in: Mutual Security Act of 1951. Hearings before the Committee on Foreign Relations and the Committee on Armed Services, United States Senate, 82nd Congress, 1st Session, July 27, 1951, Washington, D.C., 1951, S. 41.

[5] Vgl. Documents on American Foreign Relations 1953, New York 1954, S. 350 ff.

Finanzierungsmittel, u. a. für den Assuan-Staudamm, nicht über mit politischen Auflagen verbundene kapitalistische Kredite zu beschaffen bereit war und deshalb am 26. 7. 1956 die Nationalisierung der Suezkanal-Gesellschaft verkündete. Dem Unabhängigkeits- und Gleichberechtigungsanspruch Ägyptens standen die wirtschaftlichen und strategischen Interessen der Westmächte entgegen, deren Bereitschaft zur militärischen Gewaltanwendung auf der Londoner Außenministerkonferenz vom 29. 7. 1956 feststand.

Die britische „Regierung war der Ansicht, daß der Schutz unserer lebenswichtigen Interessen notfalls durch militärisches Vorgehen sichergestellt und die notwendigen Vorbereitungen getroffen werden müßten ... Wirtschaftliche und politische Pressionen reichten möglicherweise nicht aus, Nasser in Schach zu halten und die internationale Kontrolle des Kanals wiederherzustellen. Von Anfang an an mußten wir uns vorbereiten, unseren Bekundungen durch militärische Aktion Nachdruck zu verleihen."[6] Auch der amerikanische Präsident Eisenhower wies nach dem etwaigen Scheitern von Verhandlungen „Gewaltanwendung nicht ganz von der Hand. Er erkannte die überragende Bedeutung des Kanals für die freie Welt wie auch die Möglichkeit an, daß im äußersten Falle die Gewaltanwendung nötig sein könnte, um internationale Rechte zu schützen." Nach Außenminister Dulles galt es, sich zu „bemühen, die Weltmeinung für die internationale Verwaltung des Kanals zu gewinnen ... Es sollte möglich sein, in der Welt eine derartige Stimmung gegen Nasser zu schaffen, daß er isoliert dasteht. Wenn dann eine militärische Operation unternommen werden müßte, würde sie begreiflicherweise erfolgreicher sein und weniger schwere Rückwirkungen nach sich ziehen, als wenn man sie überstürzt hätte."[7]

Dem aus dem britischen Mandatsgebiet Palästina durch UN-Beschluß 1947 zusammen mit einem arabischen Staat entstan-

[6] Sir A. Eden, Memoiren 1945–1957, Köln und Berlin (W), 1960, S. 483 f.
[7] A.a.O., S. 495 f.

denen Staat Israel, der 1948/49 einen wesentlichen Teil dieses arabischen Staates erobert hatte, fiel nach Verhandlungen mit Großbritannien und Frankreich Ende Oktober 1956 die Aufgabe zu, über zweihundert Kilometer weit in Ägypten einzudringen, um Gelegenheit für das britisch-französische zwölfstündige Ultimatum vom 30. Oktober zu geben, das der ägyptischen Regierung unter Androhung einer bewaffneten Intervention neben der Beendigung militärischer Verteidigungshandlungen und dem militärischen Rückzug vom Suezkanal das Einverständnis zur Anwesenheit britischer und französischer Truppen in Port Said, Ismailia und Suez abverlangte.
Den britisch-französischen Luftangriffen vom 31. 10. 1956 und der Besetzung der Suezkanalzone vom 5. November gebot erst die sowjetische Warnnote an Großbritannien, Frankreich und Israel vom 5. November Einhalt, aufgrund des von der Sowjetunion im Sicherheitsrat der UN eingebrachten Resolutionsentwurfs und der Resolution der UN-Vollversammlung, daß sie entschlossen sei, den Frieden im Nahen Osten durch bewaffnete und andere Hilfe wiederherzustellen und die Aggressoren zu zerschmettern. 22 Stunden nach der Notenübergabe endeten die britisch-französisch-israelischen Kampfhandlungen.

3. Die sozialistische Hilfe für Revolutions- und Entwicklungsländer

Die Niederlage der imperialistischen Aggression in Ägypten war Anlaß eines neuen Aufschwungs der nationalen Befreiungsbewegung in vielen Ländern der Erde und hatte wiederum zahlreiche imperialistische Versuche seiner Unterdrückung zur Folge. Aber die sozialistische Gesellschaftsauffassung ist sich mit den fortschrittlichen Kräften der Länder „Asiens, Afrikas und Lateinamerikas völlig einig darüber, daß die letzten Kolonialregimes vom Erdball hinweggefegt werden müssen“, um die riesigen brachliegenden landwirtschaftlichen Flächen und die bis jetzt vergeudete Schaffenskraft der nach UNESCO-Daten

nahezu eine Milliarde zählenden Analphabeten zu nutzen. „Überall da, wo sich der Kampf der Völker gegen die ausländische imperialistische Einmischung entfaltet – auf Zypern und im Kongo, in Südostasien und auf der arabischen Halbinsel, in den Ländern Lateinamerikas –, sehen und spüren die Völker unsere Unterstützung ihres gerechten Kampfes für die nationale und soziale Befreiung."[1]
Die sozialistischen Vorschläge zum Entwurf einer Deklaration über die Gewährung der Unabhängigkeit an die kolonialen Länder und Völker auf der 15. UN-Vollversammlung 1960,[2] dem der sozialistische Entwurf über die Verwirklichung dieser Deklaration auf der 16. Vollversammlung 1961 folgte, sind von allen Ländern der Welt außer den Kolonialmächten, den USA, Großbritannien, Frankreich, Portugal, Belgien, der Südafrikanischen Union, Spanien, Australien und der Dominikanischen Republik, in der Deklaration der UN-Vollversammlung vom 14. 12. 1960 angenommen worden. Der weltweite Kampf gegen die auf ihren Positionen beharrenden, kleinere Länder gegeneinander ausspielenden Kolonialmächte dauert an.
Dem versuchten, vom amerikanischen Geheimdienst initiierten Staatsstreich im unabhängigen Syrien im August 1957 und der versuchten bewaffneten Intervention stellte die Sowjetunion ihre Beistandserklärung entgegen, der bewaffneten Intervention der USA und Großbritanniens im Libanon und in Jordanien unmittelbar nach der siegreichen Revolution gegenüber der Monarchie im Irak im Juli 1958 die Anerkennung der Republik Irak einen Tag nach der Landung der amerikanischen Truppen im Libanon. Die bereits auf der 10. UN-Vollversammlung 1955 von sozialistischer Seite geforderte friedliche Lösung der Algerienfrage führte im September 1960, eineinhalb Jahre nach dem Ende des Algerienkriegs, zur de facto-Anerkennung Algeriens als Republik durch die Sowjetunion, während sie in einer Erklärung vom Mai 1958 die Einmischungen und aggressiven

[1] L. I. Breschnew, Auf dem Wege Lenins, a.a.O., Bd. I, S. 29.
[2] Vgl. Handbuch der Verträge 1871–1964, a.a.O., S. 697 ff.

Handlungen ausländischer Mächte gegenüber der Republik Indonesien entschieden verurteilt hatte. Dem Sturz der proamerikanischen kubanischen und laotischen Regierungen folgten die Aufnahmen diplomatischer Beziehungen zu den neuen Volksregierungen im Mai bzw. Oktober 1960. Im August 1960 reagierte die Sowjetunion gegen die bewaffnete Intervention der Westmächte in der im Juni ausgerufenen Republik Kongo mit einer Hilfeleistungserklärung.

Bis Ende 1971 hatten sozialistische Staaten in Asien mit 26, in Afrika mit 35 und in Lateinamerika mit 16 Revolutions- bzw. Entwicklungsländern diplomatische Beziehungen aufgenommen. Während dieser Zeit zeigte sich, vom Nahost- und Vietnamkrieg abgesehen, der imperialistische Druck und die bewaffnete imperialistische Intervention besonders in der Dominikanischen Republik 1965, Zypern 1967, Guinea 1970, Chile und Bangla desch 1971.

Indem die sozialistischen Staaten den Revolutions- und Entwicklungsländern helfen, wissenschaftlich begründete Pläne für eine fortschrittliche ökonomische und soziale Entwicklung auszuarbeiten, erklären sie nach den Prinzipien des proletarischen Internationalismus und der friedlichen Koexistenz den „völligen Bruch mit der barbarischen Politik der bürgerlichen Zivilisation, die den Wohlstand der Ausbeuter in einigen wenigen auserwählten Nationen auf der Versklavung der Hunderte Millionen Werktätiger in Asien, in den Kolonien überhaupt und in den kleinen Ländern begründete".[3] Dabei entbehrt der antisowjetische Vorwurf, diese Hilfe bedeute eine neue Abhängigkeit bis zu einem Satellitenverhältnis gegenüber der UdSSR, jeder Grundlage. „Den Mißtrauischen, die sich fragen, ob man nicht den einen Imperialismus los wird, um in einen anderen zu geraten, können wir in aller Aufrichtigkeit sagen, daß ... niemals die Führung eines sozialistischen Landes auch nur versucht hat, uns Rat aufzudrängen. Als uns die Sowjets den ersten 100-

[3] W. I. Lenin, Bd. 26, S. 425, Deklaration der Rechte des werktätigen und ausgebeuteten Volkes, Januar 1918.

Millionen-Kredit gaben, verlangten sie nicht einmal diplomatische Anerkennung... Nur Imperialisten brauchen Satelliten, um sie zu berauben und auszubeuten; brauchen Marionetten, die ihnen zuspielen. Welch ein Unterschied besteht dagegen in den Beziehungen zwischen sozialistischen Ländern, besonders zwischen Kuba und der Sowjetunion!"[4]

Das unablässige Eintreten für die unterdrückten Völker in der außenpolitischen Praxis, im Falle der Sowjetunion seit ihrer Gründung, daß die Kolonialvölker auf gleicher Stufe mit den europäischen Völkern an Konferenzen und Kommissionen teilnähmen mit dem Recht, keine Einmischung in ihre eigenen Angelegenheiten zu dulden, steht fortschrittlich im Gegensatz zu allen Arten kapitalistischer Wirtschaftshilfe, die nur Investitionen zur ergiebigeren Ausplünderung darstellen, als „jenen Betrug, ... den die imperialistischen Mächte systematisch begehen, indem sie scheinbar politisch unabhängige Staaten schaffen, die jedoch wirtschaftlich, finanziell und militärisch vollständig von ihnen abhängig sind".[5]

Die Hilfe der sozialistischen Staaten für nichtsozialistische Entwicklungsländer, deren Regierungen größtenteils durch Bourgeoisie- und Feudalgruppen gebildet werden, die sich zur Selbständigkeitsbehauptung innenpolitisch einiger nichtkapitalisti-

[4] C. R. Rodriguez, Rede zum 55. Jahrestag der Großen Sozialistischen Oktoberrevolution, in: Granma, Havanna, 19. 11. 1972, S. 9. Vgl. Die Aufgaben des Kampfes gegen den Imperialismus in der gegenwärtigen Etappe und die Aktionseinheit der kommunistischen und Arbeiterparteien, aller antiimperialistischen Kräfte, in: Internationale Beratung der kommunistischen und Arbeiterparteien in Moskau 1969, a.a.O., S. 44: „Die kommunistischen und Arbeiterparteien wirken unter sehr verschiedenartigen, spezifischen Bedingungen, die ein entsprechendes Herangehen an die Lösung konkreter Aufgaben erfordern. Jede Partei arbeitet ihre Politik völlig selbständig aus, indem sie sich von den Prinzipien des Marxismus-Leninismus leiten läßt und die konkreten nationalen Bedingungen berücksichtigt. Sie bestimmt die Richtung, die Formen und Methoden des Kampfes, wählt in Abhängigkeit vo nden jeweiligen Bedingungen den friedlichen oder nichtfriedlichen Weg des Übergangs zum Sozialismus sowie die Formen und Methoden des Aufbaus des Sozialismus in ihrem Lande."

[5] W. I. Lenin, Bd. 31, S. 138, Ursprünglicher Entwurf der Thesen zur nationalen und zur kolonialen Frage, 5. 6. 1920.

scher Planungsmethoden wie Entwicklung einer staatlichen Industrie, der Agrarkooperative und bestimmter Auflagen für das Privatkapital bedienen, unterliegt trotz der Neigung dieser Länder, dem Imperialismus auf Kosten der sozialistischen und anderer nach Unabhängigkeit strebenden Völker Zugeständnisse zu machen, in sozialistischer Sicht streng den Prinzipien der friedlichen Koexistenz, wie die Haltung der sozialistischen Länder bei der Verfolgung von Revolutionären etwa in Indonesien und im Sudan gezeigt hat.

Angesichts der Versuche, „Zwiespalt in den Beziehungen zwischen den Staaten zu schaffen, die die nationale Unabhängigkeit erkämpft haben", wirkt die sozialistische Außenpolitik der friedlichen Koexistenz „den imperialistischen Umtrieben entgegen, trägt dazu bei, daß Meinungsverschiedenheiten zwischen diesen Staaten friedlich gelöst werden. Ein Beispiel dafür ist das Taschkenter Treffen führender Staatsmänner Indiens und Pakistans [1966]; dort konnten sich sogar kriegführende Länder über die Einstellung der Kampfhandlungen einigen", so daß „die Entwicklung auch die Aufgabe auf die Tagesordnung rückt, ein System der kollektiven Sicherheit in Asien zu errichten",[6] in der Annahme, daß „noch schwerste Auseinandersetzungen bevorstehen zwischen den Kämpfern für die wirkliche Freiheit und denen, die die jungen Nationalstaaten in die Ketten einer neuen Sklaverei schlagen möchten. Und entscheidende Bedeutung gewinnt in diesem Kampf die Herausbildung eines dauerhaften Bündnisses aller fortschrittlichen, aller antiimperialistischen Kräfte."[7]

Der Propagierung des Antikommunismus als Hauptwaffe des Imperialismus, der trotz seiner ‚Fäulnis' immer noch genug Kräfte hat und bildet, um nicht freiwillig den Kampf gegen den Fortschritt aufzugeben – „es wäre ein Fehler, zu glauben, daß diese Fäulnistendenz ein rasches Wachstum des Kapitalismus

[6] Internationale Beratung der kommunistischen und Arbeiterparteien Moskau 1969, a.a.O., S. 212 f.
[7] A.a.O., S. 191.

ausschließt“[8] – stellt die Politik der internationalen sozialistischen Hilfe in Auswertung der von der Praxis bestätigten Auffassung, „daß in unserer Epoche die Völker, die sich vom Kolonialjoch befreien, den Weg des sozialen Fortschritts unter Überspringung des Kapitalismus einschlagen können“,[9] mit der Sympathie und Unterstützung der sozialistischen Länder und der ganzen revolutionären und demokratischen Weltbewegung die „Festigung des Bündnisses zwischen dem sozialistischen Weltsystem, der Arbeiterbewegung und der nationalen Befreiungsbewegung“[10] entgegen.

Die nationale Befreiungsbewegung als Teil des weltrevolutionären Prozesses erweitert sich so zu einer weltweiten antiimperialistischen Frontstellung: „Um den Verbrechen des Imperialismus ein Ende zu bereiten, der noch schlimmeres Unheil über die Menschen heraufbeschwören kann, müssen sich die Arbeiterklasse, die demokratischen, revolutionären Kräfte, die Völker zusammenschließen und gemeinsam vorgehen. Den Aggressor in die Schranken zu weisen und die Menschheit vom Imperialismus zu befreien – das ist die Aufgabe der Arbeiterklasse und

[8] W. I. Lenin, Bd. 22, S. 305, Der Imperialismus als höchstes Stadium des Kapitalismus, Jan./Juni 1916.

[9] Internationale Beratung der kommunistischen und Arbeiterparteien Moskau 1969, a.a.O., S. 189; vgl. W. I. Lenin, Bd. 31, S. 232, II. Kongreß der Kommunistischen Internationale, 19. 7.–7. 8. 1920: „Können wir die Behauptung als richtig anerkennen, daß die zurückgebliebenen Völker, die sich jetzt befreien und unter denen wir jetzt, nach dem Krieg, eine fortschrittliche Bewegung beobachten, das kapitalistische Entwicklungsstadium der Volkswirtschaft unbedingt durchlaufen müssen? Diese Frage haben wir mit einem Nein beantwortet.“ Ferner A. G. Frank, Lateinamerika, Kapitalistische Unterentwicklung oder sozialistische Revolution, in: A. G. Frank/Che Guevara/M. Marini/ L. Vitale u. a., Kritik des bürgerlichen Antiimperialismus, Berlin (W) 1969, S. 129 f.: „Was müssen wir tun? Sollen wir abwarten, . . . den ‚marxistischen‘ Modellen aus der Metropole folgen, der Nr. 14, 13 oder 12 (wie sie Fidel auf der OLAS lächerlich gemacht hat, nach denen die ganze Menschheit notwendig die aufeinanderfolgenden und scheinbar vorbestimmten Etappen des rohen Kommunismus, der Sklaverei, des Feudalismus, des Kapitalismus und Kommunismus durchläuft . . . Niemals werden die [illegible] die Revolution machen, wenn sie der politischen Hauptthese dieser ‚marxistischen‘ Pseudowissenschaft folgen.“

[10] Internationale Beratung . . ., a.a.O., S. 35.

aller antiimperialistischen Kräfte, die für Frieden, Demokratie, nationale Unabhängigkeit und Sozialismus kämpfen."[11]
Die völkerrechtswidrige imperialistische Intervention mit ihren verbrecherischen Dimensionen bis zum Völkermord in Vietnam ist in sozialistischer Sicht der Versuch, im Engagement gegen den Fortschritt „einen der sozialistischen Vorposten in Asien zu zerschlagen, der nationalrevolutionären Befreiungsbewegung in Asien, Afrika und Lateinamerika einen Schlag zu versetzen, den Völkern Indochinas den Weg zu Frieden, Freiheit und Fortschritt zu versperren, die Festigkeit der Solidarität der sozialistischen Länder und aller antiimperialistischen Kräfte auf die Probe zu stellen",[12] gegen den in Vermeidung von „Subjektivismus, Bürokratismus, Überheblichkeit, Engstirnigkeit und Arroganz"[13] die vietnamesischen „Genossen und die gesamte Organisation klarsichtig, klug, vorsichtig und entschieden handeln".[14]
Die Solidarität aller friedliebenden Kräfte gegenüber dem gerissenen und heuchlerischen Verhalten der amerikanischen Regierung, die für ihre imperialistischen Ziele einen beispiellosen Vernichtungskrieg gegen ein jahrzehntelang um Befreiung vom

[11] A.a.O., S. 24.
[12] Internationale Beratung ..., S. 51.
[13] Ho Tschi Minh, Revolution und nationaler Befreiungskampf. Reden und Schriften 1920–1968, München 1968, S. 229.
[14] A.a.O., S. 192. Vgl. Ho Tschi Minhs Apell an die kämpfende Nation von 1966 gegenüber dem bürgerlich-kapitalistischen Alleinvertretungsanspruch: „Johnson und seine Handlanger sollten begreifen: Sie können 500 000 Soldaten, eine Million oder noch mehr Soldaten schicken, um den Krieg zu verschärfen; sie können noch Tausende Flugzeuge für verschärfte Angriffe gegen den Norden bereitstellen – nie können sie den eisernen Willen der Vietnamesen zum Widerstand brechen. Je heftiger sie angreifen, desto schwerwiegender werden ihre Verbrechen. Der Krieg mag noch 5, 10 oder 20 Jahre oder noch länger dauern, Hanoi, Haiphong, andere Städte und Industrien mögen zerstört werden, aber das vietnamesische Volk wird sich nicht einschüchtern lassen. Nichts ist so wichtig wie die Unabhängigkeit und Freiheit." Ders., Gegen die amerikanische Aggression. Reden, Aufsätze, Interviews. München 1968, S. 93. Ders., Against US-Aggression for National Salvation, Hanoi 1967, S. 144. Die westlichen machtpolitischen Spekulationen über das Verhältnis Vietnams zu China und zur UdSSR zeigen, „daß viele Leute im Westen nicht verstehen, daß die engen Beziehungen der sozialistischen Länder untereinander auf den Prinzipien des Marxismus-Leninismus und dem proletarischen Internationalismus beruhen". S. 108.

imperialistischen Joch kämpfendes Bauernvolk führte, zeigte sich insbesondere wegen der ununterbrochenen Bombardements über Weihnachten 1972 in Abscheu und weltweitem Protest. Sie erstreckt sich in Südostasien nach dem Pariser Vietnamabkommen über die Beendigung des Krieges und die Wiederherstellung des Friedens vom 27. 1. 1973 auf die noch andauernde amerikanische Intervention in Kambodscha und Laos.

III. Die soziale Revolution als Aufgabe der Volksmassen des jeweiligen Landes

1. Das Verhältnis von Reform und Revolution

Die gewalttätige Auslegung der Politik der friedlichen Koexistenz bei der „Auseinandersetzung der Sozialdemokratie mit dem Kommunismus"[1] hat beträchtlichen Einfluß auf die Ergiebigkeit der gewerkschaftlichen und sozialdemokratischen Diskussion ‚systemüberwindender Reformen' in den kapitalistischen Ländern.

Die Auffassung, „die seit Jahren immer massiver werdende Herausforderung zum ‚friedlichen Wettbewerb mit dem Kapitalismus' ist eine neue Form der weltpolitischen Strategie des sowjetischen Kommunismus. Ihr Ziel ist nicht das friedliche Nebeneinander von Staaten mit verschiedenen Regierungssystemen, sondern Unterwerfung und Aufweichung der westlichen und die Ausweitung und Festigung der sowjetischen Macht",[2] trägt in starkem Maße dazu bei, daß man „nicht nur die Forderung nach Strukturreformen von der Politik und der politischen Machtfrage isoliert, sondern ... auch die Entwicklung der Arbeiterbewegung in den westeuropäischen Ländern völlig von den internationalen Faktoren, von der Entwicklung in der Welt, von der Auseinandersetzung der beiden Weltsysteme, von der anti-imperialistischen Befreiungsbewegung loslöst. Aber wie will man Klassenbewußtsein bilden, ohne den Arbeitern die internationalen Zusammenhänge ihres Kampfes zu erläutern, ohne sie für die Unterstützung des vietnamesischen Volkes und der anderen um ihre Befreiung kämpfenden Völker zu gewinnen, ohne sie zur Solidarität mit den sozialistischen Staaten, mit der Sowjetunion zu erziehen, die noch immer die Hauptlast der weltweiten Auseinandersetzung mit dem Imperialismus zu tra-

[1] Vorwärts, Bad Godesberg, 5. 2. 1960, S. 6.
[2] A.a.O.

gen hat",[3] wenn man die Greuel der imperialistischen Politik in Vietnam und anderswo stillschweigend hinnimmt?

Gerade weil der gegenwärtige Kapitalismus in den entwickelten Industrieländern nicht mehr als offene, sondern als verdeckte Gewalt wirkt, die den Menschen scheinbar aus freiem Willen sich selbst zerstören läßt oder „unweigerlich das Abstumpfen seines persönlichen Willens und Bewußtseins zur Folge [hat], wenn nicht gar deren Atrophie",[4] muß jede ‚kritische' Auseinandersetzung über ‚systemüberwindende Reformen' in ausdrücklicher fortschrittlicher Abkehr vom Funktionskreis kapitalistischer Verwertung der klassenbedingten Deformation der Menschen entgegenwirken.

Diese, gelegentlich von sozialdemokratischer Seite zugegebene Tatsache, daß die abhängig Beschäftigten geistig „nicht emanzipiert" und materiell „nicht entproletarisiert" sind[5] und daß das Elend „nicht im physischen, sondern im sozialen Sinne, d. h. in dem Sinne, daß das steigende Niveau der Bedürfnisse der Bourgeoisie und der Bedürfnisse der ganzen Gesellschaft im Mißverhältnis steht zum Lebensniveau der werktätigen Massen",[6] besteht, ist der Ausgangspunkt für das Wechselverhältnis von demokratischen Reformen und revolutionärer Umgestaltung zum Zwecke einer „Assoziation, worin die freie Entwicklung eines jeden die Bedingung für die freie Entwicklung aller ist".[7]

Der Emanzipationskampf „in den kapitalistischen Ländern ist ein inneres Problem der jeweiligen Arbeiterbewegung. Nur die proletarische Partei eines jeden einzelnen kapitalistischen Lan-

[3] J. Schleifstein, Bemerkungen zu einer Strategie der Arbeiterbewegung, in: 50 Jahre Novemberrevolution, 50 Jahre KPD, Marxistische Blätter, Frankfurt, Sonderheft 3/1968, S. 174 f.

[4] F. J. Cook, The Corrupted Land. The Social Morality of Modern America, New York 1966, S. 21.

[5] Vgl. J. Hindels, Der moderne Sozialismus braucht Marx, in: C. Broda/J. Hindels/F. Klenner/N. Leser, Das Gesellschaftsbild des Sozialismus, Wien 1966, S. 60.

[6] W. I. Lenin, Bd. 4, S. [illegible], Rezension K. Kautsky, Bernstein und das sozialdemokratische Programm. Eine Antikritik. 1899.

[7] K. Marx/F. Engels, Ausgewählte Schriften Bd. I, a.aO., S. 45, Manifest der Kommunistischen Partei (1848).

des hat das Recht und ist in der Lage, die Richtlinien und Methoden ihres Kampfes zu bestimmen."[8] Weder der Propagandapopanz noch die Wahnvorstellung vom sozialistischen Export der Revolution zum Zwecke der gewaltsamen Aufdrängung des Sozialismus, beide gleichermaßen von hemmenden Kräften weidlich ausgenutzt, aber durch wissenschaftliche Analysen des marxistisch-leninistischen Schrifttums nicht begründbar, sondern das Emanzipationsstreben der Arbeiterklasse der kapitalistischen Länder ‚bedroht' deren Gesellschaftsordnung. Aber „die Herrschaft des Kapitalismus wird nicht deshalb untergraben, weil irgend jemand die Macht ergreifen will. Eine ‚Machtergreifung' wäre Unsinn. Der Herrschaft des Kapitalismus ein Ende zu machen wäre unmöglich, wenn nicht die ganze ökonomische Entwicklung der kapitalistischen Länder dazu führte",[9] und „Revolutionen werden nicht auf Bestellung gemacht, sie werden nicht im voraus auf diesen oder jenen Zeitpunkt festgesetzt, sondern reifen im Prozeß der historischen Entwicklung voran und brechen aus in einem Moment, der durch das Zusammenwirken einer ganzen Reihe innerer und äußerer Ursachen bedingt ist".[10]

Dieses Zusammenwirken verschiedenster Ursachen bestimmt auch das Verhältnis von Reform und Revolution, von untergeordneten, mit Hilfe legislativer und exekutiver Gewalt durchgeführten Teilmaßnahmen und von durch sie vorbereiteter und mit durchgeführter Revolution als gesellschaftsumwälzendem Prozeß, der nur erfolgreich ist, wenn die politische *und* soziale Umgestaltung zusammenfällt. Jede echte „Revolution löst die alte Gesellschaft auf; insofern ist sie *sozial*. Jede Revolution stürzt die *alte Gewalt*; insofern ist sie *politisch*"; anders „kann

[8] N. S. Chruschtschow, Rede vor dem 6. Parteitag der SED, Januar 1963, Iswestija, Moskau, 17. 1. 1963, zit. nach: M. P. Gehlen, The Politics of Coexistence. Soviet Methods and Motives, Bloomington, Ind., und London 1967, S. 53.

[9] W. I. Lenin, Bd. 32, S. 98 f. russ.

[10] Ders., Bd. 27, S. 549, Referat auf der Moskauer Gouvernementskonferenz der Betriebskomitees, 23. 7. 1918.

sich aber der *Sozialismus* nicht ausführen".[11] Die objektiven Gegebenheiten der alten Gesellschaft *und* die Strategie ihrer reformerischen und revolutionären Nutzung müssen anstelle eines Wartens auf die revolutionäre Erhebung als eine bloße Frage der Zeit in ständiger Wechselbeziehung gesehen werden, und „man muß es verstehen, den Kampf um die Demokratie und den Kampf um die sozialistische Revolution zu *vereinigen,* indem man den ersten dem zweiten *unterordnet.* Darin liegt die ganze Schwierigkeit; darin liegt das ganze Wesen der Sache."[12]

Selbst eine innenpolitisch oder außenpolitisch bzw. wirtschaftlich bedingte revolutionäre Krise macht diese Forderung nicht überflüssig. „Manche Genossen glauben, daß die Bourgeoisie, da nun einmal die revolutionäre Krise da sei, in eine ausweglose Lage geraten müsse, ihr Ende also bereits vorausbestimmt, der Sieg der Revolution dadurch bereits gesichert sei, daß sie bloß auf den Sturz der Bourgeoisie zu warten und Siegesresolutionen zu schreiben brauchen. Das ist ein schwerer Irrtum. Der Sieg der Revolution kommt nie von selbst. Man muß ihn vorbereiten und erkämpfen. Ihn vorbereiten und erkämpfen kann aber nur eine starke proletarische revolutionäre Partei. Es gibt Momente, wo die Lage revolutionär, die Macht der Bourgeoisie bis auf die Grundfesten erschüttert ist, der Sieg der Revolution aber dennoch nicht kommt, da keine revolutionäre Partei des Proleta-

[11] K. Marx, MEW, Bd. 1, S. 409, Kritische Randglossen zu dem Artikel ‚Der König von Preußen und die Sozialreform', 31. 7. 1844.

[12] W. I. Lenin, Bd. 35, S. 241, An Inès Armand, 25. 12. 1916. Vgl. ferner Bd. 22, S. 351, Die Ergebnisse der Diskussion über die Selbstbestimmung, Juli 1916: „Reformistisch ist eine Veränderung, welche die Grundlage der Macht der herrschenden Klasse nicht untergräbt, sondern nur ein Zugeständnis ihrerseits unter Aufrechterhaltung ihrer Herrschaft ist." – „Das Revolutionäre untergräbt die Grundlage der Macht", d. h. „ohne fortwährenden Kampf und Druck können Reformen nur allzu leicht verloren gehen" (Das neue Programm der Kommunistischen Partei der USA, Berlin (DDR) 1971, S. 105); „Die DKP ordnet den Kampf um Reformen in den Kampf um eine antimonopolistische Umwälzung und [illegible] den Sozialismus ein. Sie entwickelt keine Reformstrategie, sondern eine Gesamtstrategie des Kampfes um den Sozialismus. (DKP kontra Großkapital. Für Frieden, demokratischen Fortschritt und Sozialismus. Thesen zum Düsseldorfer Parteitag, Düsseldorf 1971, These 10.

riats vorhanden ist, die genügend Stärke und Autorität besitzt, die Massen zu führen und die Macht zu erobern. Es wäre unvernünftig zu glauben, daß solche Fälle nicht vorkommen können."[13]

Die Strategie ‚systemüberwindender Reformen' in der BRD[14] geht zwar davon aus, „die effizienteste Möglichkeit, gegen das System vorzugehen, bestünde zweifellos in seiner Abschaffung, d. h. in der Substitution von privater Verfügungsgewalt über Produktionsmittel durch gesellschaftliche Verfügungsgewalt. Wir meinen aber, daß es zur Zeit durch die Verfilzung der verschiedensten subjektiven Interessenlagen quer durch die Klasse der Lohnabhängigen und sogar quer durch die verschiedensten Schichtungen dieser Klasse in der BRD nicht möglich ist, eine radikale Veränderung zu erreichen. Es gibt aber sehr viele Vorstufen, die zur Vergesellschaftung der Produktionsmittel führen oder zumindest schrittweise zum gleichen Effekt und die nicht so viele Vorurteile mobilisieren wie etwa eine Enteignung. Eine solche Wirtschaftsverfassung muß schrittweise eingeführt werden, ohne daß dadurch Belastungen der Stabilität oder gar handfeste Wirtschaftskrisen entstehen dürfen."[15]

Ein derartiges schrittweises reformerisches Herangehen an die revolutionäre Vergesellschaftung der Produktionsmittel ist unter der angegebenen Voraussetzung des Fehlens eines revolutionären Krisenzustands auf längere Sicht, „da sowohl in der nationalen wie in der internationalen staatlichen Wirtschaftsregulierung Instrumente entwickelt wurden, die dies erfolgreich verhindert haben",[16] wenngleich „der Versuch, durch eine Voll-

[13] J. Stalin, Fragen des Leninismus, a.a.O., S. 525 f., Rechenschaftsbericht an den XVII. Parteitag über die Arbeit des ZK der KPdSU(B), 26. 1. 1934.

[14] Vgl. Thesen zur polit-ökonomischen Analyse und zu strategischen Ansätzen, Thesen zum Abbau der privaten Verfügungsgewalt über Produktionsmittel, Betrieb, Gewerkschaft, Staat, Thesen über Massenmobilisierung und Organisation, in: Thesen zur politischen Ökonomie und Strategie, a.o. Bundeskongreß der Jungsozialisten in Hannover, 11./12. 12. 1971, o.O. u. o.J.

[15] N. Gansel (Hrsg.), Überwindet den Kapitalismus, oder Was wollen die Jungsozialisten?, Reinbek 1971, S. 89.

[16] Thesen zur polit-ökonomischen Analyse und zu strategischen Ansätzen, a.a.O., These 5.

beschäftigungspolitik die Krisenhaftigkeit des Systems zu beseitigen, ... mißlungen" ist,[17] unmöglich, weil die Bourgeoisie mit einer großen gegenrevolutionären Erfahrung einer solchen Entwicklung nicht tatenlos, d. h. ohne Gewaltanwendung zusehen würde.

Aber auch bei einer revolutionären Krise als der Grundlage revolutionären Handelns „müssen vor allem zwei verbreitete Irrtümer" hervorgehoben werden. „Einerseits stellen die bürgerlichen Volkswirtschaftler diese Krise als eine einfache ‚Störung' hin, wie der elegante Ausdruck der Engländer lautet. Andererseits versuchen Revolutionäre zuweilen den Beweis zu führen, daß es absolut keinen Ausweg aus der Krise gebe. Das ist ein Irrtum. Absolut ausweglose Lagen gibt es nicht. Die Bourgeoisie benimmt sich wie ein frech gewordener Räuber, der den Kopf verloren hat, sie macht eine Dummheit nach der anderen, verschärft die Lage und beschleunigt den eigenen Untergang. Das ist alles richtig. Aber man kann nicht ‚beweisen', daß es für die Bourgeoisie absolut keine Möglichkeit gibt, irgendeine Minderheit der Ausgebeuteten durch irgendwelche kleinen Zugeständnisse einzulullen, irgendeine Bewegung oder einen Aufstand irgendeines Teils der Unterdrückten und Ausgebeuteten niederzuschlagen."[18]

Sowohl die Strategie ‚systemüberwindender Reformen' wie die der Revolution bei revolutionärer Krise ist an eine revolutionäre *Partei* gebunden, denn „eine solche Strategie ist offenbar im Rahmen von Gipfelbündnissen mit neokapitalistischen Gruppierungen, d. h. mit Sozialdemokraten und Zentristen nicht zu verwirklichen, weil diese von Anfang an versuchen, die Reformaktionen auf ein für die Bourgeoisie annehmbares Maß zu beschränken, und von ihrem Partner verlangen, diese Grenze bei ihren Programmentwürfen streng einzuhalten".[19] Aber die Annahme, „daß in der neokapitalistischen Gesellschaft die Ge-

[17] A.a.O., These 8.
[18] W. I. Lenin, Bd. 31, S. 21, II. Kongreß der kommunistischen Internationale, 19. 7.–7. 8. 1920.
[19] A. Gorz, Der schwierige Sozialismus, Frankfurt 1968, S. 80.

werkschaft viel mehr als die Partei der Katalysator und der Ort der Bildung des Klassenbewußtseins ist",[20] übersieht die Weitläufigkeit der konstatierten und in den kapitalistischen Ländern tatsächlich die Gewerkschaften durchsetzenden ‚neokapitalistischen' bzw. sozialdemokratischen Auffassungen sowie die geschichtliche Erfahrung, „daß die Arbeiterklasse ausschließlich aus eigener Kraft nur ein trade-unionistisches Bewußtsein hervorzubringen vermag, d. h. die Überzeugung von der Notwendigkeit, sich in Verbänden zusammenzuschließen, einen Kampf gegen die Unternehmer zu führen, der Regierung diese oder jene für die Arbeiter notwendigen Gesetze abzutrotzen u. a. m. Die Lehre des Sozialismus ist hingegen aus den philosophischen, historischen und ökonomischen Theorien hervorgegangen, die von den gebildeten Vertretern der besitzenden Klassen, der Intelligenz ausgearbeitet wurden."[21]

Dieses politische Wissen und die entsprechende politische Erziehung als *politisches* Klassenbewußtsein „kann dem Arbeiter *nur von außen* gebracht werden, d. h. aus einem Bereich außerhalb des ökonomischen Kampfes, außerhalb der Sphäre der Beziehungen zwischen Arbeitern und Unternehmern. Das Gebiet, aus dem allein dieses Wissen geschöpft werden kann, sind die Beziehungen *aller* Klassen und Schichten zum Staat und zur Regierung, sind die Wechselbeziehungen zwischen *sämtlichen* Klassen."[22]

Es kann und muß deshalb wiederum *nur* eine revolutionäre Partei mit ihren Zielsetzungen „*in alle Klassen der Bevölkerung gehen*, um den *Arbeitern* politisches Wissen zu vermitteln".[23]

[20] A. Gorz, Zur Strategie der Arbeiterbewegung im Neokapitalismus, Frankfurt 1967, S. 19.

[21] W. I. Lenin, Bd. 5, S. 385 f., Was tun? Brennende Fragen unserer Bewegung, 1901/02.

[22] A.a.O., S. 436. Vgl. F. Deppe, Das Bewußtsein der Arbeiter, Köln 1971, S. 198: „Klassenbewußtsein ist demzufolge kein sinnlich-empirisches sondern theoretisches Bewußtsein, das sowohl den gesellschaftlichen Zusammenhang der empirischen Einzelerfahrungen als auch die objektiven Möglichkeiten gesellschaftlicher Emanzipation begreift."

[23] W. I. Lenin, a.a.O.

Und da der marxistische Sozialismus eine Wissenschaft und kein Glaube ist und weiter Lenin wissenschaftlich „das Gesicht unseres Jahrhunderts entscheidend mitgeprägt hat“,[24] gilt nach wie vor dessen Feststellung, daß eine revolutionäre sozialistische bzw. kommunistische Partei „stets die proletarische Ideologie, die Lehre des wissenschaftlichen Sozialismus, d. h. den Marxismus, propagieren, ihn vor Entstellungen bewahren und weiterentwickeln“ muß[25] und „unermüdlich gegen jede bürgerliche Ideologie kämpfen, in welch modisches und glänzendes Gewand sie sich auch hüllen mag“.[26]

Gegenüber allen ‚Sozialismus‘-Phrasen, Vorwürfen von „‚Dogmatismus, Doktrinarismus‘, ‚Verknöcherung der Partei als unvermeidliche Strafe für die gewaltsame Abschnürung des Denkens‘“ als „die Feinde, gegen die die Verfechter der ‚Freiheit der Kritik‘“[27] im Namen der ‚menschlichen Freiheit‘ sich wenden, muß der wissenschaftliche Sozialismus unnachgiebig sein. Sein Sozialismusverständnis „als Ideologie des proletarischen Klassenkampfes ist den allgemeinen Bedingungen der Entstehung, Entwicklung und Festigung einer Ideologie untergeordnet, d. h. er fußt auf dem gesamten Rüstzeug des menschlichen Wissens, setzt eine hohe Entwicklung der Wissenschaft voraus, erfordert wissenschaftliche Arbeit usw. usf.“[28] Im wissenschaftlichen sozialistischen Denken besteht demnach kein Gegensatz zwischen Sachverstand und Ideologie. Das Streben der sozialistischen Bewegung nach gesellschaftlichem Fortschritt auf wissenschaftlicher Grundlage löst den Gegensatz von Wissenschaft und Ideologie, wenngleich nicht alle Inhalte der sozialistischen Ideologie automatisch einer wissenschaftlichen Theorie entsprechen.

24 Zeitgeschichte: Lenins 100. Geburtstag am 22. 4. 1970, in: Publik, Frankfurt, 3. 4. 1970, S. 21.

25 W. I. Lenin, Bd. 5, S. 350, Politische Agitation und ‚Klassenstandpunkt‘, 1. 2. 1902.

26 A.a.O.

27 W. I. Lenin, Bd. 5, S. 378, Was tun? Brennende Fragen unserer Bewegung, 1901/02.

28 Ders., Bd. 6, S. 155, Brief an den ‚Nordbund‘, April 1902.

Die bürgerlichen Einflüsse und Herrschaftsabsichten sind ohne wissenschaftliche Theorie, ohne *Bewußtheit*, nicht überwindbar, „aus dem einfachen Grunde, weil die bürgerliche Ideologie ihrer Herkunft nach viel älter ist als die sozialistische, weil sie vielseitiger entwickelt ist, weil sie über *unvergleichlich* mehr Mittel der Verbreitung verfügt. Und je jünger die sozialistische Bewegung in einem Lande ist, desto energischer muß deshalb der Kampf gegen alle Versuche, die nichtsozialistische Ideologie zu festigen, geführt werden, desto entschiedener müssen die Arbeiter vor den schlechten Beratern gewarnt werden, die von einer ‚Überschätzung des bewußten Elements' usw. zetern ... Man sagt oft: Die Arbeiterklasse fühlt sich *spontan* zum Sozialismus hingezogen. Das ist vollkommen richtig in dem Sinne, daß die sozialistische Theorie tiefer und richtiger als jede andere die Ursachen des Elends der Arbeiterklasse aufzeigt; darum wird sie von den Arbeitern auch so leicht erfaßt, *falls* diese Theorie nur selber vor der Spontaneität nicht die Segel streicht, *falls* sie sich die Spontaneität unterordnet." Nochmals, es stimmt, „die Arbeiterklasse fühlt sich spontan zum Sozialismus hingezogen, aber die am weitesten verbreitete (und in den mannigfaltigsten Formen ständig wiederauferstehende) bürgerliche Ideologie drängt sich trotzdem spontan dem Arbeiter am meisten auf".[29] Eben deswegen „kann die Frage *nur* so stehen: bürgerliche oder sozialistische Ideologie. Ein Mittelding gibt es hier nicht (denn eine ‚dritte' Ideologie hat die Menschheit nicht geschaffen, wie es überhaupt in einer Gesellschaft, die offen von Klassengegensätzen zerfleischt wird, niemals eine außerhalb der Klassen oder über den Klassen stehende Ideologie geben kann). Darum bedeutet *jede* Herabminderung der sozialistischen Ideologie, *jedes Abschwenken* von ihr zugleich eine Stärkung der bürgerlichen Ideologie."[30]

In sozialistischer Sicht wirft der Kampf gegen die Unterdrückung der Bewußtheit durch die trade-unionistische Spon-

[29] W. I. Lenin, Bd. 5, S. 397, Was tun? Brennende Fragen unserer Bewegung, 1901/02.
[30] A.a.O., S. 395 f.

taneität reiner Lohnstreiks, die „eben nur Keimformen“[31] des Klassenkampfes darstellen und das „Gesetz der Ökonomie nicht ändern können“,[32] und sonstiger ausgehandelter rein wirtschaftlicher Zusagen und Versprechungen – „stets eine beliebte Waffe der westeuropäischen Bourgeois, die den Sozialismus hassen und selbst bemüht waren, den englischen Trade-Unionismus auf den heimatlichen Boden zu verpflanzen, daß der nur gewerkschaftliche Kampf eben der Kampf für sie selbst und für ihre Kinder sei, und nicht ein Kampf für irgendwelche zukünftigen Generationen mit irgendwelchem zukünftigen Sozialismus“,[33] verbunden mit der desorientierenden Propagierung weltanschaulicher Neutralität oder pluralistischer Toleranz – *alle* Fragen des „nur vom Marxismus genau und richtig bestimmt[en] Verhältnis[ses] von Reformen und Revolution“[34] auf, und es ist geschichtlich erwiesen, „daß *jede* Anbetung der Spontaneität der Arbeiterbewegung, jede Herabminderung des ‚bewußten Elements‘ ... zugleich – *ganz unabhängig davon, ob derjenige, der diese Rolle herabmindert, das wünscht oder nicht – die Stärkung des Einflusses der bürgerlichen Ideologie auf die Arbeiter bedeutet*“.[35]

Überhaupt „für den Kampf um Verbesserung ihrer Lage und nur für diesen Kampf bedürfen die Arbeiter durchaus nicht der Sozialisten. In allen Ländern wird man Arbeiter finden, die den Kampf um die Verbesserung ihrer Lage führen, aber nichts vom Sozialismus wissen wollen oder sich sogar feindlich zu ihm verhalten.“[36] Während „die bürgerliche Demokratie die formale und juristische Gleichheit des Eigentümers und des Proletariers,

[31] A.a.O., S. 385.
[32] F. Engels, MEW, Bd. 2, S. 434, Die Lage der arbeitenden Klasse in England (1845).
[33] W. I. Lenin, Bd. 5, S. 392, Was tun? Brennende Fragen unserer Bewegung, 1901/02.
[34] Ders., Bd. 33, S. 96, Über die Bedeutung des Goldes jetzt und nach dem vollen Sieg des Sozialismus, 5./7. 11. 1921.
[35] Ders., Bd. 5, S. 394, Was tun? ...
[36] Ders., Bd. 4, S. 269, Eine rückläufige Richtung in der russischen Sozialdemokratie, 1899.

des Ausbeuters und des Ausgebeuteten", proklamiert,[37] „um die Hirne der Arbeiter und Bauern im Interesse der Gutsbesitzer und Kapitalisten zu verkleistern",[38] findet die Korrumpierung eines Teils der Arbeiterklasse durch die Bourgeoisie statt.
„In allen zivilisierten, fortgeschrittenen Ländern plündert die Bourgeoisie – sei es auf dem Wege kolonialer Unterdrückung oder indem sie aus formal unabhängigen schwachen Völkern finanziellen ‚Nutzen' zieht – eine Bevölkerung aus, die die Bevölkerung des ‚eigenen' Landes um ein Vielfaches übertrifft. Hieraus ergibt sich für die imperialistische Bourgeoisie die ökonomische Möglichkeit der Erzielung von ‚Extraprofiten' und zur Verwendung eines Teils dieses Extraprofits zur Korruption einer bestimmten Oberschicht des Proletariats, um sie in ein reformistisches, opportunistisches Kleinbürgertum zu verwandeln, das vor der Revolution Angst hat."[39]
Der durch imperialistischen Kapitalexport erzielte „*Extraprofit* (denn diesen Profit streichen die Kapitalisten über den Profit hinaus ein, den sie aus den Arbeitern ihres ‚eigenen' Landes herauspressen)" ermöglicht es, daß man „die Arbeiterführer und die Oberschicht der Arbeiteraristokratie *bestechen kann* ... durch tausenderlei Methoden, direkte und indirekte, offene und versteckte", so daß sie „in ihrer Lebensweise, nach ihrem Einkommen, durch ihre ganze Weltanschauung vollkommen ver-

[37] W. I. Lenin, Bd. 31, S. 133, Ursprünglicher Entwurf der Thesen zur nationalen und kolonialen Frage, 5. 6. 1920.
[38] A.a.O., S. 281, Die Aufgaben der Jugendverbände, Oktober 1920.
[39] Ders., Bd. 28, S. 445, Brief an die Arbeiter Europas und Amerikas, 21. 1. 1919. Zur Imperialismusbegründung in Abwehr des nationalen Klassenkampfes vgl. C. Rhodes (1895): „Meine große Idee ist die Lösung des sozialen Problems, d. h., um die vierzig Millionen Einwohner des Vereinigten Königreichs vor einem mörderischen Bruderkrieg zu schützen, müssen wir Kolonialpolitiker neue Ländereien erschließen, um den Überschuß an Bevölkerung aufzunehmen und neue Absatzgebiete zu schaffen für die Waren, die sie in ihren Fabriken und Minen erzeugen. Das Empire, das habe ich stets gesagt, ist eine Magenfrage. Wenn Sie den Bürgerkrieg nicht wollen, müssen Sie Imperialisten werden." Nach M. Beer, Der moderne englische Imperialismus, in: Die Neue Zeit, Revue des geistigen und öffentlichen Lebens, 16. Jg., 1. Bd., Stuttgart 1897/98, Nr. 10, S. 304; auch in: W. I. Lenin, Bd. 22, Der Imperialismus als höchstes Stadium des Kapitalismus, Jan./Juni 1916, Kap. VI.

spießert ... die *soziale Hauptstütze der Bourgeoisie*“ und die „*Agenten der Bourgeoisie innerhalb der Arbeiterbewegung*, Arbeiterkommis der Kapitalistenklasse (labour lieutenants of the capitalist class [Marx]), wirkliche Schrittmacher des Reformismus und des Chauvinismus“ sind.[40] Die Bestechung „der Arbeiterminister“, und der „Arbeiterbürokratie“[41] aus dem imperialistischen monopolistischen Extraprofit ermöglicht es der Bourgeoisie, die Arbeiter zu spalten. „Milliarden an Extraprofit bilden die ökonomische Grundlage des Opportunismus in der Arbeiterbewegung ... Der Opportunismus in den Spitzen der Arbeiterbewegung ist kein proletarischer, sondern bürgerlicher Sozialismus. Die Praxis hat bewiesen, daß die Politiker innerhalb der Arbeiterbewegung, die der opportunistischen Bewegung angehören, bessere Verteidiger der Bourgeoisie sind als die Bourgeoisie selbst. Hätten sie nicht die Führung der Arbeiter in ihrer Hand, so könnte sich die Bourgeoisie nicht behaupten.“[42]
Deren Unterstützung durch die im Prozeß der kapitalistischen Entwicklung sich ergebende „beständige Vermehrung der zwischen workman auf der einen Seite, Kapitalist und landlord auf der anderen Seite, in der Mitte stehenden und sich stets in größerem Umfang, großenteils von der Revenue direkt fed [ernährenden] Mittelklassen, die als eine Last auf der working Unterlage lasten und die soziale Sicherheit und Macht der upper tenthousand vermehren“[43] und ihrem großen Bestandteil an kleinbürgerlichen Schichten mit ihrem „ewige[n] Hin- und Hergerissensein zwischen der Hoffnung, in die Reihen der wohlhabenden Klassen aufzusteigen, und der Furcht, auf das Niveau von Proletariern oder gar Paupers hinabgedrückt zu werden“, was „das Kleinbürgertum äußerst wankelmütig in seinen Anschauungen

[40] W. I. Lenin, Bd. 22, S. 200, Der Imperialismus ..., Vorwort zur französischen und deutschen Ausgabe, 6. 7. 1920.

[41] Ders., Bd. 23, S. 112 ff., Der Imperialismus und die Spaltung des Sozialismus, Oktober 1916.

[42] Ders., Bd. 31, S. 219, II. Kongreß der Kommunistischen Internationale, 19. 7.–7. 8. 1920.

[43] K. Marx, MEW, Bd. 26. 2, S. 576, Theorien über den Mehrwert II (1862/63).

macht[44], mit der Selbstbeschränkung, sich „die bestehende Gesellschaft möglichst erträglich und bequem zu machen".[45] Aber die dadurch entstandene nichtrevolutionäre Gesamtlage in den entwickelten kapitalistischen Ländern hat jedoch den revolutionären Marxismus nie abgehalten vom „entschiedensten Kampf gegen die Reformisten, die direkt oder indirekt das Streben und das Wirken der Arbeiterklasse auf Reformen beschränken wollen. Der Reformismus ist ein bürgerlicher Betrug an den Arbeitern, die, solange die Herrschaft des Kapitals bestehen bleibt, ungeachtet einzelner Verbesserungen stets Lohnsklaven bleiben werden."[46]

Der revolutionäre Marxismus verkennt keineswegs die Bedeutung von Reformen, im Unterschied zum Anarchismus bejaht er den Kampf für Reformen, d. h. solche Verbesserungen der Lage der Werktätigen, bei denen die Macht nach wie vor in den Händen der herrschenden Klasse bleibt, er wendet sich aber dagegen, daß die Ware Arbeitskraft wegen derartiger Verbesserungen sich so systemadäquat verhält, daß sie von einem entwickelten kapitalistischen System integriert und damit zeitweilig manövrierunfähig gemacht wird. „Wo der Klassenkampf als unliebsame ‚rohe' Erscheinung auf die Seite geschoben wird, da bleibt als Basis des Sozialismus nichts als ‚wahre Menschenliebe' und leere Redensarten von ‚Gerechtigkeit'."[47] Denn „die Menschen waren in der Politik stets die einfältigen Opfer von Betrug und Selbstbetrug, und sie werden es immer sein, solange sie nicht lernen, hinter allen möglichen moralischen, religiösen, politischen und sozialen Phrasen, Erklärungen und Versprechungen die *Interessen* dieser oder jener Klassen zu suchen. Die Anhänger von Reformen und Verbesserungen werden immer von den Verteidigern des Alten übertölpelt werden, solange sie

[44] F. Engels, MEW, Bd. 8, S. 10, Revolution und Konterrevolution in Deutschland (1851).
[45] K. Marx/F. Engels, MEW, Bd. 7, S. 247, Ansprache der Zentralbehörde an den Bund v. März 1850.
[46] W. I. Lenin, Bd. 19, S. 363, Marxismus und Reformismus, 12. 9. 1918.
[47] K. Marx/F. Engels, Ausgewählte Briefe, a.a.O., S. 389, ‚Zirkularbrief' an A. Bebel, W. Liebknecht, W. Bracke u. a., 17./18. 9. 1879.

nicht begreifen, daß sich jede alte Einrichtung, wie sinnlos und faul sie auch erscheinen mag, durch die Kräfte dieser oder jener herrschenden Klassen behauptet."[48]

Der jahrzehntelang über Reformen verschiedenster Art ablaufende proletarische Herrschaftsbefähigungs- und Revolutionsprozeß ist andererseits nicht nur bei hoffnungslos erscheinenden Rückschlägen, „welche selbst tüchtige Persönlichkeiten für kürzere oder längere Zeit sozusagen unzurechnungsfähig mach[en]",[49] nicht voluntaristisch beeinflußbar oder erzwingbar. „Die Revolutionen bedürfen nämlich eines *passiven* Elements, einer *materiellen* Grundlage. Die Theorie wird in einem Volke immer nur so weit verwirklicht, als sie die Verwirklichung seiner Bedürfnisse ist ... Es genügt nicht, daß der Gedanke zur Verwirklichung drängt, die Wirklichkeit muß sich selbst zum Gedanken drängen."[50] Revolutionäre Sozialisten und Kommunisten „wissen zu gut, daß Revolutionen nicht absichtlich und willkürlich gemacht werden, sondern daß sie überall und zu jeder Zeit die notwendige Folge von Umständen waren, welche von dem Willen und der Leitung einzelner Parteien und ganzer Klassen durchaus unabhängig sind."[51]

Ebenfalls selbstvernichtend ist die reformerische Überlegung, in einer bürgerlichen Koalitionsregierung Regierungsposten zu übernehmen. „Nach dem Februar 1848 begingen die französischen sozialistischen Demokraten ... den Fehler, solche Posten anzunehmen. Als Minderheit in der Regierung haben sie freiwillig die Verantwortung für alle Infamien und Verrätereien

[48] W. I. Lenin, Bd. 19, S. 8, Drei Quellen und drei Bestandteile des Marxismus, März 1913.

[49] K. Marx, MEW, Bd. 8, S. 574, Nachwort zu: Enthüllungen über den Kommunisten-Prozeß zu Köln (1875).

[50] Ders., MEW, Bd. 1, S. 386, Zur Kritik der Hegel'schen Rechtsphilosophie, Einleitung (1843/44). Anstelle spontaner Interessenwahrnehmung muß die gesellschaftliche Wirklichkeit in einem historischen Lernprozeß in ein theoretisch-praktisches Bewußtsein übergehen, denn „es ist nicht das Bewußtsein der Menschen, das ihr Sein, sondern umgekehrt ihr gesellschaftliches Sein das ihr Bewußtsein bestimmt". K. Marx, Vorwort zur Kritik der Politischen Ökonomie (1859), MEW, Bd. 13, S. 9.

[51] F. Engels, MEW, Bd. 4, S. 372, Grundsätze des Kommunismus (1847).

geteilt, welche die aus reinen Republikanern bestehende Mehrheit gegen die Arbeiterklasse beging; währenddessen lähmt die Teilnahme dieser Herren an der Regierung völlig die revolutionäre Aktion der Arbeiterklasse."[52] Und gefährlich bleiben immer die reformistischen Vorschläge „halbschlächtiger Elemente", die opportunistisch „mit dem Proletariat ‚sympathisieren' und ‚Reformen' zu seinen Gunsten verlangen und zugleich bestrebt sind, die ‚goldene Mitte' zwischen Proletariat und Bourgeoisie ... einzunehmen"[53], damit aber nur die Herrschaft der Bourgeoisie festigen. Reformen dieser Art sind „vorbeugende Reaktion", nämlich „eine dem Sturz der herrschenden Klassen vorbeugende Maßnahme, die sich gegen die revolutionäre Klasse richtet, wenn sie auch die Lage dieser Klasse verbessert."[54] Dagegen ist die Ausnutzung der formalen Möglichkeiten und Mittel einer bestehenden bürgerlichen Ordnung zu Reformen in Unterordnung revolutionärer Ziele keine ‚revisionistische' Preisgabe revolutionärer Prinzipien und ‚Anerkennung' bürgerlicher politischer und gesellschaftlicher Zustände; „wenn dieses Bestehende uns die Mittel gibt, um gegen das Bestehende zu protestieren, so ist die Anwendung dieser Mittel keine Anerkennung des Bestehenden".[55] Unter der Voraussetzung der Vermeidung der möglichen Folgen, daß „das Vormundschaftssystem ausgedehnt, ein Teil der Arbeiterklasse bestochen und die Bewegung entmannt wird",[56] können Reformen angepackt werden, die „nur erreicht werden durch die Verwandlung *gesellschaftlicher Einsicht* in *gesellschaftliche Gewalt*, und unter den gegebenen Umständen kann das nur durch *allgemeine Gesetze* geschehen, durchgesetzt durch die Staatsgewalt. Bei der Durchset-

[52] F. Engels, MEW, Bd. 22, S. 442, Die künftige italienische Revolution und die sozialistische Partei, 26. 1. 1894.

[53] W. I. Lenin, Bd. 4, S. 229, Entwurf eines Programms unserer Partei, 1899.

[54] Ders., Bd. 6, S. 353, Herr Struve, von seinem Mitarbeiter entlarvt, 1. 4. 1903.

[55] F. Engels, MEW, Bd. 17, S. 417, Über die politische Aktion der Arbeiterklasse, 21. 9. 1871.

[56] K. Marx/F. Engels, Ausgewählte Briefe, a.a.O., S. 195, Marx an Engels, 18. 2. 1865.

zung solcher Gesetze stärkt die Arbeiterklasse keineswegs die Macht der Regierung. Im Gegenteil, sie verwandelt jene Macht, die jetzt gegen sie gebraucht wird, in ihre eigenen Diener. Sie erreicht durch einen allgemeinen Gesetzesakt, was sie durch eine Vielzahl isolierter individueller Anstrengungen vergeblich erstreben würde."[57] Und „je selbständiger die Arbeiterbewegung ist, je mehr sie in die Tiefe geht, je weitere Ziele sie sich steckt, je weniger ihr reformistische Beschränktheit anhaftet, um so besser gelingt es den Arbeitern, die einzelnen Verbesserungen zu sichern und auszunutzen".[58]

Ob diese friedliche parlamentarische Kampfform von einer nichtparlamentarischen, nichtfriedlichen in entscheidenden Momenten revolutionärer Prozesse ergänzt wird, hängt vom jeweiligen Verhalten der Bourgeoisie ab. So „kann man sich vorstellen, die alte Gesellschaft könne friedlich in die neue hineinwachsen in Ländern, wo die Volksvertretung alle Macht in sich konzentriert, wo man verfassungsmäßig tun kann, was man will, sobald man die Majorität des Volkes hinter sich hat."[59] Es hängt immer von den konkreten Umständen eines Landes ab, „ob eine solche Lösung gewählt wird, das ist die Sache der Arbeiterklasse dieses Landes".[60] Marxistische revolutionäre „Sache ist es zu helfen, damit alles getan werde, um die ‚letzte' Chance einer friedlichen Entwicklung der Revolution zu sichern".[61]

[57] K. Marx, MEW, Bd. 16, S. 194, Instruktionen für die Delegierten des Provisorischen Zentralrats zu den einzelnen Fragen, 3./8. 9. 1866.

[58] W. I. Lenin, Bd. 19, S. 364, Marxismus und Reformismus, 12. 9. 1913.

[59] F. Engels, MEW, Bd. 22, S. 234, Kritik des sozialdemokratischen Programmentwurfs, 1891.

[60] K. Marx, MEW, Bd. 17, S. 641, Interview, The World, 3. 7. 1871.

[61] W. I. Lenin, Bd. 26, S. 43, Die Aufgaben der Revolution, Okt. 1917. Ein Beispiel für bourgeoise imperialistische Versuche, die friedliche, durch Wahlen legitimierte Entwicklung der Revolution in einem Land aufzuhalten, ist der Plan des State Departement, „alles nur Mögliche zu tun – bis an den Rand einer Intervention wie in Santo Domingo –, um Allende an der Machtübernahme zu hindern", und des US-[illegible] ITT ([illegible] DM Jahresumsatz), „Chile in ein wahres Wirtschaftschaos zu stürzen, um die Armee zur Machtübernahme aufzustacheln". Der Spiegel, Hamburg, 3. 4. 1972, Chile am Rhein, S. 98.

Gegenüber den verschiedensten Kräften bei der Zuspitzung revolutionärer Klassengegensätze unterscheidet sich der Marxismus insbesondere von dem kleinbürgerlichen, „mit biederen demokratischen und ‚sozial'demokratischen Phrasen und ohnmächtigen Wünschen verbrämte[n] Lakaientum vor der Bourgeoisie",[62] dem „durch und durch verspießerte[n] Opportunist[en], der im Grunde genommen an die Revolution, an die Schöpferkraft der Revolution nicht nur nicht glaubt, sondern vor ihr tödliche Angst empfindet",[63] dem „kleinbürgerliche[n] Revolutionarismus, drohend, aufgeblasen, großtuerisch in Worten, ein zersplittertes, atomisiertes, kopfloses Nichts in der Tat"[64] und der anarchistischen „Taktik der *Verzweiflung*" anstelle „einer schonungslos kühnen und gleichzeitig die praktischen Bedingungen der Massenbewegung berücksichtigenden revolutionären Arbeit an konkreten Aufgaben".[65] Er unterscheidet sich „von allen primitiven Formen des Sozialismus dadurch, daß er die Bewegung nicht an eine bestimmte Kampfform bindet. Er erkennt die verschiedensten Kampfformen an, und zwar ‚erfindet' er sie nicht, sondern faßt nur die im Verlauf der Bewegung von selbst entstehenden Formen des Kampfes der revolutionären Klassen verallgemeinernd zusammen, organisiert sie und verleiht ihnen Bewußtheit.

Der Marxismus lehnt alle abstrakten Formeln, alle doktrinären Rezepte entschieden ab und fordert ein aufmerksames Eingehen auf den sich tatsächlich abspielenden *Massen*kampf, der mit der fortschreitenden Entwicklung der Bewegung, mit dem wachsenden Bewußtsein der Massen, mit der Verschärfung der ökonomischen und politischen Krisen immer neue und mannigfaltigere Methoden der Verteidigung und des Angriffs hervorbringt. Deshalb denkt der Marxismus gar nicht daran, ein für allemal irgendwelche Kampfformen abzulehnen. Der Marxis-

62 W. I. Lenin, Bd. 33, S. 1, Neue Zeiten, alte Fehler in neuer Gestalt, 20. 8. 1921.
63 Ders., Bd. 25, S. 503, Staat und Revolution, Aug./Sept. 1917.
64 Ders., Bd. 33, S. 1, Neue Zeiten, alte Fehler in neuer Gestalt, 20. 8. 1921.
65 Ders., Bd. 25, S. 504, Staat und Revolution, Aug./Sept. 1917.

mus beschränkt sich keineswegs auf Kampfformen, die im gegebenen Augenblick allein möglich sind und angewandt werden, sondern hält es für *unvermeidlich*, daß bei Änderung der jeweiligen sozialen Situation neue, in der gegebenen Periode unbekannte Kampfformen aufkommen. Der Marxismus lernt in dieser Beziehung, wenn man sich so ausdrücken darf, aus der Massenpraxis und ist weit davon entfernt, darauf Anspruch zu erheben, die Massen Kampfformen zu *lehren*, die von ‚Stubensystematikern' ertüftelt werden."[66]

Da auf diese Weise die Kampfformen der Bourgeoisie und ihre jeweilige Auslegung des Prinzips der friedlichen Koexistenz im Punkt der Nichteinmischung in innere Angelegenheiten anderer Länder den Klassenkampf um Reformen – „Zugeständnisse, die man von der herrschenden Klasse bei Aufrechterhaltung ihrer Herrschaft erlangt" – und Revolutionen – „dem Sturz der herrschenden Klasse"[67] – wesentlich mitbestimmen, ergibt sich schließlich die Frage, wie bei einer erfolgten nichtfriedlichen Revolution die sozialistische Herrschaft gegenüber der sich deswegen nicht geschlagen gebenden Bourgeoisie verhält.

Zunächst ergibt die Analyse der realen Gegebenheiten in den großen kapitalistischen Ländern in Bestätigung der Lageeinschätzung durch das Prinzip der friedlichen Koexistenz, daß die Widerstandskraft der Kapitalistenklasse bei weitem noch nicht erschöpft ist, so daß sich ein jahrzehntelanger Prozeß breiter allgemeindemokratischer Bewegungen mit den objektiven und subjektiven Entwicklungstendenzen auf eine sozialistische Revolution hin verbindet und in den einzelnen Ländern aufgrund verschiedenster Umstände unterschiedlich zum Ausdruck kommt.

Insofern ist die sozialistische Revolution „kein einzelner Akt, keine einzelne Schlacht an einer Front, sondern eine ganze Epoche schärfster Klassenkonflikte, eine lange Reihe von Schlachten

[66] W. I. Lenin, Bd. 11, S. 202 f., Der Partisanenkrieg, 30. 9. 1906.
[67] Ders., Bd. 29, S. 507, Antwort auf Fragen eines amerikanischen Journalisten, 20. 7. 1919.

an allen Fronten, d. h. in allen Fragen der Ökonomie sowie der Politik, Schlachten, welche nur mit der Expropriation der Bourgeoisie enden können. Es wäre ein großer Irrtum zu glauben, daß der Kampf um die Demokratie imstande wäre, das Proletariat von der sozialistischen Revolution abzulenken oder auch nur diese Revolution in den Hintergrund zu schieben, zu verhüllen und dergleichen. Im Gegenteil, wie der siegreiche Sozialismus, der nicht die vollständige Demokratie verwirklicht, unmöglich ist, so kann das Proletariat, das den in jeder Hinsicht konsequenten, revolutionären Kampf um die Demokratie nicht führt, sich nicht zum Sieg über die Bourgeoisie vorbereiten."[68]

Da für diesen Sieg der radikalen Demokratie die bürgerliche konzentrierte Staatsmacht zerschlagen werden muß, ist „trotz allen demokratischen Geklingels" dazu ein reformistisches Programm ungeeignet, denn es ist „durch und durch vom Untertanenglauben der Lassalleschen Sekte an den Staat verpestet, oder, was nicht besser, vom demokratischen Wunderglauben, oder vielmehr ist es ein Kompromiß zwischen diesen beiden Sorten, dem Sozialismus gleich fernen, Wunderglauben"[69] an die integrierende Funktion des Staates.[70]

Kennzeichen der radikalen Demokratie ist die echte Volksmacht durch die Teilnahme breiter Bevölkerungsschichten an den Staatsgeschäften. „Wir wissen: nicht jeder ungelernte Arbeiter und jede Köchin sind imstande, sofort an der Verwaltung des Staates mitzuarbeiten." Aber „wir verlangen, daß die *Ausbildung* für die Staatsverwaltung von klassenbewußten Arbeitern und Soldaten besorgt und daß sie unverzüglich *begonnen* werde,

[68] W. I. Lenin, Bd. 22, S. 145, Die sozialistische Revolution und das Selbstbestimmungsrecht der Nationen, Jan./Feb. 1916.

[69] K. Marx, MEW, Bd. 19, S. 31, Kritik des Gothaer Programms. Randglossen zum Programm der deutschen Arbeiterpartei, April/Mai 1875.

[70] Vgl. K. Schumacher/E. Ollenhauer/W. Brandt, Der Auftrag des demokratischen Sozialismus, Bonn und Bad Godesberg 1972, S. 83: „Wieviel schlechter wäre es um unseren Staat bestellt, wenn nicht die Regierungsparteien, im Gegensatz zur CDU/CSU, in erheblichem Maße zur Integration der kritischen jungen Generation fähig wären." (W. Brandt.)

alle Werktätigen, die ganze arme Bevölkerung, in diese Ausbildung einzubeziehen".[71] Solange aber nach dem Sieg der Revolution „die anderen Klassen, speziell die kapitalistische, noch existiert, solange das Proletariat mit ihr kämpft (denn mit seiner Regierungsmacht sind seine Feinde und ist die alte Organisation der Gesellschaft noch nicht verschwunden), muß es *gewaltsame* Mittel anwenden, daher Regierungsmittel".[72]
Die Machtübernahme des Proletariats „beseitigt nicht den Klassenkampf",[73] sondern errichtet die „*Klassendiktatur* des Proletariats",[74] die „revolutionäre Diktatur des Proletariats",[75] „das rationelle Zwischenstadium, in welchem dieser Klassenkampf seine verschiedenen Phasen auf rationellste und humanste Weise durchlaufen kann",[76] in einer „Reihe geschichtlicher Prozesse, ... durch welche die Menschen wie die Umstände gänzlich umgewandelt werden".[77] Die „allgemeine[n]Zwangsmittel" des siegreichen Proletariats müssen „seinen eigenen Charakter als salariat, daher als Klasse aufheben; mit seinem völligen Sieg ist daher auch seine Herrschaft zu Ende, weil sein Klassencharakter (verschwunden).[78]
Bis zu diesem Zeitpunkt gewährleistet die proletarische Staatsmacht die Diktatur gegenüber den gestürzten Ausbeuterklassen, d. h. „die *gewaltsame* Niederhaltung der Ausbeuter als *Klasse* und folglich eine *Verletzung* der ‚reinen Demokratie', d. h. der Gleichheit und Freiheit, *gegenüber* dieser *Klasse*",[79] gleichzeitig die Demokratie für die Hauptmasse der Bevölkerung, wobei

[71] W. I. Lenin, Bd. 26, S. 97, Werden die Bolschewiki die Staatsmacht behaupten? Okt. 1917.
[72] K. Marx, MEW, Bd. 18, S. 630, Konspekt von Bakunins ‚Staatlichkeit und Anarchie', 1874/75.
[73] K. Marx, MEW, Bd. 17, S. 545, Erster Entwurf zum ‚Bürgerkrieg in Frankreich', April/Mai 1871.
[74] Ders., Bd. 7, S. 89, Klassenkämpfe in Frankreich 1848–1850 (1850).
[75] Ders., Bd. 19, S. 28, Kritik des Gothaer Programms ...
[76] Ders., Bd. 17, S. 546, Erster Entwurf ...
[77] [illegible], April/Mai 1871
[78] Ders., Bd. 18, S. 634, Konspekt ...
[79] W. I. Lenin, Bd. 28, S. 255, Die proletarische Revolution und der Renegat Kautsky, 10. 11. 1918.

allerdings der ‚linke' „Fehler ... der syndikalistischen Abweichung (die zum Sturz der Diktatur des Proletariats führt) ... das falsche Herangehen an die Gewerkschaftsbewegung (ein Herangehen, das zum Sturz der Sowjetmacht führt)",[80] d. h., daß die proletarische Partei nicht in unmittelbarer Machtausübung in engster Verbindung zu den ‚Räten' der Massenorganisationen der Werktätigen *regieren,* sondern nur mittelbar herrschen soll, vermieden werden muß.

Die Auslegung der Diktatur des Proletariats als undemokratische Zwangsherrschaft in der Abwehr der Konterrevolution und im Aufbau des Sozialismus ist bürgerliches Interesse. Es sieht nur die Fehler der Stalinzeit und ignoriert die rücksichtslose Darstellung dieser Fehler durch die KPdSU auf dem XX. und XXII. Parteitag, die die Voraussetzungen für deren Überwindung schuf. Wenn sich die Mehrheit der werktätigen Massen in einem Ein- oder Mehrparteiensystem repräsentiert findet, in dem die führende Rolle der marxistisch-leninistischen Partei gesichert ist, die anderen Parteien die Hauptpunkte des Sozialismus vertreten und die Interessen der Werktätigen ihren Ausdruck finden, können nur Neid und Wut die Erfolge schöpferischer sozialistischer Arbeit demagogisch abwerten.

„Müßten wir uns nicht mehr wehren gegen diese oft so dumme und hämische Kritik? Das Bürgertum hat eine vielhundertjährige Erfahrung in der Leitung und Verwaltung von Staaten. In Deutschland hat es nicht einmal eine Revolution zur Durchsetzung seiner ureigensten Interessen fertiggebracht und hat dem Junkertum bis in die neueste Zeit hinein Ehrenplätze auf der Regierungsbank überlassen. Wenn ich hier diese erbärmliche Rolle des deutschen Bürgertums erwähne, das Hitler anbetete, dann wundere ich mich, woher diese Leute und ihre Zeitungsschreiber den Mut nehmen, die zur Macht gelangte Arbeiterklasse zu kritisieren. Noch grotesker ist die Kritik der Sozialdemokratie. Seit hundert Jahren reden sie vom Sozialismus. In wieviel Ländern haben sie durch Jahre hindurch die Mehrheit

[80] W. I. Lenin, Bd. 32, S. 76, Noch einmal über die Gewerkschaften, 25. 1. 1921.

in den Parlamenten gehabt und regiert. Nirgends auf der ganzen Welt, nicht in dem winzigsten Staat haben sie es fertiggebracht, auch nur ein einziges Gemeinwesen auch nur mit den geringsten sozialistischen Grundzügen auszustatten. Immer war es schließlich nur ein Schattenboxen mit dem Großbürgertum und nicht einmal mehr das. Was für eine schreckliche Geduld haben doch die Arbeiter in vielen Ländern, daß sie diesen ungeheuren Betrug, der an ihnen begangen wurde und täglich begangen wird, nicht entsprechend beantworten."[81]

Der revolutionäre Sozialismus hat sich auch mit dieser Tatsache auseinandergesetzt. „Die Hauptursache dafür, daß die ‚Sozialisten' die Diktatur des Proletariats nicht begreifen" – „die wichtigste Frage des ganzen proletarischen Klassenkampfes"[82] –, „besteht darin, daß sie die Idee des Klassenkampfes nicht zu Ende denken... Die Diktatur des Proletariats ist die *Fortsetzung* des Klassenkampfes des Proletariats in neuen Formen."[83]

Gegenüber Verleumdung, Überheblichkeit, Zweifel, Hysterie und Phraseologie sowie der Pedanterie der „Klügler, unter denen sich nicht wenige befinden, die sich Sozialisten nennen und die gelehrte oder quasigelehrte Betrachtungen anstellen über das Räte-‚system', wie sich die deutschen Systematiker auszudrücken belieben",[84] und ihrem desorientierenden Einfluß auf

[81] W. Plat, Begegnung mit den anderen Deutschen. Gespräche in der Deutschen Demokratischen Republik. Reinbek 1969, S. 343 f. Weil „bis heute in den westlichen Demokratien, sogar in denen, wo die Sozialisten an der Macht waren, die Grundlagen des Kapitalismus nicht berührt wurden" (G. Mollet, Les chances du socialisme, Paris 1968, S. 115) – „in den reichen Industrieländern im Westen wachsen die sozialen Gegensätze" (O. Palme, Demokratischer Sozialismus handelt von Gleichheit, in: Die Neue Gesellschaft, Bad Godesberg, 3/1970, S. 298) – werden die „echten Alternativen" (R. Miliband, Der Staat in der kapitalistischen Gesellschaft, Frankfurt 1972, S. 361) gesucht.

[82] W. I. Lenin, Bd. 28, S. 230, Die proletarische Revolution und der Renegat Kautsky, Okt./Nov. 1918.

[83] Ders., Bd. 30, S. [illegible] f., Über die Diktatur des Proletariats, Sept./Okt. 1919.

[84] Ders., Bd. 31, S. 221, II. Kongreß der Kommunistischen Internationale, 19. 7.–7. 8. 1920.

Werktätige, sind die ‚Räte' (= Sowjets) als politische Kampforgane der revolutionären Arbeiterklasse „der neue Staatsapparat, der erstens die bewaffnete Macht der Arbeiter und Bauern schafft ... Zweitens schafft dieser Apparat eine so enge, untrennbare, leicht zu kontrollierende und zu erneuernde Verbindung mit den Massen, mit der Mehrheit des Volkes, wie es sie im früheren Staatsapparat nicht einmal andeutungsweise gab. Drittens ist dieser Apparat dank der Wählbarkeit und Absetzbarkeit seines Bestandes ohne bürokratische Formalitäten und nach dem Willen des Volkes viel demokratischer als die früheren Apparate. Viertens schafft er eine Verbindung mit den mannigfachsten Berufen, wodurch er es erleichtert, die verschiedensten Reformen von einschneidenster Bedeutung ohne Bürokratie durchzuführen. Fünftens schafft er eine Organisation der Vorhut, d. h. des bewußtesten, energischsten und fortgeschrittensten Teils der *unterdrückten* Klassen, der Arbeiter und Bauern,[85] und stellt auf diese Weise einen Apparat dar, mit dessen Hilfe die Vorhut der unterdrückten Klassen die *ganze gigantische* Masse dieser Klassen, die bisher völlig außerhalb des politischen Lebens, außerhalb der Geschichte stand, zu heben, zu erziehen, zu schulen und zu führen vermag. Sechstens ermöglicht er es, die Vorteile des Parlamentarismus mit den Vorteilen der unmittelbaren und direkten Demokratie zu vereinigen, d. h. in der Person der gewählten Volksvertreter sowohl die gesetzgebende Funktion *als auch den Vollzug der Gesetze* zu vereinigen. Im Vergleich mit dem bürgerlichen Parlamentarismus ist das in jeder Entwicklung der Demokratie ein Fortschritt von welthistorischer Bedeutung."[86]

[85] Vgl. Bd. 33, S. 1626, IX. Gesamtrussischer Sowjetkongreß, 23./28. 12. 1921: „Die neue Gesellschaft, die auf dem Bündnis der Arbeiter und Bauern beruhen wird, ist unabwendbar . . . und für sie, für diese Gesellschaft, helfen wir die Formen des Bündnisses der Arbeiter und Bauern ausarbeiten ... Wir werden diese Aufgabe lösen und ein derart festes Bündnis der Arbeiter und Bauern schaffen, daß keine Macht der Welt es je zerstören kann."

[86] W. I. Lenin, Bd. 26, S. 86 f. Werden die Bolschewiki die Staatsmacht behaupten? Oktober 1917.

Der Sozialismus und Kommunismus mit dem erklärten Ziel, anstelle der Sozialverhältnisse einer individualistisch-formalen Gleichheit die der individuell-tatsächlichen Gleichheit aller Mitglieder der Gesellschaft herzustellen zur Erziehung und Entwicklung geistig-körperlich harmonischer Menschen, „kann nur dann aufgebaut werden, wenn zehn-, ja hundertmal breitere Massen als früher selber darangehen, den Staat und ein neues Wirtschaftsleben aufzubauen".[87] Weil die Kontrolle der Produktionsmittel durch den Staat unerläßliche Voraussetzung für die Gestaltung des Sozialismus ist – *„die nationale Zentralisation der Produktionsmittel* wird die natürliche Basis einer Gesellschaft werden, die sich aus der Assoziation freier und gleichgestellter, nach einem gemeinsamen und rationellen Plan bewußt tätiger Produzenten zusammensetzt"[88] – ist es notwendig, immer mehr Menschen davon zu überzeugen: „Die proletarische Demokratie, deren eine Form die Sowjetmacht ist, hat gerade für die gigantische Mehrheit der Bevölkerung, für die Ausgebeuteten und Werktätigen, eine in der Welt noch nie dagewesene Entwicklung und Erweiterung der Demokratie gebracht",[89] sie „ist millionenfach demokratischer als die demokratischste bürgerliche Republik"[90], und sie „ist eine Macht, die allen offensteht, die alles vor den Augen der Masse macht, die der Masse zugänglich ist, die unmittelbar von der Masse ausgeht, ein direktes und unmittelbares Organ der Volksmasse und ihres Willens".[91] Das Wesen der sozialistischen Demokratie ist die Förderung der Selbsttätigkeit der Massen, „eine wirkliche *Erziehung der Massen* zur Teilnahme an *allen* Staatsgeschäften".[92]

[87] W. I. Lenin, Bd. 28, S. 413, Rede in der gemeinsamen Sitzung des Gesamtrussischen Zentralexekutivkomitees, des Moskauer Sowjets und des Gesamtrussischen Gewerkschaftskongresses, 17. 1. 1919.
[88] K. Marx, MEW, Bd. 18, S. 62, Über die Nationalisierung des Grund und Bodens, März/April 1872.
[89] W. I. Lenin, Bd. 28, S. 245, Die proletarische Revolution und der Renegat Kautsky, Okt./Nov. 1918.
[90] A.a.O., S. 247.
[91] Ders., Bd. 31, S. 344, Geschichtliches zur Frage der Diktatur, 20. 10. 1920.
[92] Ders., Bd. 23, S. 343, Briefe aus der Ferne, Brief 3, Über die proletarische Miliz, März 1917.

Der sozialistische Staat „ist dann stark, wenn die Massen alles wissen, über alles urteilen können und alles bewußt tun".[93]
Da aber der ökonomische Prozeß des sozialistischen Übergangs zur nichtantagonistischen klassenlosen Gesellschaft als erster Phase der kommunistischen Gesellschaft unter der politischen und erzieherischen Diktatur des Proletariats gewisse äußerliche Ähnlichkeiten mit der kapitalistischen Gesellschaft wie Formen des Staatseigentums, der persönlichen materiellen Interessiertheit, differenzierte Entlohnung u. a. m. aufweist, die von der antikommunistischen Propaganda unverstanden ausgeschlachtet werden, gilt hierfür die klassische sozialistische Erkenntnis: „Womit wir es hier zu tun haben, ist eine kommunistische Gesellschaft, nicht wie sie sich auf ihrer eigenen Grundlage *entwickelt* hat, sondern umgekehrt, wie sie eben aus der kapitalistischen Gesellschaft *hervorgeht,* also in jeder Beziehung, ökonomisch, sittlich, geistig, noch behaftet ist mit den Muttermalen der alten Gesellschaft, aus deren Schoß sie herkommt." Erst „in einer höheren Phase der kommunistischen Gesellschaft, nachdem die knechtende Unterordnung der Individuen unter die Teilung der Arbeit, damit auch der Gegensatz geistiger und körperlicher Arbeit verschwunden ist; nachdem die Arbeit nicht nur Mittel zum Leben, sondern selbst das erste Lebensbedürfnis geworden; nachdem mit der allseitigen Entwicklung der Individuen auch ihre Produktivkräfte gewachsen und alle Springquellen des genossenschaftlichen Reichtums voller fließen – erst dann kann der enge bürgerliche Rechtshorizont ganz überschritten werden und die Gesellschaft auf ihre Fahne schreiben: Jeder nach seinen Fähigkeiten, jedem nach seinen Bedürfnissen!"[94]

[93] W. I. Lenin, Bd. 26, S. 246, Zweiter Gesamtrussischer Kongreß der Sowjets der Arbeiter- und Soldatendeputierten, 25./26. 10. 1917.
[94] K. Marx, MEW, Bd. 19, S. 20 f., Kritik des Gothaer Programms. Randglossen zum Programm der deutschen Arbeiterpartei, April/Mai 1875.

2. Der Kampf um die Aktionseinheit der Arbeiterklasse und aller Werktätigen

Die Frage, wie das sozialistische Klassenbewußtsein in die Arbeiterklasse hineingetragen wird, ist nur in Berücksichtigung der jeweiligen geschichtlichen und konkreten Weiterentwicklungsbedingungen des Kapitalismus befriedigend beantwortbar. „Wenn aus einem Großbetrieb ein Mammutbetrieb wird, der planmäßig, aufgrund genau errechneter Massendaten, die Lieferung des ursprünglichen Rohmaterials im Umfang von zwei Dritteln oder drei Vierteln des gesamten Bedarfs für Dutzende von Millionen der Bevölkerung organisiert; wenn die Beförderung dieses Rohstoffes nach den eigentlichen Produktionsstätten ... systematisch organisiert wird, wenn von einer Zentralstelle aus alle aufeinanderfolgenden Stadien der Verarbeitung des Materials bis zur Herstellung der verschiedenartigsten Fertigprodukte geregelt werden; wenn die Verteilung dieser Produkte auf Dutzende und Hunderte von Millionen Konsumenten nach einem einzigen Plan geschieht ... – dann wird es offensichtlich, daß wir es mit einer Vergesellschaftung der Produktion zu tun haben und durchaus nicht mit einer bloßen ‚Verflechtung'; daß privatwirtschaftliche und Privateigentumsverhältnisse eine Hülle darstellen, die dem Inhalt bereits nicht mehr entspricht und die daher unvermeidlich in Fäulnis übergehen muß, wenn ihre Beseitigung künstlich verzögert wird, eine Hülle, die sich zwar verhältnismäßig lange in diesem Fäulniszustand halten kann ..., die aber dennoch unvermeidlich beseitigt werden wird."[1]

Diese monopolistische bzw. oligopolistische Entwicklung, ergänzt und verstärkt durch staatskapitalistische Betriebe, führt durch das unmittelbare Eingreifen der kapitalistischen Staatsorgane in die kapitalistische Wirtschaft primär im Interesse der Großunternehmen zum staatsmonopolistischen Kapitalismus.

[1] W. I. Lenin, Bd. 22, S. 308, Der Imperialismus als höchstes Stadium des Kapitalismus, Jan./Juni 1916.

Das Streben der Monopolbourgeoisie, die Vergrößerung ihrer wirtschaftlichen und politischen Macht durch einschneidende staatliche Maßnahmen – von der Umverteilung des Sozialprodukts zugunsten der Großwirtschaft bis zur ‚Schlichtung' von Lohnkämpfen – einerseits zu unterstützen, andererseits zu steuern und alle objektiven Tendenzen zum Sozialismus zu leugnen, seine Vertreter zu unterdrücken und bürgerlich-demokratische Gesetzlichkeit überhaupt in ihrer Geltung einzuschränken oder zu suspendieren, führt zur Verschärfung der kapitalistischen Grundwidersprüche und bietet Ansatzpunkte für die Aktionseinheit der Arbeiterklasse mit den werktätigen und antimonopolistischen Kräften.

Da weder Vergesellschaftung der Produktion im staatsmonopolistischen Kapitalismus irgendeine ‚transformatorische Vorstufe' des Sozialismus wegen der privatkapitalistischen Eigentumsverhältnisse darstellt, noch diese Vergesellschaftung in angeblicher ‚Konvergenz' zum sozialistischen System der sozialistischen Länder den Kampf der Arbeiter und Werktätigen überflüssig macht, erlangt diese Aktionseinheit im staatsmonopolistischen Kapitalismus, der „die vollständige *materielle* Vorbereitung des Sozialismus"[2] ist, größte Bedeutung.

Auch im gegenwärtigen durch „mannigfache Umstände"[3] modifizierten Kapitalismus ist das Problem der Aktionseinheit eine „Frage nach dem Kräfteverhältnis der Kämpfenden".[4] Die Bourgeoisie ist sich dessen ebenso bewußt und setzt bei ihren Spaltungsbemühungen beim vorurteilenden kleinbürgerlichen Privateigentümerbewußtsein eines beträchtlichen Teils der abhängig Beschäftigten an und bemüht sich mit verschiedensten

[2] W. I. Lenin, Bd. 25, S. 370, Die drohende Katastrophe und wie man sie bekämpfen soll, 10.–14. 9. 1917. Vgl. DKP kontra Großkapital, a.a.O., These 9: „Aufgrund der heutigen Bedingungen des Klassenkampfes geht die DKP davon aus, daß der Kampf der Arbeiterklasse und der anderen demokratischen Kräfte um die demokratische Erneuerung von Staat und Gesellschaft, um eine antimonopolistische Demokratie, am besten geeignet ist, den Weg zum Sozialismus zu öffnen. Die DKP erstrebt diese Umgestaltung auf der Basis der im Grundgesetz verkündeten demokratischen Prinzipien und Rechte".

[3] K. Marx, MEW, Bd. 23, S. 674, Das Kapital I.

[4] Ders., Bd. 16, S. 149, Lohn, Preis und Profit, Mai/Juni 1865.

Methoden um die Integration der Gewerkschaften und der Arbeiterbewegung, wobei sich Demagogie, Reformismus, opportunistische Ideologie und Politik ergänzen und überlagern. Ihr gegenüber und den desorientierenden Mittlern des bürgerlichen Einflusses aus der ‚Arbeiteraristokratie‘ und, mit Verbesserung des allgemeinen Lebensstandards, der ‚Arbeiterbürokratie‘ in Industrie, Handel, Finanz, Verwaltung, Parteien und Gewerkschaften, die „schonungslos entlarvt“ werden müssen,[5] muß sich der bewußte Teil der Arbeiterklasse zusammenschließen, um die Einheit der Arbeiterklasse zu erkämpfen.

Zur Hilfe für die Massen der Werktätigen im Kampf gegen das Kapital „haben wir die Taktik der Einheitsfront aufgegriffen“,[6] und diese „Einheit muß *erkämpft* werden, und nur die Arbeiter selbst, die klassenbewußten Arbeiter selbst sind imstande, dies zu erreichen – in beharrlicher, hartnäckiger Arbeit“,[7] die man „systematisch, Schritt für Schritt vorbereiten und erarbeiten“ muß,[8] *ohne* „auch nur eine, auch nur die geringste Möglichkeit tatsächlicher Reformen und Teilverbesserungen außer acht zu lassen“[9] und ohne auf irgendeinen Verbündeten, auf irgendeine Organisation im Interesse der Werktätigen, zu *verzichten,* „mag das auch ein zeitweiliger, schwankender, unsicherer, unzuverlässiger, bedingter Verbündeter sein“,[10] wobei es gilt, an die Massen der Werktätigen „besonders geduldig und behutsam herangehen zu lernen, um die Eigenart und besondere Mentalität einer jeden Schicht, eines jeden Berufs usw. innerhalb dieser Masse verstehen zu können“.[11]

Ist in den entwickelten, durch Überakkumulation und Verwer-

[5] W. I. Lenin, Bd. 31, S. 180, Thesen über die Hauptaufgaben des Zweiten Kongresses der Kommunistischen Internationale, 4. 7. 1920.

[6] Ders., Bd. 33, S. 320, Wir haben zu teuer bezahlt, 9. 4. 1922.

[7] Ders., Bd. 20, S. 319, Über die Einheit, 30. 5. 1914.

[8] Ders., Bd. 6, S. 304, Mitteilung über die Bildung des ‚Organisationskomitees‘, 15. 1. 1903.

[9] Ders., Bd. 20, S. 307 f., Von zwei Wegen, 24. 5. 1914.

[10] Ders., Bd. 31, S. [illegible], Der ‚linke Radikalismus‘, die Kinderkrankheit im Kommunismus, April/Mai 1920.

[11] A.a.O., S. 180, Thesen über die Hauptaufgabe des Zweiten Kongresses der Kommunistischen Internationale, 4. 7. 1920.

tungskrisen gekennzeichneten kapitalistischen Ländern es aber Tatsache, daß in weiten Teilen der Arbeiterklasse und Gesamtheit der Werktätigen wegen der bürgerlichen und reformistischen Politik der Sozialdemokratie kein politisches Klassenbewußtsein vorhanden ist[12], das im Rahmen der friedlichen Koexistenz einen Klärungsprozeß in den Beziehungen zu den Ländern des sozialistischen Weltsystems und den kommunistischen Parteien in den kapitalistischen Ländern einleiten könnte, bleibt die Entwicklung der „Fähigkeit, sich mit den breitesten Massen der Werktätigen, in erster Linie mit den proletarischen, *aber auch den nichtproletarischen* werktätigen Massen zu verbinden, sich ihnen anzunähern, ja, wenn man will, sich in einem gewissen Grade mit ihnen zu verschmelzen“[13], den kommunistischen Parteien als vorrangige, aber ungeheuer schwere Aufgabe.

Obwohl die Kämpfe gegen das ‚Kapital‘ in den letzten zehn Jahren keineswegs schwächer geworden sind, die „Klassenkämpfe in Westeuropa“,[14] einschließlich der BRD, sogar seit Mitte der sechziger Jahre eine Verschärfung erfahren haben, und in der ab 1. 1. 1973 erweiterten EWG durch multinationalen Konzernen entsprechende multinationale Streiks entsprechende Verschärfung erfahren werden, hat ein derartiges Bündnis, vor allem wegen des fehlenden Klassenbewußtseins der in ihm zu vereinenden Klassen und sogar nichtwerktätigen Schichten, *nicht* den Kampf gegen das Kapital insgesamt, sondern gegen das Monopolkapital wie Grundstoff- und Schlüsselindustrien, marktbeherrschende Unternehmen, Großbanken und Versicherungen, Presse- und Kulturkonzerne zum Zwecke deren

12 „Es wäre falsch zu glauben, daß die revolutionären Klassen immer über genügend Kraft verfügen, um einen Umsturz herbeizuführen, wenn dieser aufgrund der gesellschaftlich-ökonomischen Entwicklung voll herangereift ist . . . – dann fault die Gesellschaft, und diese Fäulnis kann Jahrzehnte hindurch andauern“ W. I. Lenin, Bd. 9, S. 367, Das letzte Wort der ‚iskristischen‘ Taktik oder eine Wahlkomödie als neuer Impuls, der zum Aufstand anregt, 27. 10. 1905.

13 Ders., Bd. 31, S. 8, Der ‚linke Radikalismus‘ . . .

14 Vgl. D. Albers/W. Goldschmidt/P. Oehlke, Klassenkämpfe in Westeuropa. England, Frankreich, Italien. Reinbek 1971.

Verstaatlichung zum Ziel. Das Interesse aller Bündnispartner kann sich mit der Forderung nach antimonopolistischer Mitbestimmung über Investitionen, Preispolitik und Gewinnverteilung identifizieren und zur breiten Erkenntnis führen, daß der monopolkapitalistische Staat mit seinen Maßnahmen für Kapitalakkumulation und gegen Kapitalentwertung, mit seiner werktätigenfeindlichen Steuerpolitik und Unterstützung der großkapitalistischen Preistreiberei nur durch die Gegenkraft eines von der Arbeiterklasse geführten antimonopolistischen Bündnisses zu einer antimonopolistischen Demokratie gezwungen werden kann. Die antimonopolistischen Demokratiebestrebungen können ihre Verstaatlichungspläne der Monopolunternehmen mit der Krisenhaftigkeit des staatsmonopolistischen Kapitalismus, mit der tatsächlichen staatlich unterstützten Überakkumulation von Anlagekapital begründen, gegen die ‚Reformen' und Herrschaftspersonaländerungen wirkungslos sind. Die Aufgaben der antimonopolistischen Umgestaltung erfordern z. B. in der BRD:

- „Abwehrkampf gegen autoritäre Machtstrukturen und neofaschistische Gefahren, gegen alle Tendenzen und Pläne zur Errichtung einer Notstandsdiktatur und gegen jegliche Notstandspraktiken;
- Enthüllung der tatsächlichen Machtverhältnisse;
- Kampf um die Erweiterung und den Ausbau der demokratischen Rechte des Volkes;
- die Überwindung des beherrschenden Einflusses des Konzernkapitals und der Unternehmerverbände auf Gesetzgebung und Verwaltung; Offenlegung aller Eingaben, Gesetzesvorschläge und Verhandlungen dieser Machtgruppen mit Regierung und Staatsbürokratie;
- Bildung gesellschaftlicher Fachausschüsse beim Bundestag, bei Landtagen und Ministerien, die nicht von der Exekutive und den etablierten Parteifraktionen berufen, sondern deren Mitglieder von den Gewerkschaften und anderen demokratischen Vereinigungen delegiert werden, damit das Volk Einfluß auf die Gesetzesentscheidungen gewinnt;

– Stärkung der demokratischen Selbstverwaltung der Gemeinden und Wahrung aller verfassungsmäßigen Rechte der Länder;
– Aufnahme des Streikrechts und Aussperrverbots im Grundgesetz;
– öffentliche Diskussion aller wichtigen Gesetzesentwürfe und Festlegungen über die Einführung von Volksentscheiden und -befragungen."[15]

Gerade die offen sichtbare ständige Kompensation erkämpfter Lohnerhöhungen durch Preissteigerungen[16], Soziallasten- und Steuermanipulationen kann neben den Arbeitern und Angestellten angesichts der Riesenprofite der Großfirmen immer mehr Bauern, Handwerker, sogar kleine und mittlere Kapitalisten, wenn auch oft nur für kurze Zeit, in Bündnisse einbeziehen.[17] Die ständigen Gegenmaßnahmen der Bourgeoisie, solche Bündnisansätze zu zerstören, radikaldemokratische Organisationen als kommunistische ‚Tarnorganisationen' zu diffamieren usw., beweisen, als wie gefährlich sie die mit dem zeitlichen Ablauf sich aus den ständig mehr oder weniger stark oder rasch ändernden Bedingungen des Klassenkampfes ergebende antimonopolistische Demokratie als eine *Möglichkeit* zum Sozialismus einschätzt. „Die Sammlung aller vom Monopolkapital unterdrückten und ausgebeuteten sozialen Schichten – der Bauern, der Intelligenz, der Mittelschichten – um die Arbeiterklasse ist eine Grundvoraussetzung des erfolgreichen Kampfes für demokrati-

[15] Grundsatzerklärung der DKP, Hamburg 1969, S. 30 ff.

[16] Vgl. z. B. Sachverständigenrat zur Begutachtung der gesamtwirtschaftlichen Entwicklung, ‚Gleicher Rang für den Geldwert', Jahresgutachten 1972/73, Stuttgart und Mainz, S. 62: „Die Reallohnposition der Arbeitnehmer hat sich damit 1972 erstmals wieder verschlechtert . . . Daß die Erzeugerpreise im Verlauf des Jahres dennoch verstärkt angehoben wurden, läßt darauf schließen, daß die Unternehmer die Nachfragebelebung nutzten, um ihre Gewinnmargen wieder zu verbessern."

[17] Vgl. die Struktur der Erwerbstätigen in der BRD 1968/69 berechnet nach den Zahlen des Statistischen Jahrbuchs für die BRD 1970, in: Der Imperialismus der BRD, Frankfurt 1971, S. 337 (Arbeiterklasse: 20,8 Mill., Bourgeoisie 0,6 Mill., Mittelschichten 4,4 Mill. Personen).

schen Fortschritt."[18] „Eine antimonopolistische Demokratie hat die grundlegenden Veränderungen des politischen Kräfteverhältnisses, die Erkämpfung einer von der Arbeiterklasse geführten und gemeinsam mit allen antimonopolistischen Kräften getragenen Staatsmacht zur Voraussetzung. Durch die Überführung der Grundstoff- und Schlüsselindustrien, der marktbeherrschenden Unternehmen, der Bankkonzerne und großen Versicherungsgesellschaften, der Pressemonopole und Kulturkonzerne in gesellschaftliches Eigentum – bei demokratischer Kontrolle durch die Arbeiterklasse, die anderen antimonopolistischen Kräfte und ihre Organisationen – wird die ökonomische Macht des Monopolkapitals gebrochen. In dem Maße, wie durch den Kampf der Arbeiterklasse und der anderen antimonopolistischen Kräfte der staatsmonopolistische Kapitalismus überwunden wird, werden auch die schärfsten Formen der kapitalistischen Ausbeutung, die Ausbeutung durch die Monopole und den monopolistischen Staat beseitigt."[19] „Eine derart tiefgreifende Umwälzung kann nicht durch einen Putsch oder eine Verschwörung herbeigeführt werden ... Sie kann nur Wirklichkeit werden, wenn Millionen von Menschen, die sich gewöhnlich dem politischen Prozeß gegenüber indifferent verhalten oder allenfalls passive Teilnehmer sind, aktiv in das politische Leben einbezogen werden." Aber „ob das antimonopolistische Bündnis die Regierungsgewalt erringt oder nicht, früher oder später wird es im Kampf für seine demokratischen Ziele mit der entscheidenden Frage konfrontiert werden: Entweder es vernichtet das Monopolkapi-

[18] DKP kontra Großkapital. Für Frieden, demokratischen Fortschritt und Sozialismus, a.a.O., These 35.

[19] DKP kontra Großkapital. Für Frieden demokratischen Fortschritt und Sozialismus, a.a.O., These 9. Vgl. entsprechend u. a. z. B. XX. Parteitag der Kommunistischen Partei Belgiens, 19.–21. 3. 1971, in: Informations-Bulletin, Materialien und Dokumente kommunistischer und Arbeiterparteien, Wien, 9/1971; Programm der Kommunistischen Partei Finnlands, in: Weg und Ziel, Wien 5/1969; Manifest des ZK der Französischen Kommunistischen Partei, in: L'Humanité nouvelle, Paris, 7. 12. 1968; XXXI. Parteitag der Kommunistischen Partei Großbritanniens: J. Gollan, Die Monopole, die Einheit der Linken und die Kommunistische Partei, in: Comment, London, 29. 11. 1969.

tal, oder es wird vom Monopolkapital vernichtet. Das ist die innere Logik, die Dynamik des Klassenkampfes."[20]

Die Begründung der Krise des staatsmonopolistischen Kapitalismus ermöglicht aber auch, linksradikalen Auffassungen zu begegnen, jener Strömung, „die sehr revolutionär ist ihren Phrasen nach, aber durchaus nicht revolutionär ihren tatsächlichen Anschauungen" nach[21], deren kleinbürgerlicher Unglaube an die revolutionären Möglichkeiten des Proletariats über eine Bündnispolitik der antimonopolistischen Demokratie und Falscheinschätzung nichtproletarischer Massen, wie etwa der Bauern, sich mit bürgerlichen Einschätzungen berührt. „Der Kapitalismus wäre nicht Kapitalismus, wenn das ‚reine' Proletariat nicht von einer Masse außerordentlich mannigfaltiger Übergangstypen vom Proletarier zum Halbproletarier ..., vom Halbproletarier zum Kleinbauer (und kleinen Handwerker, Hausindustriellen, Kleinbesitzer überhaupt), vom Kleinbauern zum Mittelbauern usw. umgeben wäre; wenn es innerhalb des Proletariats selbst nicht Unterteilungen in mehr oder minder entwickelte Schichten, Gliederungen nach Landsmannschaften, nach Berufen, manchmal nach Konfessionen usw. gäbe. Aus alledem aber ergibt sich für die Vorhut des Proletariats, für seinen klassenbewußten Teil, für die kommunistische Partei absolut unumgänglich die Notwendigkeit, die unbedingte Notwendigkeit, zu lavieren, Übereinkommen, Kompromisse mit verschiedenen proletarischen Gruppen, mit verschiedenen Parteien der Arbeiter und Kleinbesitzer zu schließen. Es kommt nur darauf an, daß man es *versteht*, diese Taktik so anzuwenden, daß sie zur *Hebung* und nicht zur Senkung des *allgemeinen* Niveaus des proletarischen Klassenbewußtseins, des revolutionären Geistes, der Kampf- und Siegesfähigkeit beiträgt."[22]

Für die Bündnispolitik der antimonopolistischen Demokratie ist

20 Das neue Parteiprogramm der Kommunistischen Partei der USA, Berlin (DDR) 1971, S. 108, 107.

21 W. I. Lenin, Bd. 6, S. 281, Bruchstücke eines Artikels gegen die Sozialrevolutionäre, Dez. 1902.

22 W. I. Lenin, Bd. 31, S. 60, Der ‚linke Radikalismus' ...

es deswegen gleichfalls unrichtig, daß „der (Arbeiterklasse) gegenüber alle anderen Klassen *nur eine reaktionäre Masse* bilden“,[23] denn „solange wir nicht stark genug sind, selbst das Ruder zu ergreifen und unsere Grundsätze zu verwirklichen, kann, genau gesprochen, von *einer* reaktionären Masse, *uns gegenüber*, nicht die Rede sein. Sonst würde sich die ganze Nation einteilen in eine Majorität von Reaktionären und eine Minorität von Ohnmächtigen.“[24]

Das Bündnis gegen die Herrschaft des Monopolkapitals ist demnach nur durch eine elastische Taktik begründbar, und es ist deshalb nötig, „daß alle Kommunisten in allen Ländern durchweg und restlos die Notwendigkeit anerkennen, in ihrer Taktik äußerst *elastisch* zu sein“.[25] Dagegen sind diejenigen zur Erfolglosigkeit verurteilt, die den terroristischen Kampf gegen die ‚reaktionäre Masse‘, den Antiparlamentarismus, die Spontaneität der Aktion als allein revolutionäre Maßnahme vertreten,[26] „die mehr oder weniger korrekt die Theorie *im Hinblick auf ihre dogmatische Seite* besitzen, zur bloßen Sekte werden, weil sie diese lebendige Theorie der Aktion, der Arbeit mit der Arbeiterklasse in jedem möglichen Stadium ihrer Entwicklung nur begreifen können als eine Sammlung von Dogmen, die auswendig zu lernen und aufzusagen sind, wie eine Beschwörungsformel oder ein katholisches Gebet“[27], denn „das Entscheidende im Marxismus haben sie absolut nicht begriffen, nämlich seine revolutionäre Dialektik“.[28]

[23] K. Marx, MEW, Bd. 19, S. 22, Kritik des Gothaer Programms . . .

[24] K. Marx/F. Engels, Ausgewählte Briefe, a.a.O., S. 518, Engels an K. Kautsky, 14. 10. 1891.

[25] W. I. Lenin, Bd. 31, S. 89, Der ‚linke Radikalismus‘ . . .

[26] Vgl. F. Engels, Einleitung (1894) zu: K. Marx, Die Klassenkämpfe in Frankreich, 1848–1850, in: K. Marx/F. Engels, Ausgewählte Schriften a.a.O., Bd. I, S. 122: „Die Zeit der Überrumpelungen, der von kleinen bewußten Minoritäten an der Spitze bewußtloser Massen durchgeführten Revolutionen ist vorbei. Wo es sich um eine vollständige Umgestaltung der gesellschaftlichen Organisation handelt, da müssen die Massen selbst mit dabei sein, selbst schon begriffen haben, worum es sich handelt, für was sie mit Leib und Leben eintreten.“

[27] F. Engels, MEW, Bd. 38, S. 101, Engels an L. Lafargue, 4. 5. 1891.

[28] W. I. Lenin, Bd. 33, S. 462, Über unsere Revolution, 16. 1. 1923.

In diesem Zusammenhang heißt dialektische Betrachtung, „die allgemeinen und grundlegenden Prinzipien des Kommunismus auf jene *Eigenart* der Beziehungen zwischen den Klassen und Parteien, auf jene *Eigenart* in der objektiven Entwicklung zum Kommunismus anzuwenden, die jedes einzelne Land aufweist und die man zu studieren, zu erforschen, zu erraten fähig sein muß",[29] also ohne Schemata und Formeln, „die bestenfalls nur geeignet sind, die *allgemeinen* Aufgaben vorzuzeichnen, die durch die *konkrete* ökonomische und politische Situation in jedem besonderen *Zeitabschnitt* des geschichtlichen Prozesses zwangsläufig modifiziert werden"[30], wobei jeweils der unmittelbaren Aufgabe die richtige ‚Losung' gegeben werden muß. „Eine ‚negative' Losung, die nicht mit einer bestimmten positiven Antwort verbunden ist, ‚schärft' nicht das Bewußtsein, sondern stumpft es ab, denn eine derartige Losung ist leeres Gerede, bloßes Geschrei, inhaltsleere Deklamation."[31]
Die Dialektik ist deshalb auch im politischen Zusammenhang eine „*lebendige,* vielseitige (wobei die Anzahl der Seiten ewig zunimmt) Erkenntnis mit einer Unzahl von Schattierungen jedes Herangehens, jeder Annäherung an die Wirklichkeit"[32], und auch die politische Wahrheit setzt sich aus der „*Gesamtheit aller* Seiten der Erscheinung, der Wirklichkeit und ihre[n] (Wechsel-) *Beziehungen*" zusammen.[33]
Gerade die gegenwärtige Periode der friedlichen Koexistenz gibt auf einer historisch neuen Ebene weltweit „die wissenschaftliche Einsicht in die unvermeidlich und stetig unter unseren Augen vorgehende Zersetzung der herrschenden [kapitalistischen] Gesellschaftsordnung"[34], und „ohne eine solche Einsicht in den notwendigen historischen Zusammenhang und da-

[29] W. I. Lenin, Bd. 31, S. 76, Der ‚linke Radikalismus' . . .
[30] Ders., Bd. 24, S. 25, Briefe über die Taktik, April 1917.
[31] Ders., Bd. 23, S. 66 ‚Über eine Karikatur auf den Marxismus und über den ‚imperialistischen Ökonomismus' ,Aug./Okt. 1916.
[32] Ders., Bd. 38, S. 343, Zur Frage der Dialektik, 1915.
[33] A.a.O., S. 186, Konspekt zur ‚Wissenschaft der Logik', Sept./Dez. 1914.
[34] K. Marx/F. Engels, Ausgewählte Briefe, a.a.O., S. 407, Marx an F. Domela-Nieuwenhuis, 22. 2. 1881.

mit in den wahrscheinlichen Entwicklungsgang der Dinge ist aber keine Partei [- und Bündnispolitik] mit Erfolg zu betreiben".[35] Weiter gilt unvermindert, „die theoretischen Sätze der Kommunisten beruhen keineswegs auf Ideen, auf Prinzipien, die von diesem oder jenem Weltverbesserer erfunden oder entdeckt sind. Sie sind nur allgemeine Ausdrücke tatsächlicher Verhältnisse eines existierenden Klassenkampfes, einer unter unseren Augen vor sich gehenden geschichtlichen Bewegung",[36] und die Kommunisten sehen sich aufgrund ihrer Überzeugung, daß „die Grundwahrheiten des Marxismus für jeden klaren Verstand und ehrlichen, aufrechten Menschen unbestreitbar und absolut überzeugend sind",[37] als „keine besondere Partei gegenüber den anderen Arbeiterparteien. Sie haben keine von den Interessen des ganzen Proletariats getrennten Interessen. Sie stellen keine besonderen Prinzipien auf, wonach sie die proletarische Bewegung modeln wollen. Die Kommunisten unterscheiden sich von den übrigen proletarischen Parteien nur dadurch, daß sie einerseits in den verschiedenen nationalen Kämpfen der Proletarier die gemeinsamen, von der Nationalität unabhängigen Interessen des gesamten Proletariats hervorheben und zur Geltung bringen, andererseits dadurch, daß sie in den verschiedenen Entwicklungsstufen, welche der Kampf zwischen Proletariat und Bourgeoisie durchläuft, stets das Interesse der Gesamtbewegung vertreten", sie „haben theoretisch vor der übrigen Masse des Proletariats die Einsicht in die Bedingungen, den Gang und die allgemeinen Resultate der proletarischen Bewegung voraus".[38]

Diese kritisch-revolutionäre „Eigenschaft ist dem *Marxismus* tatsächlich restlos und unbedingt eigen, weil diese Theorie es sich direkt zur Aufgabe macht, alle Formen des Antagonismus und der Ausbeutung in der modernen Gesellschaft *aufzudecken*,

[35] F. Engels, MEW, Bd. 35, S. 366, Engels an E. Bernstein, 22. 9. 1882.
[36] K. Marx/F. Engels, MEW, Bd. 4, S. 475, Manifest der Kommunistischen Partei (1848).
[37] F. Castro, Conception University, Granma, Havana, 28. 11. 1971, S. 13.
[38] K. Marx/F. Engels, MEW, Bd. 4, S. 474, Manifest . . .

ihre Entwicklung zu verfolgen, ihren vorübergehenden Charakter und die Unvermeidlichkeit ihrer Verwandlung in eine andere Form nachzuweisen *und auf diese Weise dem Proletariat zu dienen, damit es möglichst bald und möglichst leicht jeglicher Ausbeutung ein Ende mache*",[39] und wo „die Übereinstimmung mit dem wirklichen Prozeß der sozialökonomischen Entwicklung zum obersten und einzigen Kriterium einer Doktrin gemacht wird, da kann es keinen Dogmatismus geben; wenn die Aufgabe darin besteht, die Organisation des Proletariats zu fördern, wenn folglich die Rolle der ‚Intelligenz' darin besteht, besondere, intellektuelle Führer überflüssig zu machen, kann es kein Sektierertum geben".[40]

In dieser Blickrichtung „ist der Fabrikarbeiter nichts anderes als der fortgeschrittene Repräsentant der gesamten ausgebeuteten Bevölkerung, und damit er diese seine Aufgabe in einem organisierten, beharrlichen Kampf verwirkliche, ist es keineswegs erforderlich, ihn durch irgendwelche ‚Perspektiven' mitzureißen – dazu ist nur erforderlich, daß man *ihn über seine Stellung aufklärt*, über die politisch-ökonomische Struktur des ihn unterdrückenden Systems und über die Notwendigkeit und Unvermeidlichkeit des Klassenantagonismus in diesem System".[41]

Diese Aufgabenstellung der *wirklichen* Organisation der Arbeiter und Werktätigen, getragen durch die „Bekennung des Kommunismus" und „revolutionäre Energie und Eifer der Propaganda" sowie „entsprechende Lebensweise und Wirksamkeit" und „Enthaltung der Teilnahme an jeder antikommunistischen politischen oder nationalen Gesellschaft"[42], fordert ganz die klassenbewußten Arbeiter, frei von jeder Art die Unablenkbarkeit und Ausdauer schwächenden psychologischen Prädeterminismus.[42a] „Sie selbst müssen das meiste zu ihrem endlichen Siege

[39] W. I. Lenin, Bd. 1, S. 333, Was sind die ‚Volksfreunde' und wie kämpfen sie gegen die Sozialdemokraten?, 1894.
[40] A.a.O., S. 302.
[41] A.a.O., S. 303.
[42] K. Marx/F. Engels, MEW, Bd. 4, S. 596, Statuten des Bundes der Kommunisten, Juni 1847.
[42a] Zur ‚Selbstregulation' des Charakters vgl. I. P. Pawlow, Antwort eines

dadurch tun, daß sie sich über ihre Klasseninteressen aufklären, ihre selbständige Parteistellung so bald wie möglich einnehmen, sich durch die heuchlerischen Phrasen der demokratischen Kleinbürger keinen Augenblick an der unabhängigen Organisation der Partei des Proletariats irre machen lassen."[43]

Die Versuche, die wirkliche Bewegung der Arbeiterklasse zu bekämpfen, sei es durch Gewalt oder Unterwanderung und sektiererische Spaltung, und den „Marxismus ‚durch Milde' zu töten, ihn in der Umarmung zu ersticken ... [von ihm] alles nehmen, was für die liberale Bourgeoisie annehmbar ist", und „‚nur' die lebendige Seele des Marxismus, ‚nur' sein revolutionäres Wesen beiseite werfen"[44], sind in allen Fällen, wo auf nationaler Ebene nichtproletarische revolutionäre Bewegungen unwahrscheinlich geworden sind und die Frage der Bündnispolitik der antimonopolistischen Demokratie vorrangig ist, nur durch eine in sich geschlossene proletarische Partei abzuwehren, damit die Politik der Bündnisse mit nichtkommunistischen Gruppierungen nicht durch schwächebedingte Bündnisunfähigkeit gefährdet wird.

Denn „als Marx die Internationale gründete, hat er die allgemeinen Statuten so abgefaßt, daß ihr *alle* proletarischen Sozialisten jener Zeit beitreten konnten – Proudhonisten, Pierre Lerrouxisten und selbst der fortgeschrittene Teil der englischen Trade-Unions, und nur durch diese Breite ist die Internationale das geworden, was sie war, das Mittel zur allmählichen Auflösung und Aufsaugung jener kleineren Sekten, mit Ausnahme der Anarchisten, deren plötzliches Auftauchen in verschiedenen Ländern nur die Wirkung der heftigen bürgerlichen Reaktion nach der Kommune war, und daher von uns ruhig dem Absterben überlassen werden konnte, wie es auch geschah. Hät-

Physiologen an die Psychologen (1932), in: Sämtliche Werke Bd. III/2, Berlin (DDR), 1953, S. 430.

43 K. Marx/F. Engels, MEW, Bd. 7, S. 254, Ansprache der Zentralbehörde an den Bund vom März 1850.

44 W. I. Lenin, Bd. 21, S. 216, Der Zusammenbruch der II. Internationale, Juni 1915.

ten wir von 1864 bis 1873 darauf bestanden, nur mit denen zusammenzuarbeiten, die offen unsere Plattform anerkannten – wo wären wir heute? Ich denke, unsere ganze Praxis hat gezeigt, daß es wohl möglich ist, mit der allgemeinen Bewegung der Arbeiterklasse auf jeder einzelnen Etappe zusammenzuarbeiten, ohne unsere eigene unterschiedene Stellung und sogar Organisation aufzugeben oder zu verbergen."[45]
Gegenüber allen groß- und kleinbürgerlichen sowie sektiererischen Widerständen gegen die Herstellung von Bündnissen der verschiedenen Organisationsformen der Arbeiter und Werktätigen – „die Bewegung des Proletariats macht notwendig verschiedene Entwicklungsstufen durch, auf jeder Stufe bleibt ein Teil der Leute hängen und geht nicht weiter mit; schon allein daraus erklärt sich, weshalb die ‚Solidarität des Proletariats' in der Wirklichkeit überall in verschiedenen Parteigruppierungen sich verwirklicht, die sich auf Leben und Tod befehden", [46] die „die Marxsche Theorie der Entwicklung auf eine starre Orthodoxie heruntergebracht . . . haben, zu der die Arbeiter sich nicht aus ihrem eigenen Klassengefühl heraus emporarbeiten sollen, sondern die sie als Glaubensartikel sofort und ohne Entwicklung herunterzuwürgen haben"[47], die „also gerade das Gegenteil der im ‚Manifest' empfohlenen Politik" treiben[48] – tritt die jeweilige nationale kommunistische Partei im Kampf um die Aktionseinheit der Arbeiterklasse und aller Werktätigen dafür ein, „sich mit jeder wirklichen allgemeinen Bewegung der Arbeiterklasse zu befassen, deren faktischen Ausgangspunkt als solchen zu aktzeptieren und sie schrittweise dadurch auf die theoretische Höhe zu bringen, daß sie zeig[t], wie jeder begangene Fehler, jede erlittene Schlappe eine notwendige Folge falscher theoretischer Ansichten im ursprünglichen Programm war:

[45] K. Marx/F. Engels, Ausgewählte Briefe, a.a.O., S. 478 f., Engels an F. Kelley-Wischnewetzky, 27. 1. 1887.
[46] A.a.O., S. 338 f., Engels an A. Bebel, 20. 6. 1873.
[47] F. Engels, MEW, Bd. 39, S. 245, Engels an F. A. Sorge, 12. 5. 1894.
[48] Ders., MEW, Bd. 38, S. 422, Engels an K. Kautsky, 12. 8. 1892.

sie haben, mit den Worten des ‚Kommunistischen Manifests': in der Gegenwart der Bewegung die Zukunft der Bewegung zu repräsentieren",[49] wobei die Kommunisten darauf verzichten, „den natürlichen normalen, und daher notwendig etwas langsamen, Entwicklungsgang der ... Arbeiterklasse mit Gewalt voranzuforcieren, daher weniger Lärm, weniger Prahlerei, aber auch weniger Enttäuschungen".[50]

Unter den allgemeinen Bewegungen der Arbeiterklasse nehmen die sozialdemokratischen Parteien einen sehr bedeutenden zahlenmäßigen Rang ein, deren *politische* Zusammenarbeit mit den Kommunisten die „Kardinalfrage" der Politik der Aktionseinheit ist[51]. Denn der Kampf um demokratische Alternativen kann nur in gemeinsamen Handeln und nicht in Konkurrenz zu anderen demokratischen Gruppierungen erfolgreich sein.[52]

Bei der gewaltigen Aufgabe der kommunistischen Parteien gegenüber der dem ‚Jetzt' und ‚Heute' oder ‚dieser Generation' verhafteten bürgerlichen, reformistischen, revisionistischen und anarchistischen ‚Politik', die durch höherqualifizierte und intel-

[49] K. Marx/F. Engels, a.a.O., S. 475, Engels an F. Kelley-Wischnewetzky, 28. 12. 1886.

[50] F. Engels, MEW, Bd. 37, S. 31, Engels an F. Domela-Nieuwenhuis, 23. 2. 1888.

[51] Vgl. K. Bachmann, Einig handeln für demokratische Erneuerung von Staat und Gesellschaft, in: Protokoll des Essener Parteitages der DKP, Hamburg 1969, S. 34.

[52] Die Notwendigkeit antimonopolistischer demokratischer Maßnahmen ist aus dem „Entwurf eines ökonomisch-politischen Orientierungsrahmens für die Jahre 1975–1985, des Parteivorstandes der SPD Bonn, Juni 1972, nicht erkennbar: Die Rüstungsausgaben sollen jährlich um durchschnittlich 5 % steigen, die polizeistaatliche Gesinnungsschnüffelei und Berufsverbotspolitik der Ministerpräsidentenbeschlüsse vom 28. 1. 1972 wird weitergeführt, die demokratische Zusammenarbeit mit Kommunisten untersagt. Vgl. G. Danelius, Schlußwort auf der 11. Tagung des Parteivorstandes der SEW, in: Die Wahrheit, Berlin(W), 20. 4. 1972, S. 4: „Heute haben die rechten SPD-Führer die Lehre aus der Zeit des Faschismus längst wieder vergessen und versäumen keine Gelegenheit, den Mitgliedern der Sozialdemokratischen Partei mit verschiedenen antikommunistischen ‚Begründungen' die Zusammenarbeit mit K[illegible] zu untersagen. Sie tut dies in ihrem Dokument ‚Zum Verhältnis von Sozialdemokratie und Kommunismus' vom 26. 2. 1971 paradoxerweise ausdrücklich im Zusammenhang mit der Entspannungspolitik und den Verträgen von Moskau und Warschau."

ligenzintensivere Arbeit strukturell sich ändernde Arbeiterklasse „mit Generationen überdauernder Kontinuität für die revolutionäre Verwirklichung des kommunistischen Zukunftsentwurfs zu gewinnen und zu organisieren",[53] ist ihre zentralistische Stärke und Disziplin unerläßlich. „Das Proletariat besitzt keine andere Waffe im Kampf um die Macht als die Organisation"[54], verbunden mit dem demokratischen Zentralismusprinzip, wodurch die „Möglichkeit völliger und ungehinderter Entwicklung nicht nur der örtlichen Besonderheiten, sondern auch der örtlichen Initiative, der Mannigfaltigkeit der Wege, Methoden und Mittel des Vormarschs zum gemeinsamen Ziel" geschaffen wird, und „nichts ist irriger als die Verwechslung des demokratischen Zentralismus mit Bürokratismus und Schablonisierung";[55] „es ist wohl klar, daß das Geschrei über den vielgenannten Bürokratismus bloß ein Deckmantel für die Unzufriedenheit mit der personellen Zusammensetzung der Zentralstellen ist".[56] Die Disziplin des demokratischen Zentralismus bedeutet aber auch: „*Nachdem* ein Beschluß der kompetenten Organe gefaßt ist, werden wir *alle,* die wir Parteimitglieder sind, wie ein Mann handeln."[57]

Eine kommunistische Partei muß jederzeit entschieden der „Verluderung der Partei und der Theorie"[58] durch den Versuch, „die materialistische Basis (die ernstes, objektives Studium erheischt, wenn man auf ihr operieren will) zu ersetzen durch moderne Mythologie, mit ihren Göttinnen der Gerechtigkeit, Freiheit, Gleichheit und fraternité"[59], entgegentreten, genauso wie allen unwissenschaftlichen Behauptungen ‚wahrer', ‚undogmatischer',

[53] W. Harich, Zur Kritik der revolutionären Ungeduld, in: Kursbuch, Frankfurt, S. 102, 19/1969.
[54] W. I. Lenin, Bd. 7, S. 419 f., Ein Schritt vorwärts, zwei Schritte zurück (Die Krise in unserer Partei), Mai 1904.
[55] Ders., Bd. 27, S. 197, Ursprünglicher Entwurf des Artikels ‚Die nächsten Aufgaben der Sowjetmacht', 28. 3. 1918.
[56] Ders., Bd. 7, S. 366, Ein Schritt vorwärts, zwei Schritte zurück . . .
[57] Ders., Bd. 11, S. 317, Der Kampf gegen die kadettisierenden Sozialdemokraten, 23. 11. 1906.
[58] K. Marx/F. Engels, Ausgewählte Briefe, a.a.O., S. 391, Marx an F. A. Sorge, 19. 9. 1879.
[59] A.a.O., S. 365, Marx an F. A. Sorge, 19. 10. 1877.

‚menschlicher', ‚anti-autoritärer' literarischer Sozialisten. Ihren typischen Phrasen, „in dem *Humanismus* nun lösen sich alle Namensstreitigkeiten auf; zu was Kommunisten, zu was Sozialisten? Wir sind Menschen",[60] oder: „die entsetzliche Bürokratie ... der zynische Apparat ..., der an der Existenz lebendiger kommunistischer Parteien überhaupt kein Interesse ... hat"[61], liegt der von der subjektivistischen Autoritarismusauffassung nicht verstandene, unterschätzte oder geleugnete Klassengegensatz zugrunde.

Genau „wie der individuelle Kapitalist kann auch der individuelle Literat sich dem Klassenkampf des Proletariats einfügen. Wo er das tut, ändert er auch seinen Charakter". Aber „der Proletarier ist nichts als isoliertes Individuum. Seine ganze Kraft, sein ganzes Fortschreiten, alle seine Erwartungen und Hoffnungen schöpft er aus der *Organisation*, aus dem planmäßigen Zusammenwirken mit seinen Genossen . . . Ganz anders der Literat. Er kämpft nicht mit Machtmitteln, sondern mit Argumenten. Seine Waffen sind sein persönliches Wissen, sein persönliches Können, seine persönliche Überzeugung. Er kann nur zur Geltung kommen durch seine Persönlichkeit. Vollste Freiheit für sie erscheint ihm als die erste Vorbedingung gedeihlichen Wirkens. Nur schwer fügt er sich einem Ganzen als dienendes Glied ein, nur der Not gehorchend, nicht dem eigenen Triebe. Die Notwendigkeit der Disziplin erkennt er nur für die Massen, nicht für auserlesene Geister an. Und zu diesen rechnet er sich natürlich auch."[62]

[60] K. Marx/F. Engels, MEW, Bd. 3, S. 454, Die deutsche Ideologie (1845/46).
[61] E. Fischer, Wir leben mitten in der Weltrevolution, Der Spiegel, Hamburg, 17. 11. 1969, S. 150, 154, 146. Zur vom jeweiligen Stand der Klassenauseinandersetzungen in Form und Inhalt *abhängigen* Parteilichkeit vgl. W. I. Lenin, Bd. 10, S. 31 (Parteiorganisation und Parteiliteratur, 13. 11. 1905): „Es werden sich sogar hysterische Intellektuelle finden, die ein Geschrei erheben ob eines solchen Vergleichs [der literarischen Tätigkeit als ‚Rädchen und Schräubchen' des proletarischen Emanzipationsmechanismus], der den freien Kampf der Ideen, die Freiheit der Kritik, die Freiheit des literarischen Schaffens usw. usf. herabwürdigt, abtötet, ‚bürokratisiert'".
[62] K. Kautsky, ‚Franz Mehring', in: Die Neue Zeit, Wochenschrift der Deutschen Sozialdemokratie, Stuttgart 1903/04, 22. Jg., 1. Bd., Nr. 4, S. 99 f.; W. I. Lenin, Bd. 7, S. 325, Ein Schritt vorwärts, zwei Schritte zurück ...

In einer kommunistischen Partei bleibt kein Raum für subjektivistische Humanitätsauffassungen nichtparteiischer oder pseudoparteiischer Umwelt, sie sind „ein fälschendes Element“ dem keinerlei „Einfluß auf Parteileitung“ zugestanden werden darf,[63] und gegenüber dem Vorwurf, die Kommunistische Partei sei „eine ungeheure Fabrik“, gilt die treffende Erwiderung, daß das „gebrauchte furchtbare Wort sofort die Mentalität des bürgerlichen Intellektuellen verrät, der weder die Praxis noch die Theorie der proletarischen Organisation kennt. Gerade die Fabrik, die so manchen nur als Schreckgespenst erscheint, ist die höchste Form der kapitalistischen Kooperation, die das Proletariat vereinigte und disziplinierte, die es lehrte, sich zu organisieren, und es an die Spitze aller übrigen Schichten der werktätigen und ausgebeuteten Bevölkerung stellte. Gerade der Marxismus als Ideologie des durch den Kapitalismus geschulten Proletariats belehrte und belehrt die wankelmütigen Intellektuellen über den Unterschied zwischen der ausbeuterischen Seite der Fabrik . . . und ihrer organisierenden Seite . . . Disziplin und Organisation, die der bürgerliche Intellektuelle so schwer begreift, eignet sich das Proletariat dank der ‚Schule‘, die es in der Fabrik durchmacht, besonders leicht an. Die Todesangst vor dieser Schule, das völlige Nichtverstehen ihrer organisierenden Bedeutung sind eben für Denkmethoden charakteristisch, die kleinbürgerliche Existenzbedingungen widerspiegeln und jene Art von Anarchismus erzeugen, die . . . Edelanarchismus genannt wird, d. h. den Anarchismus des ‚edlen‘ Herrn, den Herrenanarchismus.“[64]

Im langwierigen und schwierigen Prozeß der Aufklärung der Werktätigen über „das Geheimnisvolle der Warenform“, nämlich, „daß sie den Menschen die gesellschaftlichen Charaktere ihrer eigenen Arbeit als gegenständlichen Charakter der Arbeitsprodukte selbst, als gesellschaftliche Natureigenschaften dieser Dinge zurückspiegelt, daher auch das gesellschaftliche

63 K. Marx/F. Engels, Ausgewählte Briefe, a.a.O., S. 390, Marx und Engels, ‚Zirkularbrief‘ an A. Bebel u. a., 17./18. 9. 1879.

64 W. I. Lenin, Bd. 7, S. 395 f., Ein Schritt vorwärts, zwei Schritte zurück . . .

Verhältnis der Produzenten zur Gesamtarbeit als ein außer ihnen existierendes gesellschaftliches Verhältnis von Gegenständen",[65] sind die kommunistischen Parteien und die klassenbewußten Arbeiter aber auch immer „aus allen Kräften bemüht, *jeden* Nationalismus zurückzuweisen, sowohl den groben, gewalttätigen, reaktionären als auch den verfeinerten, der die Gleichberechtigung der Nationen und *gleichzeitige . . . Zersplitterung* der Arbeitersache, der Arbeiterorganisationen, der Arbeiterbewegung nach Nationalitäten predigt".[66]
Der jeweilige nationale Kampf um die Einheit der Arbeiterklasse und aller Werktätigen hat somit wiederum eine große internationale Bedeutung, die im Rahmen der friedlichen Koexistenz ständig wächst. „Der proletarische *Internationalismus*, der nicht nur die *Annäherung* der Nationen, . . . nicht nur die vollständigste, konsequente, bis zum Ende gebrachte *Gleichberechtigung* der Nationen und Sprachen, sondern auch die *Verschmelzung* der Arbeiter der verschiedenen Nationalitäten *in einheitlichen* proletarischen Organisationen aller Art" vertritt, „kann sich damit *absolut* nicht abfinden",[67] daß „ein *freiwilliges* Bündnis der Nationen, ein Bündnis, das keinerlei Gewaltanwendung einer Nation gegenüber einer anderen zuläßt, ein Bündnis, das auf vollem Vertrauen, auf klarer Erkenntnis der brüderlichen Einheit, auf völlig freiwilliger Übereinkunft gegründet ist",[68] das schließlich durch „die engste Vereinigung und völlige Verschmelzung der Arbeiter und Bauern aller Nationen der Welt zu einer einheitlichen Welt-Sowjetrepublik"

[65] K. Marx, MEW, Bd. 23, S. 86, Das Kapital I.
[66] W. I. Lenin, Bd. 20, S. 288, Demoralisierung der Arbeiter durch verfeinerten Nationalismus, 10. 5. 1914. Vgl. z. B. den XV. Parteitag der Kommunistischen Partei Irlands, 16./17. 10. 1971: „Die Delegierten des Parteitags gelangten zu der einmütigen Meinung, ‚der Tag, an dem wir keine Internationalisten mehr wären, wäre ein wahrhaft trauriger Tag, denn wir würden dann keine Iren mehr sein'". M. O'Riordan, Für die Einheit des Volkes, für nationale Befreiung und Sozialismus, in: Probleme des Friedens und des Sozialismus, Berlin (DDR), [illegible]1972, S. 155.
[67] W. I. Lenin, a.a.O., S. 289.
[68] Ders., Bd. 30, S. 283, Brief an die Arbeiter und Bauern der Ukraine anläßlich des Sieges über Denikin, 28. 12. 1919.

führt,[69] durch bürgerlich-liberales oder sozialistisch-utopisches nationalistisches oder ‚supranationalistisches' Hegemoniestreben und opportunistisches Verteidigen derartiger Positionen die völlige Befriedung der Welt durch die Abschaffung der antagonistischen Klassenverhältnisse und „die völlige Aufhebung der Staatsgrenzen"[70] verhindert werden könnte.

Aber „welches auch die weiteren Peripetien des Kampfes sein mögen, wie viele Zickzackwege wir im einzelnen zurückzulegen haben werden (und ihrer werden sehr viele sein; wir sehen an der Erfahrung, welche gigantischen Wendungen die Geschichte der Revolutionen vollzieht...) – um sich in diesem Zickzack, diesen schroffen Wendungen der Geschichte nicht zu verlieren",[71] gewiß ist, „nur der wird siegen und die Macht behaupten, der an das Volk glaubt, der bis auf den Grund der lebendigen Schöpferkraft des Volkes tauchen wird".[72] Und „der Kommunismus ist für uns nicht ein *Zustand*, der hergestellt werden soll, kein *Ideal*", sondern die „*wirkliche* Bewegung, welche den jetzigen Zustand aufhebt",[73] die „wirkliche *Aneignung* des *menschlichen* Wesens durch und für den Menschen",[74] ohne „das Phantasiegespiel über den künftigen Gesellschaftsbau", einen „Utopismus, der *vor* der Zeit des materialistisch-kritischen Sozialismus letzteren in nuce in sich barg, jetzt, wo er *post festum* kommt, nur noch albern sein kann, albern, fad und von Grund auf reaktionär".[75]

Die opferreiche ‚wirkliche Bewegung' unzähliger Kommunisten und Menschen guten Willens in allen Ländern ermöglichte die fortschreitenden Siege des Sozialismus. Und wenn inmitten der Greuel des Ersten Weltkrieges die sozialistische Zuversicht an-

69 A.a.O.
70 A.a.O., S. 284.
71 W. I. Lenin, Bd. 27, S. 116 f., Siebenter Parteitag der KPR(B), 6./8. 3. 1918.
72 Ders., Bd. 26, S. 287, Sitzung des Gesamtrussischen Zentralexekutivkomitees, 4. 11. 1917.
73 K. Marx/F. Engels, Die Deutsche Ideologie (1845/46), MEW, Bd. 3, S. 35.
74 K. Marx, Ökonomisch-Philosophische Manuskripte (1844), MEW, Ergänzungsband Teil I, S. 536.
75 K. Marx/F. Engels, Ausgewählte Briefe, a.a.O., S. 365, Marx an F. A. Sorge, 19. 10. 1877.

nahm, „alle Nationen werden zum Sozialismus gelangen, das ist unausbleiblich, aber keine auf die gleiche Art und Weise, jede wird zu dieser oder jener Form der Demokratie, zu dieser oder jener Abart der Diktatur des Proletariats, zu diesem oder jenem Tempo der sozialistischen Umgestaltung der verschiedenen Seiten des gesellschaftlichen Lebens etwas Eigenes beitragen. Nichts wäre theoretisch jämmerlicher und in der Praxis lächerlicher, als sich ‚im Namen des historischen Materialismus' in *dieser* Hinsicht die Zukunft grau in grau vorzustellen",[76] so entspricht diesem revolutionären nationalen und internationalen Übergang zum Sozialismus unter den Erfordernissen und Bedingungen des nichtkriegerischen Kampfes und Wettbewerbs der beiden Weltsysteme die sozialistische Politik der friedlichen Koexistenz heute wie am Tage ihrer Verkündung.

[76] W. I. Lenin, Bd. 23, S. 64, Über eine Karikatur auf den Marxismus und über den ‚imperialistischen Ökonomismus', Aug./Okt. 1916.

Namensregister